Philippe Méchet
et Timothée Nicolas

Faites de la politique !

Éditions de L'Observatoire

ISBN : 979-10-329-0639-2
Dépôt légal : 2022, février

170 bis, boulevard du Montparnasse, 75014 Paris

En guise d'introduction

1 % ! À peine plus de 1 % des Français sont actuellement investis dans un parti politique selon les données INSEE. Un chiffre si bas que la démocratie s'en trouve bousculée par des modes d'action ou de mobilisation qui échappent à des formations politiques dont la palette des orientations et propositions est pourtant large. De l'extrême gauche à l'extrême droite, la France compte près de 30 partis politiques. La plupart d'entre eux présente régulièrement des candidats aux élections. Le scrutin législatif de 2017 comptait une moyenne de 14 candidats par circonscription et, souvent, le nombre de 20 prétendants était atteint. Un record historique.

1 % seulement des Français adhère à un parti politique alors que l'on observe une capacité de mobilisation des citoyens qui n'a eu de cesse de croître au fil des ans. Les manifestations ont doublé en nombre depuis le début des années 2000, atteignant pour la seule ville de Paris le chiffre de 3 000 en 2020 ; sans prendre en compte celles, de plus en plus nombreuses, qui ne sont pas déclarées. Certes, la plupart de ces mouvements sont encouragés et

encadrés par des syndicats et, de plus en plus souvent, des associations. La démultiplication des lanceurs d'alertes sur des causes allant du climat à la condition animale en passant par la défense de minorités a encouragé de nombreux participants à venir nourrir ces manifestations qui participent de la vie démocratique.

Jamais non plus la parole publique n'a pu autant s'exprimer. Twitter, Facebook et autres médias sociaux, venant s'ajouter au nombre croissant de chaînes d'information en continu, permettent de plus en plus à chacun de donner son opinion, de partager ses convictions, parfois avec plus ou moins de rationalité ou de violence. Une manière de s'engager dans le débat sans s'encombrer des contraintes et règles des partis politiques. Une société devenue si individualiste que l'intérêt général a été relégué au second plan, amenant l'essentiel des citoyens à privilégier leurs propres visions et revendications personnelles aux dépens de structures qui s'attachent davantage au cadre général et global de notre société. Le « vivre-ensemble » est un slogan perçu positivement par l'opinion mais dont le contenu est battu chaque jour en brèche par les égoïsmes de chacun. L'archipélisation de la société, pour reprendre l'expression de Jérôme Fourquet, a eu pour effet de marginaliser les formations politiques, mettant en risque la vie démocratique du pays tant l'éparpillement exagéré des expressions ne contribue jamais à la construction d'un avenir commun.

Alors nous nous sommes interrogés : pourquoi ne cherche-t-on plus à s'engager ? Pourquoi des femmes et des hommes de tous bords s'engagent encore ou se sont engagés dans des partis politiques ? Que faudrait-il pour susciter le retour vers la voie du politique ? Des questions simples qui nous ont amenés à nous entretenir avec une quarantaine d'élus en privilégiant ceux qui ont eu un parcours les amenant à devenir député, ministre ou même président de la République. Nous aurions pu tout aussi bien aller interroger des élus de municipalités, plus faciles d'accès, dévoués à leur commune et souvent désintéressés ; même si la plupart de nos interlocuteurs ayant accédé à de hautes fonctions étaient pour la plupart passés par la case mairie. Nous avons voulu scruter, avant tout, ceux qui ont eu un parcours politique continu et déterminé, qui ont accès aux médias et peuvent, par leur verbe ou leurs propositions, susciter pour les plus jeunes des vocations. Ceux qui, par leur position, peuvent canaliser l'énergie politique si vive dans notre pays, et la transformer en produisant des acteurs à venir de la vie publique. Ceux qui transforment des spectateurs attentistes en citoyens engagés. C'est un choix, contestable comme tout choix, mais nos entretiens auprès de différentes générations de politiques nous ont offert une matière aussi dense que variée ; les plus âgés nous éclairant particulièrement sur les raisons du désengagement des plus jeunes. Nous ne nous sommes pas non plus contentés des interviews ; allant, au fil des lectures et des parcours connus, nourrir notre matière.

Cette question de l'engagement en politique est un sujet central pour nos responsables qui cherchent par tous les moyens à susciter des vocations et rallier à leur cause le plus grand nombre. Arnaud Montebourg a titré son ouvrage sorti en 2020 *L'Engagement*, à la fois pour qualifier sa vie mais également pour signifier la noblesse d'adhérer à des causes d'intérêt général. La crise de l'engagement en politique débouche nécessairement sur une crise de la démocratie et la mise en risque de nos libertés. Et le débat public actuel souligne le fait que nous sommes déjà entrés dans les prémices d'une crise de la démocratie.

Depuis le début du XXe siècle et jusqu'aux années 1970, le progressisme a été la pierre angulaire de la politique ; un progressisme s'incarnant autant au niveau de la société et des mœurs que des questions sociales et scientifiques. Le progrès faisait alors rêver, les questions scientifiques fascinaient. François Mitterrand n'apparaît-il pas sur ses affiches électorales de 1965 devant un pylône de réseau électrique avec le slogan « Un président jeune pour une France moderne » ?

Puis dans les années 1970, et jusqu'en 2008, on peut avancer que le libéralisme s'est installé autant dans notre économie que dans nos têtes. Il y avait les libéraux, les sociaux-libéraux et les anti-libéraux mais le libéralisme, profitant de la faillite des régimes communistes, était au centre du débat jusqu'à la grande crise financière de 2008.

Depuis, le populisme n'a eu de cesse de prendre de l'ampleur. Jean-Marie Le Pen, en se propulsant second au premier tour de la présidentielle de 2002, avait ouvert la voie mais son rejet massif lors du deuxième tour (seulement 18 % des voix) laissait penser à un accident de l'Histoire. Il n'en était rien. Quinze ans plus tard, sa fille obtint 34 % au second tour de l'élection de 2017. Le populisme n'a eu de cesse de gagner du terrain en France, en Europe et dans le monde. Ce populisme va bien sûr de pair avec un désintérêt de la « chose politique » qui a progressivement muté en rejet des formations politiques traditionnelles. Un populisme qui se concrétise par une confiance des citoyens dans les partis politiques ne dépassant pas les 10 % dans les enquêtes régulières et approfondies du CEVIPOF (Centre d'études de la vie politique française).

Chacun des deux auteurs a une vision de la politique marquée par sa génération. L'un a voté la première fois de sa vie sous Valéry Giscard d'Estaing, lorsque la politique était encore représentée par des hommes issus de la Résistance, de la guerre d'Algérie ou des débuts de la Ve République. L'autre a déposé son premier bulletin de vote sous François Hollande alors que la droite et la gauche classique de gouvernement semblaient avoir perdu leurs repères, au milieu de la montée des populismes et des tensions religieuses, dans un monde saturé par l'information et les médias sociaux.

Deux époques très différentes, deux approches complémentaires, deux regards sur l'engagement, mais une même passion : la politique. Car, à nos yeux, la politique reste une des plus belles et anciennes créations de l'homme pour fixer les règles du « vivre-ensemble ». Les critiques dirigées contre les politiques nous paraissent souvent injustes ou marquées par la facilité et la démagogie. Quel plus beau dessein que de vouloir s'engager pour que les sociétés organisent au mieux leur devenir collectif ? Faire de la politique, c'est également donner une couleur romanesque à sa vie, partir à la conquête des opinions comme d'autres ont pu se lancer à l'assaut du pont d'Arcole. Et, pour l'essentiel de ceux que nous avons interrogés, derrière le combat des idées il y a l'ardent désir de faire battre le cœur de la démocratie et des libertés.

PARTIE 1

POURQUOI NE S'ENGAGE-T-ON PLUS ?

S'engager, c'est servir une cause et chercher à partager avec le plus grand nombre des valeurs, des principes, des propositions, des idées. Les partis politiques sont, dans l'absolu, les meilleurs garants d'évolution de la société. Parvenus au pouvoir, ils ont avec eux la force des lois pour faire évoluer un pays et la force du droit pour faire appliquer ces lois. Ils sont, par principe, le plus court chemin pour faire évoluer la société autant dans ses règles économiques, sociales, sociétales ou environnementales. Autant de raisons qui, tout au long du XXe siècle, ont suscité et attiré les vocations et les engagements. Les critiques, toujours vives à l'égard des formations politiques, n'entamaient pas leur capacité à être perçus comme les leviers d'une transformation potentielle du pays. On critiquait tout en respectant. Les dirigeants au pouvoir pouvaient s'écarter d'engagements pris en campagne mais comme le disait Michel Rocard : « La politique c'est comme la navigation : on fixe un cap et on tire des bords. » Il s'agissait de maintenir l'essentiel pour faire oublier les écarts.

Ce crédit s'est lentement effiloché au fil du temps au point aujourd'hui, dans ce premier quart du XXIe siècle, de nous offrir le spectacle de partis politiques désertés par les militants, subissant une vindicte permanente de l'opinion et semblant courir en permanence derrière le dernier sujet en vogue plutôt que de mettre des idées nouvelles en débat. Les partis politiques sont fatigués ; et l'âge moyen de leurs militants explique aussi cette fatigue. Nos formations politiques, piliers de notre démocratie, sont à la fois affaiblies en nombre et impuissantes à trouver les ressorts d'un rebond. Il n'est que de voir l'essor rapide et le déclin tout aussi rapide des troupes de mouvements politiques nouveaux tels que La France insoumise ou En Marche pour s'en convaincre. Ce qui semblait pouvoir donner du souffle à l'engagement politique est retombé en quelques mois pour ces deux jeunes formations. Comme si plus rien n'accrochait l'opinion, comme si cette dernière s'était détournée de la politique et ne la croyait plus en mesure de « changer la vie ». Le sentiment général est que les gouvernements continuent de tirer des bords sans fixer réellement de cap.

Dans ces conditions, il faut être aujourd'hui un aventurier ou un idéaliste pour s'engager en politique. Consacrer ses soirées et ses jours de congés pour imposer sa candidature à une élection et, une fois élu, renoncer à une grande partie de sa vie privée pour la consacrer aux autres et subir des critiques permanentes quand ce ne sont pas tout simplement des violences. Aux yeux d'une majorité de l'opinion, la motivation des politiques tient en trois raisons : le pouvoir, l'argent et, plus rarement, les convictions. Au cours des interviews menées par les auteurs, il ne fait pas de doute que le pouvoir continue de constituer un attrait majeur de l'engagement politique. Les convictions sont aussi beaucoup plus fréquentes que ce que la majorité des citoyens imaginent et c'est une des dimensions les plus importantes que les entretiens ont permis d'observer. Quant à l'argent, il renvoie à une autre époque où la corruption et la circulation régulière d'espèces issues de caisses noires existaient réellement avant de disparaître presque en totalité au cours des dernières années. Il ne faut pas perdre de vue que la plupart des politiques gagneraient mieux leur vie en entreprise que dans leurs fonctions électives.

Pour satisfaire ce goût du pouvoir ou cette volonté de partager leurs convictions, les responsables politiques paient le prix cher et subissent de façon permanente la critique ou le soupçon. Il suffit de lire la presse pour réaliser que les mêmes discours, ou les mêmes revendications, portés d'un côté par un responsable politique ou, de l'autre, par un responsable associatif ou un dirigeant d'une ONG, ne seront pas reçus de la même manière. C'est une évidence mais est-ce normal ? Les premiers verront s'élever des opposants et des indignations dans l'opinion (quelle que soit la revendication ou proposition), là où les seconds seront commentés avec une certaine bienveillance. Certes, il pourrait être avancé que les premiers ont davantage les moyens que les seconds de mettre en œuvre la proposition ; et cela pourrait expliquer les différents niveaux de réactions. Mais, en réalité, la suspicion et la critique accompagnent en permanence le politique là où l'ONG et l'association bénéficient d'une indulgence démesurée.

Ce n'est pas un hasard si Cécile Duflot vole chez OXFAM après avoir été ministre et avoir dirigé EELV. Elle y a trouvé le confort d'une position qui lui permet d'émettre des critiques et des revendications habillées du désintéressement supposé de son ONG. Une ONG dont la vision sur sa page internet est sans ambiguïté : « Nous avons le pouvoir ! » Le contenu est toujours politique, même habillé d'une grande cause ; mais de là où il est émis, l'exemption de critiques lui est garantie. Et le fait de ne plus être directement dans le jeu du pouvoir fournit à l'ancienne patronne des Verts le passeport qui l'immunise de toute opposition. Elle peut continuer, au travers d'interviews et légitimée par ses anciennes fonctions, de distiller des jugements et sentences sur les gouvernements en place. Quel confort !

Nicolas Hulot n'avait sans doute pas mesuré ce qu'il en est d'être la voix de la défense de la planète dans une fondation portant son nom et prétendre vouloir poursuivre le même dessein dans l'action d'un gouvernement. Hier, paré de toutes les vertus. Au pouvoir, accablé de critiques et taxé de ne pas faire assez résonner sa voix. Il lui a été difficile de se voir critiqué par ceux qu'il supposait être ses amis d'hier. Certes, il a pu avancer qu'on ne lui donnait pas les moyens d'agir pour excuser sa molle action. Et, plutôt que de s'armer de courage et de combattre afin que les mots puissent s'accompagner d'actes, il a jugé plus facile d'abandonner le combat. De fait, il est piteusement retourné dans sa thébaïde, reprenant son catéchisme initial et retrouvant les louanges de ceux qui le critiquaient la veille.

Manon Aubry, tête de liste aux élections européennes de La France insoumise, a fait le chemin inverse. Depuis, au mieux elle essuie les critiques et messages souvent violents à l'égard de ses opinions et propositions. Au pire, elle est devenue muette et ignorée. Comme elle doit regretter le doux confort d'OXFAM où sa parole était médiatiquement sacrée ! À croire qu'OXFAM France, avant d'être une ONG, est en charge de la formation ou du recyclage des politiques.

Faire est nettement plus compliqué que dire ce qu'il faut faire. Or jamais dans l'histoire, et du fait entre autres des réseaux sociaux et de l'écho qu'ils produisent, il n'y a eu autant de donneurs de leçons, de commentateurs de la vie publique. Chacun, sans risque, et depuis son confortable canapé, peut dicter comment les responsables du pouvoir devraient se comporter, ce qu'ils devraient dire et faire. Cet exercice hier monopolisé par des opposants politiques, souvent prudents car sachant qu'ils pourraient un jour se retrouver au pouvoir, et par quelques dizaines de journalistes politiques, se retrouve pratiqué par des centaines de milliers d'abonnés à Twitter, Facebook ou membres d'associations et ONG ayant désormais pignon sur rue. Vouloir s'engager dans une voie politique qui peut mener un jour ou l'autre à une forme de pouvoir, c'est accepter de devoir se retrouver dans un grand état de solitude face à une pluie de critiques ou d'insultes. De plus en plus violentes.

Il faut du courage pour s'engager en politique et souvent des nerfs d'acier. Au fil du temps, les éléments incitant au désengagement se sont accumulés. Et il convient, avant d'examiner pourquoi certains continuent de choisir la voie politique ou d'autres d'y rester, de comprendre les raisons du désengagement. Sans avoir la prétention de l'exhaustivité, nous avons recensé plusieurs causes dont certaines ne sont pas récentes mais ont participé à ce mouvement de retrait.

Chapitre 1

La politique en disgrâce

Au regard de l'histoire, la politique est un objet perpétuel de critiques, ressentiment voire de rejet. C'est, presque par définition, un objet d'opprobre facile et pratique permettant de canaliser les insatisfactions et mécontentements personnels. La politique, au sens antique de l'organisation de la cité, semble porter en elle toute la responsabilité des problèmes économiques ou sociétaux. Une croissance faible : c'est la politique économique du gouvernement. Une pandémie, c'est l'absence de prévention des pouvoirs publics. Des difficultés scolaires de ses enfants : c'est un système éducatif mal adapté et des enseignants mal formés. La liste est infinie du report de critiques sur la chose publique ; comme si la politique pouvait tout. Car là est le paradoxe : alors que les politiques sont rendus responsables des principaux maux du pays et en même temps détenteurs des solutions, les citoyens ne daignent pas pour autant s'y investir. Ils préfèrent rester des observateurs critiques. Comme si la politique était constituée en un milieu fermé dans lequel il serait impossible d'entrer. Beaucoup ont ce sentiment d'une imperméabilité du milieu politique, et ceux qui franchissent le pas de l'adhésion y sont souvent entraînés par des amis, de la famille ou au hasard de rencontres de militants sur les marchés et places publiques. Rarement seuls et décidés à adhérer.

Les élus portent une réelle responsabilité de la disgrâce. À vouloir montrer leur puissance et leur importance, ils apparaissent comme pouvant tout sur tout. Et lorsque Lionel Jospin, alors Premier ministre, viendra dire au détour d'une interview devenue célèbre que « l'État ne peut pas tout » et, en l'occurrence, ne peut pas porter secours à toutes les entreprises en difficulté, un concert d'indignation se lèvera dans l'opinion. Une large majorité des Français préfèrent croire que « l'État ne veut pas plutôt qu'il ne peut pas ». Les centaines de milliards d'euros versés dans l'économie lors de la pandémie du Covid-19 ne peuvent que renforcer ce sentiment.

Aussi, l'action publique est, de fait, toujours décevante.

Une défiance toujours en progrès

Il n'est que de regarder les cotes de popularité des gouvernants au fil de leurs mandats pour appuyer ce constat. Prenons les derniers présidents de la République. François Mitterrand débute son mandat en mai 1981 avec 71 % de confiance dans le baromètre Sofres-*Figaro Magazine* ; il n'est plus qu'à 36 % en janvier 1985. Et sa réélection en 1988 ne sera assurée que grâce à une cohabitation avec la droite revenue au gouvernement en 1986. Jacques Chirac ouvre sa mandature avec 64 %, il n'est plus qu'à 32 % un an et demi plus tard. Et s'il atteint un peu plus de 40 % lors de sa réélection face à Jean-Marie Le Pen en 2002, il quittera le pouvoir en 2007 à 30 %. Nicolas Sarkozy ouvre sa présidence à 64 % pour tomber en dessous de la barre des 30 % entre 2010 et 2012 et sa légère remontée finale ne lui permettra pas de l'emporter face à François Hollande. Ce dernier enregistre lors de son élection une popularité plus modeste que ses prédécesseurs avec 55 % en mai 2012, quatre mois plus tard il est déjà redescendu à 41 % et ira en dessous de la barre des 20 % entre 2013 et 2017 à l'exception d'une seule fois en 2015 du fait des attentats. Emmanuel Macron qui entame son mandat en mai 2017 avec 57 % tombe à 21 % en décembre de l'année suivante, pour se stabiliser entre 30 % et 45 % fin 2021.

Les chutes de popularité sont tout aussi spectaculaires pour les Premiers ministres.

Évolution des cotes de popularité
des Premiers ministres depuis 1981
(source KANTAR – SOFRES)

Premier ministre	**Popularité lors de la prise fonction**	**Et lors du départ**
Pierre Mauroy	71 % de confiance en mai 1981	25 % en juin 1984
Laurent Fabius	53 % de confiance en septembre 1984	44 % en mars 1986
Jacques Chirac	57 % de confiance en avril 1986	48 % en avril 1988

Michel Rocard	66 % de confiance en juin 1988	51 % en mai 1991
Édith Cresson	49 % de confiance en juin 1991	22 % en avril 1992
Pierre Bérégovoy	54 % de confiance en mai 1992	39 % en mars 1993
Édouard Balladur	73 % de confiance en avril 1993	47 % en mai 1995
Alain Juppé	65 % de confiance en juin 1995	28 % en mai 1997
Lionel Jospin	63 % de confiance en juin 1997	40 % en mai 2002
Jean-Pierre Raffarin	60 % de confiance en juin 2002	22 % en mai 2005
Dominique de Villepin	39 % de confiance en juillet 2005	30 % en mai 2007
François Fillon	55 % de confiance en juin 2007	38 % en mai 2012
Jean-Marc Ayrault	50 % de confiance en juin 2012	16 % en mars 2014
Manuel Valls	46 % de confiance en avril 2014	26 % en décembre 2016
Bernard Cazeneuve	30 % de confiance en janvier 2017	29 % en mai 2017
Édouard Philippe	49 % de confiance en juin 2017	40 % en juillet 2020

La disgrâce est le lot auquel chaque Premier ministre doit se préparer. Pierre Mauroy, Édith Cresson, Jean-Pierre Raffarin ou encore Jean-Marc Ayrault sont sortis éreintés de leur direction du gouvernement et paralysés dans leur capacité à rebondir un jour en politique. Redevenu député en 1986, Pierre Mauroy est sans doute celui qui a le mieux réussi à gérer la suite, allant jusqu'à diriger le Parti socialiste de 1988 à 1992, être député puis sénateur tout en conservant la mairie de Lille jusqu'en 2001. Édith Cresson sera nommée commissaire européenne en juin 1995 puis quittera la vie politique. Jean-Pierre Raffarin retrouvera un siège de sénateur qu'il conservera jusqu'en 2017 avant de prendre ses distances avec la vie politique nationale, préférant jouer les vieux sages et se passionner pour la Chine et ses mystères lointains. Quant à Jean-Marc Ayrault, il annoncera son retrait de la vie politique en février 2017 après avoir été ministre des Affaires étrangères pendant une grosse année dans les gouvernements de Manuel Valls et de Bernard Cazeneuve.

Il en faut du courage, de la volonté ou de l'ambition pour poursuivre la vie politique après être passé par Matignon. Certains sont animés par la présidentielle (Jacques Chirac, Raymond Barre ou François Fillon), tandis que d'autres retournent dans leur mairie ou sur les bancs de l'Assemblée (Alain Juppé, Édouard Philippe) et les derniers se retirent (Édith Cresson, Dominique de Villepin ou Jean-Marc Ayrault). L'un d'entre eux, Pierre Bérégovoy, allant jusqu'à se suicider !

Des partis politiques rejetés, des élections dédaignées

Les partis politiques n'ont pas meilleur destin, si l'on juge leur évolution jusqu'en 2021. À l'exception d'Europe Écologie-Les Verts dont les idées ont été partiellement récupérées par les autres partis, toutes les grandes formations ont connu un fort reflux de popularité. Le Parti communiste français totalisait 38 % de bonnes opinions en 1974, il navigue aujourd'hui entre 15 et 17 %. La France insoumise, jeune formation qui récoltait 36 % de bonnes opinions en 2019, peine déjà à obtenir 20 %. Le Parti socialiste qui naviguait entre 50 et 70 % de popularité entre 1974 et 1983 n'a plus que 29 % de la population adulte qui l'apprécie. Les Républicains qui avaient 40 % en 2002 n'en ont plus que 26 %. Une décrue similaire pour le MoDem de François Bayrou. Quant au Rassemblement national qui avait entre 10 et 15 % au temps de Jean-Marie le Pen, il a connu une pointe à 25 % en 2015 sous Marine Le Pen avant de redescendre à 16 %.

Le premier effet de cette disgrâce généralisée est bien sûr le recul de la participation aux élections. Dans un monde politique désenchanté, le nombre de ceux qui préfèrent le retrait à la participation n'a cessé de croître. Jusqu'à présent, on savait que l'abstention pouvait être particulièrement forte pour certains référendums peu impliquants, les élections européennes et parfois des législatives succédant à une présidentielle. Les élections reines et entraînant nombre de Français à se rendre au bureau de vote restaient principalement la présidentielle et les élections municipales. Les élections régionales et départementales voyaient leur intérêt au regard de la conjoncture politique du moment sans jamais susciter un enthousiasme massif.

Or qu'observe-t-on depuis plusieurs années : pour ce qui concerne les élections européennes, nous nous sommes habitués à des taux d'abstention élevés au point d'avoir trouvé que celle de 2019 était plutôt un bon cru avec une participation de 50 %. Bien mieux que celle de 2009 où seuls 40 % se sont rendus aux urnes, même si nettement moins bien que les premières de juin 1979 où plus de 60 % des électeurs avaient rempli leur devoir.

Nous mettrons de côté les référendums dont la participation fluctue fortement en fonction du sujet et de son intérêt pour l'opinion. Car si plus de 80 % des électeurs ont voulu donner leur avis lors des scrutins concernant l'approbation de la Vᵉ République en septembre 1958 et autant pour la création des régions et réforme du Sénat en avril 1969, ils ne sont que 30 % à avoir participé lors du référendum sur le passage au quinquennat en 2000 et à peine plus pour la Nouvelle-Calédonie en novembre 1988.

Les élections régionales ont vu l'abstention osciller entre 25 % et autour de 40 % entre 1986 et 2004 avant de bondir au-delà des 50 % en 2010 et 2015 et jusqu'à 66 % en 2021. Ces élections ne passionnent pas ou peu en dépit des discours sur le besoin de décentralisation et de pouvoirs plus importants devant être attribués à nos régions. Il en va de même pour les élections départementales où l'abstention frôle ou dépasse nettement les 50 % depuis 2011 (66 % en 2021) alors que ce taux naviguait entre 33 % et 44 % entre 2001 et 2008.

Venons-en aux trois grands rendez-vous que sont censés privilégier les Français : la présidentielle, les élections municipales et les élections législatives. La présidentielle reste l'élection reine, celle où nos concitoyens se mobilisent et pour laquelle ils se passionnent le plus. C'est bien le signe que la personnalisation d'une élection et la figure du chef de l'État restent des attraits fantastiques. L'abstention y tourne entre 14 % (second tour du scrutin de mai 1981) et un peu plus de 30 % (second tour de 1969 où deux candidats de droite s'affrontaient : Georges Pompidou et Alain Poher). En 2002, le taux important de 28 % au premier tour a fortement pénalisé Lionel Jospin qui s'est vu éliminé par Jean-Marie Le Pen se retrouvant au second tour face à Jacques Chirac. En 2017, on compte 22 % de non-participants au premier tour et un peu plus de 25 % au second tour, ce qui reste dans la moyenne des présidentielles à ce jour et ne délégitime pas la victoire d'Emmanuel Macron en dépit des dires de responsables de partis à droite et au sein de La France insoumise. De toutes les élections, la présidentielle offre une « presque stabilité » de la participation.

Il n'en va pas de même des élections législatives. Alors que ces dernières mobilisaient entre 70 %

et 80 % de l'électorat jusqu'en 1997, la chute a ensuite été brutale. La participation y est descendue à 60 % et moins à partir de 2002, allant jusqu'à seulement 43 % au second tour de juin 2017. Et ce n'est pas tout à fait anormal, ces législatives suivant désormais directement la présidentielle pour des mandats de même durée ; celui qui accède à l'Élysée a entraîné jusque-là la victoire de son parti aux législatives qui suivent. Seul un découplage de ces deux élections pourrait sans doute corriger ce taux de participation ; ou un changement de mode de scrutin en le proportionnalisant au maximum. L'institution de l'élection présidentielle suivie immédiatement par des législatives et pour une même durée depuis le début des années 2000 a eu des effets considérables sur la vie politique, dénaturant quelque peu l'esprit de la Ve République.

Mais la plus grande surprise de ces dernières années en matière de participation vient des élections municipales. On le sait, la figure du maire est sans conteste la plus populaire dans la vie politique. Pourtant, l'abstention à ce scrutin n'a cessé de croître au cours des années. Si elle se situait entre 20 % et 30 % entre 1958 et 2001, l'abstention a atteint 35 % au second tour de 2008, 38 % à celui de 2014. 2020 a battu tous les records, du fait de la pandémie du Covid-19 mais aussi de campagnes faibles et bâclées avec plus de 55 % d'abstention au premier tour et près de 59 % dans un second tour décalé de trois mois, débouchant pour les heureux élus lors de ces scrutins sur une légitimité bien plus faible que celle de leurs prédécesseurs. Aucun maire de grandes villes en 2020 n'a réussi à mobiliser plus d'un quart à un tiers maximum de l'ensemble de l'électorat de sa ville. Ce qui promet des mouvements d'opposition plus récurrents que par le passé dans nos municipalités, et quelques remous dans leur fonctionnement du fait de leur composition disparate.

À la recherche de candidats

Les taux d'abstention que nous connaissons aujourd'hui aux élections, et qui ne cessent d'augmenter, nous rappellent qu'une grande partie de la population s'est détournée de la politique.

Et à cette disgrâce de la politique manifestée dans le comportement électoral vient s'ajouter un second phénomène appuyant ce sentiment de disgrâce : la difficulté pour certains scrutins de trouver des candidats et, de plus en plus, le retrait de personnalités politiques encore dans la force de l'âge de la scène politique.

Aux élections municipales de 2020, il a été difficile pour de nombreuses listes de trouver le nombre de candidats suffisants pour se présenter. Ce fait n'existait quasiment jamais auparavant. Il est vrai que l'obligation de liste paritaire femmes/hommes, le besoin d'afficher une diversité des origines, une pluralité des milieux sociaux, une représentativité des classes d'âge voire des quartiers de la ville, rend l'exercice complexe. Les auteurs ne cherchent pas ici à regretter ce souhait louable et nécessaire de diversité mais juste à en déterminer les effets. Chaque liste doit avoir ses quotas. La présence sur une liste ne dépend plus de la seule excellence ou du mérite mais du besoin d'afficher une diversité des profils, au risque de tomber dans les travers communautaires. C'est tout à fait positif sur le fond, mais, au bout du compte, est-ce vraiment efficace pour servir au mieux une municipalité et la complexité des questions qu'elle va avoir à aborder ? Certes, il est sympathique d'observer qu'il est devenu possible d'avoir 25 ans, d'être étudiant en arts plastiques et de se retrouver à la tête d'un important portefeuille de compétences dans une mairie de Lyon (2e adjoint du IVe arrondissement) et on peut lui souhaiter de réussir. Mais quel pari et quelle prise de risque pour les citoyens ! Il est vrai que le besoin de candidats répondant à des critères autres que la compétence rend mouvant le champ des possibles.

Car sur le terrain de la compétence, ces dernières années ont davantage permis de se débarrasser de personnalités qui semblaient avoir fait leur temps que de former des personnalités nouvelles.

S'il est donc communément admis qu'une grande partie de la population se détourne de la politique, il faut aussi constater qu'une grande partie des élites se détourne parallèlement de la politique. La politique voue aux gémonies les élites et, de fait, les élites prennent leurs quartiers de pouvoir ailleurs, plutôt en entreprise ou dans les affaires.

Ce que certains ont appelé la vague de « dégagisme » n'a pas seulement mis en retraite anticipée une génération d'élus qui avaient du mal à « raccrocher le maillot », elle a aussi précipité un certain nombre d'espoirs de toutes les familles politiques à céder à de nouvelles sirènes : la vie en entreprise, une aventure entrepreneuriale, une ONG, etc. On ne manque pas d'exemples en la matière : Nathalie Kosciusko-Morizet, Axelle Lemaire, Laurent Grandguillaume, Jérôme Chartier et tant d'autres dont les noms sont moins connus mais qui auraient pu jouer les premiers rôles dans les partis historiques de gouvernement. Si certains l'ont quittée après un échec électoral, d'autres l'ont décidé sans même choisir de s'en remettre une dernière fois à leurs électeurs. Il ne peut être exclu qu'il s'agisse parfois de retrait stratégique avec l'idée d'un retour ultérieur à la politique tel Arnaud Montebourg. De nombreux élus sont amenés à quitter leurs fonctions électives pour se consacrer à d'autres activités n'ayant pas toujours l'intérêt général comme raison d'être – n'y voyons ici aucune critique mais un simple constat. On dit même qu'Emmanuel Macron fut tenté par l'aventure entrepreneuriale après son départ de l'Élysée avant qu'il lui soit proposé le ministère de l'Économie, de l'Industrie et du Numérique. Parmi ses proches, on retrouve aussi des parcours similaires comme celui de Julien Denormandie, pur haut fonctionnaire ayant navigué entre la haute administration et les cabinets ministériels et dont le profil ressemble en tout point à ceux qui constituent depuis plusieurs décennies l'élite politique du pays. Ce dernier, artisan de la victoire d'Emmanuel Macron, s'apprêtait à rejoindre l'incubateur d'un grand assureur après mai 2017 avant d'être finalement appelé au gouvernement au poste de ministre. On voit encore une fois à quel point notre pouvoir exécutif continue d'attirer les prétendants à un poste gouvernemental, alors même qu'une fonction législative au Parlement ne semble pas suffisante pour attiser les ambitions. Il ne s'agit pas de décrier des ambitions personnelles ou collectives mais voir qu'il y a sûrement, dans la dépossession du pouvoir au Parlement, un facteur important de la désertion du champ politique qu'on a pu constater depuis quelques années.

Et si la vraie vie était ailleurs ?

Quel horizon politique pour des élus ayant déjà servi au gouvernement ? Quel début d'espoir pour ceux qui auront à patienter cinq à dix ans sur les bancs de l'opposition ? Être un opposant dans le régime politique qui est le nôtre est particulièrement frustrant et ennuyeux. Dans un univers politique où l'exécutif domine et la majorité ne fait que suivre, être un député d'opposition réduit la fonction à peu de choses. La tentation de « l'ailleurs » est grande : en entreprise, dans le monde associatif, dans une start-up, etc. Alain Juppé avait théorisé « la tentation de Venise », avant de s'en retourner à Bordeaux ! Il n'est pas aisé de trouver un sens à son engagement dans la durée. Aller voir ailleurs est souvent plus séduisant. Et il devient de plus en plus aisé de quitter le combat politique pour des expériences qui permettront de retrouver une adrénaline oubliée, voire une nouvelle jeunesse ouvrant un vaste champ des possibles. Certains y résistent et nous avons pu rencontrer pour ce livre des élus ayant toujours siégé à l'Assemblée nationale, sans jamais avoir été au gouvernement, toujours passionnés par leur mission de législateur comme c'est le cas de François Cornut-Gentille. Ce sont les vrais serviteurs de l'État.

Souvent, ceux-là ont mené conjointement une carrière d'élu local en y trouvant parfois refuge quand ils siégeaient dans l'opposition au Parlement. Le repli sur un mandat local est une forme de retrait de la politique nationale qu'on a pu observer depuis quelque temps. Il permet à ceux qui font ce choix de se maintenir en politique dans la fonction la plus appréciée des électeurs : l'action au service de ses administrés et de son pays, tout en ayant la possibilité d'exercer d'autres activités professionnelles en parallèle. C'est le cas de Jean-François Copé, redevenu avocat depuis qu'il a quitté ses mandats nationaux. La fin du cumul des mandats a peut-être eu un effet difficilement mesurable sur l'engagement dans des mandats nationaux. Pour les députés qui trouvaient refuge dans leur mandat de maire quand arrivait une mandature d'opposition, le choix à faire en 2017 entre mandat local et national fut difficile et ils sont nombreux à avoir choisi le mandat local, départemental ou régional, délaissant souvent le paysage politique et médiatique national. Parmi ceux que nous avons rencontrés ayant fait ce choix, le premier argument est celui de l'action.

Ils partagent tous le sentiment d'avoir bien plus de pouvoir et de capacité d'action à la tête d'un exécutif local que sur les bancs de l'Assemblée nationale.

Le sort des députés de la majorité n'est peut-être pas beaucoup plus enviable. On s'est moqué de certains députés LREM ayant fait acte de candidature de manière tout à fait formelle pour des postes gouvernementaux, avec CV et lettre de motivation, en s'amusant de leurs réflexes très « business » dans la manière d'aborder leur progression dans ce milieu que la plupart découvraient à peine trois ans plus tôt. Et pourtant, quels griefs peut-on faire à des élus ayant fait le choix de mettre entre parenthèses des carrières parfois très prometteuses, ou déjà bien entamées dans le secteur privé, pour s'engager dans un mandat dont la plupart ne mesuraient pas à quel point il pouvait être éloigné de ce qu'ils connaissaient en entreprise ? Pas de promotions, pas d'augmentations, peu de reconnaissance et des perspectives de « carrière » assez limitées. Pire encore, pour certains députés voyant leurs collaborateurs intégrer des cabinets ministériels quand eux commencent à comprendre qu'ils passeront bien les cinq années de leur mandat sur le même banc du Parlement, on peut mesurer la frustration qui les empare. C'est ainsi : la politique n'est peut-être pas un métier mais elle est en tout cas tout sauf une progression linéaire comme elle peut exister en entreprise. Quand viendra l'heure des nouvelles investitures, il est certain que de nombreux députés de la majorité actuelle préféreront retourner à leur vie d'avant 2017.

Lorsque nous disons que les élites se détournent de la politique, il ne s'agit pas seulement d'élus qui décident de quitter le champ électoral mais aussi de toute une frange de l'élite intellectuelle française qui n'interagit plus avec l'élite politique du pays alors qu'il existait auparavant des échanges plus ou moins visibles entre ces deux mondes au point d'être régulièrement accusés de « collusions ». Tombée en partie en disgrâce, il n'est pas bon pour une quelconque personnalité publique de s'immiscer aujourd'hui dans les débats partisans toujours plus conflictuels. Et il l'est encore moins pour ces personnalités de s'engager auprès d'un quelconque candidat. Nous voyons depuis plusieurs années un reflux ininterrompu de « stars » assises au premier rang des meetings présidentiels, clamant leur soutien pour un candidat.

Si une partie réduite de cette élite intellectuelle ou artistique continue d'exprimer des opinions politiques par des canaux différents, c'est le plus souvent à une distance sanitaire et salutaire de ceux qui portent pourtant ces sujets dans les différentes assemblées politiques du pays. Ils expriment parfois par la même occasion leur méfiance vis-à-vis du milieu politique en brocardant par là même l'inaction de ces derniers. Comme tous les citoyens, chacun est libre de s'engager pour la cause qui lui est chère et d'exprimer ses opinions sur les sujets qu'il souhaite. Chacun est aussi libre de prendre ses responsabilités et d'aller au bout de son engagement, de participer à une élection et finalement de rendre des comptes à ceux qui les ont élus. C'est à cette aune qu'on peut évaluer la tombée en disgrâce de la politique : il n'y a jamais eu autant d'opinions exprimées et de canaux de diffusion de celles-ci, et il y a pourtant un déficit de popularité chronique des élus, un nombre d'adhérents à des partis politiques qui n'est pas à l'image des expressions publiques qui saturent les réseaux sociaux, une abstention massive aux élections et une difficulté pour les partis à trouver et former des nouveaux cadres appelés à prendre des responsabilités.

Quand l'intérêt général échappe à la politique nationale

La politique, à l'image d'autres secteurs français, a donc du mal à attirer des nouveaux talents. Elle n'a plus le monopole de l'intérêt général et du service du public. En effet, depuis plusieurs années, les discours politiques n'ont eu de cesse d'en appeler à l'engagement de tous au service du bien commun. Ce sont les ONG et les entreprises qui sont appelées à prendre part de manière toujours plus importante au débat public, voire à s'engager concrètement sur des objectifs précis dépassant leur objectif industriel ou financier pour ce qui est des entreprises. Il est évidemment important que le sens de l'intérêt général ou collectif soit présent dans tous les esprits, mais force est de constater qu'il n'a jamais été autant fait appel au secteur privé et associatif que depuis une ou deux décennies. Si certains élus finissent par changer de voie, c'est aussi car ils ont compris qu'ils pourraient parfaitement continuer leur engagement public sans en payer le prix fort qui est celui d'un mandat national et des sacrifices qu'il demande à titre public et privé. Moins scrutés et décriés que le milieu politique, les secteurs privés et associatifs peuvent être des refuges confortables pour échapper aux cénacles politiques parfois asphyxiants où l'on ne sait plus très bien pour qui ou pour quoi l'on s'est engagé, et si on a les moyens, qu'on estime être suffisants, d'agir en conséquence.

Il est donc primordial de se demander si la politique est encore un vrai vecteur de changement, si elle a encore la capacité à changer la vie des gens. Au niveau local, la réponse sera assez unanime sur ce point mais la facilité manifeste qu'ont eue certains à quitter la vie politique nationale laisse penser que la question du pouvoir réel de la politique n'est pas simple à résoudre. Les élus sont parfois les premiers à constater leur incapacité d'action.

Il est une autre donnée majeure dans ce difficile constat d'une impuissance grandissante du politique. En plus des entreprises auxquelles on assigne de plus en plus de missions d'intérêt général avec le développement des politiques RSE, il est une instance supranationale servant successivement d'exutoire des peines du politique ou de planche de salut pour justifier des décisions impopulaires mais apparemment nécessaires : l'Europe.

L'Europe remplit en effet de manière assez schizophrénique ce double rôle de défausse quand vient parfois l'heure de justifier tel ou tel choix politique. L'excuse d'impuissance pour motif européen s'avère parfois tout à fait juste dans la mesure où l'Union européenne impose un certain cadre à l'action publique, allant jusqu'à créer des situations baroques. On a vu un ministre communiste des Transports du gouvernement Jospin, Jean-Claude Gayssot, lancer une première privatisation d'autoroute sous la houlette d'un paquet transport négocié à Bruxelles par ce même Gayssot. Cependant, la facilité qu'ont les politiques à s'accrocher à l'Union européenne pour excuser ou justifier des décisions impopulaires ne fait que dévaloriser la force de leur parole et, encore plus, la puissance dont on peut estimer qu'elle devrait revenir à celui qui est élu du peuple.

Enfin, il est une dernière nouveauté du monde politique dont on ne sait jamais trop dire si elle participe encore davantage au retour en grâce des politiques dans l'opinion ou à une certaine distance parfois moqueuse qui s'installe souvent entre les Français et leurs élus. Nicolas Sarkozy avait théorisé la transparence, non pas sur les pratiques politiques mais sur la vie des politiques. Cette transparence est vite devenue une « peopolisation » de la vie politique comme certains l'ont appelée, notamment à l'occasion de l'élection présidentielle de 2007. Peut-être que la présence de Ségolène Royal, un personnage qui intriguait tant par son genre que par son positionnement politique, a laissé à certains journalistes un sentiment d'une plus grande liberté d'action et de ton vis-à-vis d'elle. Comme si la présence d'une femme à un tel niveau de responsabilité autorisait des commentaires relevant plus souvent du style des magazines people et féminins que d'une presse politique de qualité. En face, Nicolas Sarkozy ne se privait pas d'afficher des pans entiers de sa vie n'ayant pas grand rapport avec son projet politique. De ses prédécesseurs, on ne connaissait parfois que leurs goûts pour les arts et la littérature, on sait aujourd'hui davantage de choses sur la vie de nos élus de premier plan que sur celle de certaines stars faisant la une régulière des magazines. Certains parviennent à ne pas entrer dans cette spirale folle, comme Édouard Philippe parvint à le faire durant ses années à Matignon ; mais l'art de dévoiler des pans choisis de sa vie dans le cadre d'une stratégie de séduction de telle ou telle partie de l'électorat est devenu une arme très souvent utilisée.

Chapitre 2

L'éparpillement des partis

Longtemps, Jean-Marie Le Pen a fustigé la bande des quatre : Parti communiste, Parti socialiste, UDF et RPR. Ces derniers semblaient se partager le pouvoir par alternance. Certes, une alternance qui avait pris vingt-trois ans entre 1958 et 1981 pour voir la droite céder la place à la gauche à la faveur de l'élection de François Mitterrand, mais une alternance qui allait reconduire la droite au pouvoir en 1986, puis la gauche en 1988, puis à nouveau la droite en 1993, la gauche en 1997, la droite en 2002 jusqu'en 2012, date du retour de la gauche au pouvoir. Plus de cinquante ans où, en dépit des crises traversées, la droite ou la gauche s'étaient affirmées en partis de gouvernement. Il y avait bien eu un groupe Front national de 1986 à 1988 à la faveur du mode de scrutin proportionnel de liste départemental, mais tout était rentré dans l'ordre avec le retour au scrutin uninominal majoritaire à deux tours avec la circonscription pour base. De retour au pouvoir, les socialistes se sont bien abstenus de remettre de la proportionnelle ou de changer à nouveau le mode de scrutin, même s'ils l'ont régulièrement promis. Fidèle au célèbre adage du pourtant droitier Charles Pasqua : « Les promesses n'engagent que ceux qui les reçoivent ! »

La stabilité primait la diversité. Quelques écologistes furent élus en bénéficiant du soutien socialiste ; un soutien qui ressemblait fort à l'appui que l'on peut apporter à des parents ayant parfois de bonnes idées mais peu chanceux dans le monde des affaires. Chacun ses pauvres ! Les socialistes avaient choisi les écologistes qui, pour de bonnes raisons, n'allaient pas oublier ce traitement. Et les non-inscrits étaient rares, venant davantage de dissidence en cours de chemin que d'étiquettes spécifiques au moment du scrutin. Globalement, les cinquante premières années de la Ve République furent dominées par la famille gaulliste, la famille libérale et centriste et la famille socialiste souvent alliée à la famille communiste qui a pesé jusqu'au tout début des années 2000.

La balkanisation de la gauche

Cette description du paysage politique de l'Assemblée nationale ne doit pas masquer les soubresauts et luttes internes que chacun d'eux a connus. Avant le congrès d'Épinay de 1971, la gauche non communiste était plurielle jusqu'au rassemblement sous la bannière de François Mitterrand. Et ce n'est qu'à la fin des années 1970 que le Parti socialiste structure la gauche française, égalant puis rattrapant le Parti communiste dans les scores électoraux. Pour autant, le Parti socialiste n'a jamais été monolithique. Les courants de pensée sont forts et représentés, s'affrontent dans les congrès pour la direction du parti et la définition de la ligne. Mais ces courants savent se retrouver à chaque rendez-vous électoral. Qu'importe que le courant le plus à gauche de Jean-Pierre Chevènement, le CERES, et celui beaucoup plus centré de Michel Rocard défendent au départ des idées différentes. On sait s'unir, faire des synthèses dans la douleur et se rassembler autour du barycentre du parti : François Mitterrand. Même après le départ de Jean-Pierre Chevènement en 1992 pour fonder le Mouvement des citoyens (MDC), on sait s'allier électoralement et rejoindre le gouvernement lorsque l'on est appelé à y participer comme ce fut le cas dans le gouvernement de Lionel Jospin.

En quittant le gouvernement en 2000 et en se présentant deux ans plus tard à l'élection présidentielle, Jean-Pierre Chevènement marque non seulement son éloignement définitif du Parti socialiste mais pose également les premiers jalons d'une désagrégation de la gauche qui peine à trouver une ligne idéologique et de nouvelles idées conciliant social et économie. Cette gauche se tourne de plus en plus vers les questions sociétales et écologiques.

L'éparpillement des idées du Parti socialiste, sans réelle colonne vertébrale, pose les prémices d'un éclatement des positions de ses responsables. Paradoxalement, l'élection de François Hollande masque ce malaise qui précipitera la chute. François Hollande a bénéficié du retrait forcé de la compétition présidentielle de Dominique Strauss-Kahn, rassemblant les anti-Aubry mais ne parvenant pas à fixer une ligne claire dont il aurait profité une fois arrivé au pouvoir. Le rejet de Nicolas Sarkozy lui a ouvert les portes de l'Élysée sans un programme réellement structuré et sans l'autorité d'un François Mitterrand ou d'un Lionel Jospin. La suite est connue : l'émergence de « frondeurs » à l'Assemblée nationale a définitivement tué le Parti socialiste. Le départ de Benoît Hamon, pour fonder son propre parti, juste après son terrible échec à la présidentielle en 2017, en est le symbole. Non seulement Benoît Hamon a conduit le Parti socialiste à une déroute mais, sans vergogne, il l'a fui le lendemain, laissant ses camarades avec une ruine à reconstruire et des dettes de campagne à combler. Étonnant que les médias aient été aussi complaisants à son égard. Si au moins il avait eu la décence de quitter alors définitivement la politique ! Ce type d'attitude n'encourage pas à rehausser l'image de la politique. Le candidat socialiste de 2017 attendra 2020 pour prendre ses distances avec la vie publique.

Aussi longtemps que le Parti socialiste a su faire vivre ensemble des courants de pensée différents au travers de compromis qui lui permettaient de dégager une ligne claire, les scores ont tenu et, surtout, l'attrait a pu être maintenu et renforcé. Ce PS des années 1980 et 1990 était sûrement l'époque la plus romantique de la Ve République. On débattait dans les sections socialistes, on s'affrontait aux congrès mais on allait coller des affiches ensemble les veilles d'élections. Les opinions au sein du Parti socialiste ont sans doute été plus diverses qu'elles ne le furent par la suite mais la discipline existait. Une discipline qui devait être respectée au gouvernement, d'où la formule de Jean-Pierre Chevènement en 1983 : « Un ministre, ça ferme sa gueule et si ça veut l'ouvrir, ça démissionne. » Discipline et cohérence. Car Jean-Pierre Chevènement a alors démissionné pour protester contre ce qui fut appelé la « parenthèse libérale » sans quitter le Parti socialiste, et pour revenir comme ministre de l'Éducation nationale en 1984.

Au fil du temps, dès lors que chaque courant a décidé de s'émanciper et de fonder sa propre formation politique, le parti a vu ses effectifs fondre sans que chacun des partants puisse en profiter. Un citoyen attiré par la politique cherche à débattre et échanger dans un parti, à apporter sa contribution et ses idées. Il peut trouver cela dans un parti qui admet des pensées diverses et qui a une ligne directrice, qu'il s'agisse du social, de l'économie, de l'écologie ou tout autre. Il ne le trouve jamais dans des petites chapelles rassemblant des militants en faible nombre et unis depuis longtemps qui ne servent qu'à porter la pensée du leader. Entrer dans ces partis, qui ne sont pas loin d'être des micro-partis, laisse penser à une adhésion dans un club fermé dont les membres fondateurs seraient rejoints par des « invités » plutôt que des militants. Le citoyen aime avoir la possibilité de faire valoir son avis dans un parti ; tout comme un consommateur préfère entrer dans un restaurant où il y a de la place et un menu fourni plutôt que de surgir au milieu d'un repas de famille risquant de déranger ou pire, d'avoir à faire la vaisselle sans consommer. De quoi décourager les bonnes volontés d'engagement !

Il en va de la droite comme du Parti socialiste. Si le Parti socialiste de cette époque avait une part de romantisme, la droite de cette époque était plus romanesque qu'aujourd'hui. Il y avait là des moteurs forts de l'engagement politique, alliant l'épique et la controverse plutôt que l'éthique et la paresse.

La communion jamais parachevée de la droite

Deux grandes familles ont structuré la droite : d'un côté, les gaullistes, et de l'autre, le libéral centrisme. L'ouvrage de Guillaume Tabard *La Malédiction de la droite en France* paru en 2019 analyse avec une finesse remarquable l'évolution de la droite. Comme l'auteur l'explique, les écueils de la droite sont légion : la division, l'incapacité à définir un corpus idéologique stable et cohérent, une organisation qui est incapable de faire place à la diversité, des malchances régulières à arriver au pouvoir lors de retournements de conjonctures économiques. Et tout cela, sans compter sur ses peurs et ses lâchetés à appliquer les programmes pour lesquels elle était élue, ainsi que sur les rivalités entre ses leaders. La droite a pour autant réussi à occuper l'essentiel du temps de pouvoir au cours de la Ve République.

Longtemps la droite a réussi à masquer ses faiblesses par le fait que chacune des grandes formations qui la composaient était dirigée par un leader peu contesté. De Gaulle, Pompidou puis, dans une moindre mesure, Jacques Chirac jusqu'en 1993 pour le RPR et Valéry Giscard d'Estaing tout au long de l'existence de l'UDF.

Côté gaulliste, l'unité a longtemps tenu. Bien sûr, du temps du Général, la question de la diversité de courants de pensée dans le parti ne se posait pas. On était gaulliste, un point c'est tout. Et si l'on avait des désaccords, on les taisait. Le gaullisme était un bloc. Les premières frictions apparurent avec Georges Pompidou, l'unité de façade masquait des sensibilités diverses entre le gaullisme social de Jacques Chaban-Delmas et le gaullisme de tradition de Pierre Messmer. Ces deux Premiers ministres de Pompidou eurent quelques frictions au décès de ce dernier, Messmer envisageant d'être le candidat de toute la droite tandis que Jacques Chaban-Delmas se lança directement dans la bataille présidentielle dès le 4 avril 1974, deux jours seulement après la mort du président de la République et avant même que ses funérailles aient lieu. Une maladresse qui heurta une partie de la famille gaulliste, à commencer par ceux qui s'étaient opposés à son projet de « nouvelle société » en 1972 et au premier rang desquels figuraient Marie-France Garaud et Pierre Juillet. Ces derniers, appuyés par 43 députés, encouragèrent Jacques Chirac, alors âgé de 41 ans, à soutenir l'adversaire de droite du candidat gaulliste : Valéry Giscard d'Estaing.

Vaincu, Jacques Chaban-Delmas retourna à Bordeaux avant de reprendre la présidence de l'Assemblée nationale en 1978 et de soutenir Michel

Debré avec 43 autres députés RPR à la présidentielle de 1981 contre le candidat officiel du RPR : Jacques Chirac. L'unité de la famille gaulliste n'aura survécu que très peu de temps à la mort de son fondateur mais ce ne sont que des fractions marginales du parti qui s'en sont allées ; Jacques Chirac porte dès le milieu des années 1970 l'essentiel de l'héritage et embarque les historiques du parti. Chef de la plus grande formation de l'opposition, le futur président de la République transforme en 1976 l'UDR en RPR et met en place des instances destinées à marquer le nouveau parti de ce que l'on peut appeler le chiraquisme, plus libéral que ne l'était historiquement la formation gaulliste. Ce parti résistera vingt-six ans jusqu'à la fondation de l'UMP en 2002. On ne peut pas réellement parler d'unité du parti au cours de cette période ; des sensibilités y apparaissent de plus en plus visiblement et assez rapidement au fil du temps. De l'hostilité initiale de gaullistes historiques tels que Pierre Messmer, Michel Debré ou Olivier Guichard aux contestations de plus jeunes figures « rénovatrices » après la défaite de 1988, le RPR ne vit pas que des heures tranquilles. Charles Pasqua prendra progressivement ses distances alors qu'il était une cheville ouvrière et populaire du mouvement. La distance se manifestera particulièrement lors du référendum sur le traité de Maastricht en 1992, rejoint alors par Philippe Séguin. Et il n'est guère étonnant que Charles Pasqua ait rallié Édouard Balladur à la présidentielle de 1995. Car, après avoir été placé à Matignon en 1993 par Jacques Chirac lui-même,

Édouard Balladur, appuyé de Nicolas Sarkozy, n'hésitera pas à affronter le patron du RPR dans le combat présidentiel. L'ancien secrétaire général de l'Élysée sous Georges Pompidou pourra se targuer d'entraîner avec lui une grande partie de la famille libérale et centriste mais en sortira vaincu face à Jacques Chirac. La droite tout entière devra se recomposer après 1995.

Pour autant, même entre Jacques Chirac et Édouard Balladur, on retrouve les grandes familles de la droite : plus social pour le premier, plus libéral pour le second. Une fracture qui n'est pas pour autant un éparpillement. À tel point qu'en 2002 naît l'UMP qui regroupe toutes les tendances de la droite de gouvernement dans un même parti dirigé dans un premier temps par Alain Juppé, fidèle chiraquien et, à partir de 2005 par Nicolas Sarkozy, gaulliste libéral. Seule exception à cette réunion de famille : François Bayrou qui sera candidat en 2002, réunissant alors seulement 6,8 % des voix.

La victoire de Nicolas Sarkozy à la présidentielle de 2007 semble consacrer la stratégie d'union de la droite de gouvernement même si une aile plus centriste dirigée par François Bayrou prend son essor. Ce dernier ayant obtenu 18,6 % à la présidentielle de 2007 et laissant ses électeurs libres de leur choix pour le second tour. Nicolas Sarkozy ne lui pardonnera jamais. Dans ce contexte, il n'est guère étonnant qu'en 2012, François Bayrou, fort de seulement 9,1 % au premier tour appelle au second tour à voter pour François Hollande. La rupture au sein de la droite est cette fois définitive.

Dès lors, après la défaite de 2012, la droite en général, et l'UMP en son sein, ne va avoir de cesse de se diviser. L'affrontement entre Jean-François Copé et François Fillon pour la tête du parti dès la fin 2012 sera d'une grande violence, le second accusant le premier d'avoir réalisé une fraude sur les résultats pour maintenir son leadership de l'UMP. Un gâchis d'autant plus grand qu'on se souvient du nombre de votants à cette élection interne : 176 000. C'est la dernière fois qu'un parti organisa une élection interne réunissant autant d'électeurs adhérents. Le retour de Nicolas Sarkozy en 2014 comme président du parti et le changement de nom d'UMP en « Les Républicains » ne calmera pas non plus le mouvement ni n'élargira sa base militante. Des divisions qui rendent logique l'émergence de rivalités contraignant le grand parti de droite à organiser une primaire pour savoir qui sera son candidat à la présidentielle de 2017. Une primaire qui exposera 7 candidats dont 6 issus des Républicains : Alain Juppé, François Fillon, Bruno Le Maire, Nicolas Sarkozy, Nathalie Kosciusko-Morizet et Jean-François Copé. Une primaire clé puisqu'en novembre 2016, date à laquelle elle se déroule, médias et observateurs de la politique considèrent que le vainqueur de ce combat interne sera sans presque aucun doute élu président de la République en mai 2017. Près de 4,5 millions d'électeurs participent à cette désignation du candidat. Alain Juppé donné longtemps favori sort vaincu, loin derrière François Fillon. Tous acceptent le verdict donnant le sentiment que la droite de gouvernement est en ordre de marche. Six mois plus tard, après « l'affaire Fillon » qui a définitivement tué le candidat aux marches du pouvoir, un seul poursuit réellement la politique : Bruno Le Maire. Mais il a changé de camp pour rejoindre En Marche et Emmanuel Macron, le président finalement élu. Alain Juppé aura rejoint le Conseil constitutionnel, Nicolas Sarkozy prend de la distance, Nathalie Kosciusko-Morizet va faire carrière aux États-Unis, Jean-François Copé se concentre sur sa ville de Meaux et une carrière d'avocat et François Fillon entame un parcours judiciaire... Une hécatombe dont Les Républicains auront bien du mal à se remettre.

Pour ce qui concerne la famille libérale centriste, Valéry Giscard d'Estaing élu président de la République en 1974 est parvenu à unifier progressivement un ensemble politique au départ hétérogène allant du centre à une droite très libérale et non gaulliste. Derrière le sigle UDF (Union pour la démocratie française), la diversité des profils ne manque pas. L'implantation locale de l'UDF est particulièrement forte et apporte à la droite tout entière (UDF et gaullistes) un réseau local, départemental et régional très précieux lors des scrutins. L'alliance durera jusqu'à la fin des années 1990 avant que l'UDF se dissolve et que François Bayrou s'émancipe de cette famille en créant le MoDem.

Quand les familles politiques deviennent des puzzles

Gauche et droite de gouvernement font face à des sensibilités différentes en leur propre sein mais jusqu'à la fin du siècle dernier, ils privilégient le plus souvent l'unité au moment des échéances électorales. Depuis le début des années 2000, l'éparpillement est devenu la règle. Certes, nous pourrions convenir que l'éventail des propositions est plus large aujourd'hui qu'il ne le fut pendant longtemps. Mais, au demeurant, l'opinion ne retient qu'une atomisation de la vie politique le plus souvent motivée par des ambitions personnelles bien plus que par des idées originales et justifiant de cette prise d'indépendance.

Hier on pouvait vivre avec sa propre sensibilité dans une famille sans remettre en cause la famille tout entière. Aujourd'hui, on préfère se distinguer et clamer sa spécificité. La montée de l'individualisme dans la société n'a pas épargné les partis politiques. Mieux vaut à présent un petit chez-soi qu'un grand chez les autres. Finis les exercices de synthèse et les engagements collectifs. Place aux ambitions personnelles que l'on masque derrière des visions propres de l'Europe, de l'écologie, de la société à construire, de l'intervention de l'État, de la place de l'entreprise, de l'évolution des mœurs. Ceux qui souhaitent avant tout promouvoir des idées et propositions plutôt que de servir des chefs sont priés d'aller voir ailleurs...

Quand on résume cette histoire de nos deux familles majeures de la vie politique française, on raconte l'histoire des années 1980 et 1990. S'engager dans ces partis à cette époque donnait aux militants l'impression de s'inscrire dans un continuum hérité de la fin de la guerre pour les gaullistes et des luttes sociales du XXe siècle pour les socialistes. Aujourd'hui, il est difficile de voir dans les principaux partis de notre pays des éléments structurants de l'Histoire qui s'écrit. Nous n'avons certes pas encore le recul nécessaire pour établir des jugements définitifs mais il est à peu près certain que les vieux partis sortent doucement du récit national et qu'on ne sait plus très bien quel héritage ils souhaitent porter et au service de quelle ambition ils le mettent. Pour ce qui est des nouveaux mouvements qui s'affirment (En Marche, La France insoumise ou les écologistes) ils n'ont pas encore réussi à se placer sur ce continuum qui projetterait sur leurs militants l'idée qu'ils participent à une aventure collective à vocation durable et portant une part de l'histoire du pays pour en façonner l'avenir. Le Rassemblement national fait encore une fois figure d'élément à part. Par son héritage pétainiste et antigaulliste, il portait au XXe siècle une part de l'Histoire qu'on préférait ne pas vraiment regarder en face. Il est peut-être aujourd'hui le seul parti qu'on peut inclure dans un mouvement historique national et international qui marque déjà notre époque et qui propose à ceux qui le rejoignent d'écrire une nouvelle page de notre récit national : le rejet de l'ordre mondial multilatéral et de la démocratie libérale. Mais cette page de l'Histoire n'est pas sans danger, risques et menaces sur la démocratie.

Chapitre 3

Plus d'ego, moins d'idées

La culture de la Ve République et la personnalisation toujours plus forte du débat politique s'imposent aujourd'hui à tout l'échiquier politique, y compris à ceux qui l'ont refusé jusque très récemment, comme les écologistes. La percée dans l'opinion de Yannick Jadot à l'occasion des élections européennes de 2019 illustre parfaitement cette fuite en avant de toute la gauche alternative vers des figures tutélaires mettant en pièces leurs idéaux de collégialité et de cogestion. Elle conclut un vaste mouvement entamé depuis au moins trois décennies par l'ensemble des formations politiques.

Dans les deux grandes familles traditionnelles de la politique française, la personnalisation toujours plus forte des partis s'est faite souvent aux dépens du débat d'idées qui est supposé animer ces partis. Il y a plusieurs illustrations à ce constat.

Quand les idées deviennent secondaires à gauche

À gauche, au Parti socialiste, les débats d'idées ont toujours été au cœur de la vie du parti. L'adhésion à un parti politique de gauche était historiquement et majoritairement motivée par l'adhésion aux idées du parti. Non que les leaders n'aient de l'importance dans le choix d'un parti mais combien de citoyens de gauche ont adhéré au Parti socialiste sans être des inconditionnels de François Mitterrand ? Les idées et propositions primaient le plus souvent sur les personnes. On était socialiste sans aduler ses chefs. L'analyse des cotes de popularité dans le temps montre que de nombreux sympathisants socialistes n'avaient pas une bonne opinion du leader du moment. Les partisans de Michel Rocard ou de Jean-Pierre Chevènement ne manquaient pas de critiquer François Mitterrand.

Les contributions ainsi que les motions animaient de vifs échanges en amont, puis au cours des congrès. Que chaque leader écrive sa contribution, pour en faire par la suite des motions présentées au vote des militants, relevait d'un vrai travail idéologique. Depuis les réunions de sections jusqu'au siège, rue de Solférino, chaque militant pouvait sentir qu'il avait une place dans la conduite de la ligne politique du parti. Sous le mandat de François Mitterrand, le Parti socialiste ne fut pas toujours un godillot et les débats en son sein ne furent pas annihilés par l'écrasante présence du président Mitterrand. Les temps changèrent et par la suite apparurent des frondeurs véhéments comme sous le président Hollande. Déjà en 1995, départager Lionel Jospin et Henri Emmanuelli pour l'élection présidentielle ne fut pas seulement un choix de personne mais un choix de ligne politique. La disparition de François Mitterrand a laissé une place béante de leader du camp socialiste ; place que lui-même avait su créer, non sans des oppositions fortes à l'époque.

En 1997, l'évidence du choix de Lionel Jospin pour diriger le gouvernement traduit toujours la culture parlementaire plus que présidentielle de la gauche plurielle, plus à l'aise pour choisir un leader pour Matignon qu'un candidat pour l'Élysée. Le bon bilan de Lionel Jospin le conduit naturellement à représenter son parti – et pas son camp – à l'élection présidentielle, avec plusieurs candidatures issues de sa majorité s'opposant à lui au premier tour, c'est là que se fracassent sur le mur du réel la culture parlementaire et les ambitions présidentielles. Le traumatisme de 2002 jouera sûrement pour beaucoup dans l'évolution du Parti socialiste dans les années qui ont suivi. Si François Hollande arrive à maintenir à chaque congrès une motion assurée d'obtenir plus de 50 % du vote des militants par son habile travail de synthèse élaboré auparavant, il n'en devient pas pour autant le leader naturel du PS. Au fond, François Hollande ne fascine pas mais il est le moins gênant. Le référendum de 2005 ne l'aide pas à s'affirmer comme un leader incontesté et c'est alors que le Parti socialiste, qui s'était allègrement déchiré sur la question du oui ou du non à la Constitution européenne, va démarrer une longue marche vers un parti de plus en plus centré sur les débats de personnes et de moins en moins sur les débats de fond.

La création des primaires semi-ouvertes de 2006 est une première illustration de l'appauvrissement idéologique du Parti socialiste. Plutôt qu'une controverse interne sur la ligne du parti que le Premier secrétaire devra porter à l'élection présidentielle, le parti choisi une médiatisation autour de plusieurs candidats faisant passer les débats de fond à l'arrière-plan.

La montée en puissance de Ségolène Royal accélère encore un peu plus cette marche vers la personnalisation du Parti socialiste car c'est assurément celle disposant du programme et de la ligne idéologique la moins claire mais disposant *a contrario* de la personnalité la plus affirmée. Elle parvient à entraîner derrière elle des milliers de nouveaux adhérents attirés par cette figure nouvelle et originale. L'effet est immédiat dans l'opinion puisqu'elle s'impose dès sa victoire comme une candidate capable de battre Nicolas Sarkozy mais cela ne présage pourtant rien de bon pour le Parti socialiste à l'issue de la présidentielle.

Torpillée de l'intérieur pendant sa campagne, Ségolène Royal se voit pourtant comme la leader naturelle du Parti socialiste à l'issue de sa défaite. C'est à cette même période, lors du congrès de Reims en 2018, que le Parti socialiste décide de dissocier le vote sur les motions présentées et le vote permettant d'élire le Premier secrétaire. Ce dernier sera élu au suffrage direct, sans aucun lien d'incidence entre les deux scrutins. Il n'est plus alors impossible d'être élu Premier secrétaire en étant issu d'une motion minoritaire. De ce congrès, personne ne retiendra les débats sur la ligne du parti supposée s'illustrer par le vote des motions, on en retiendra seulement l'affrontement Ségolène Royal-Martine Aubry, révélateur surtout d'une bascule totale du Parti socialiste vers un parti tourné vers la seule élection présidentielle. Cette élection au suffrage direct des militants du Premier secrétaire n'était pas du goût de Jean-Luc Mélenchon qui décide de quitter le parti à l'issue du congrès, alors que pour la première fois, une motion unique de la gauche du Parti socialiste s'était constituée autour de Benoît Hamon et avait obtenu un score honorable de 18 %.

Principal parti d'opposition à Nicolas Sarkozy, le PS remporte tous les scrutins locaux durant le quinquennat après avoir pansé les plaies de Reims. Très vite se pose la question du candidat de 2012. Comme François Hollande en son temps, la Première secrétaire de l'époque ne fait pas figure de candidate naturelle et le parti s'en remet à une primaire ouverte qui sera à nouveau l'occasion d'un débat de personnes plus qu'un débat d'idées. Si l'effet mobilisateur est immédiat par le focus médiatique et l'adjonction de plusieurs figures de premier plan réunies sur une même scène, il ne porte aucune garantie sur la qualité du programme choisi tant ce sujet est relégué au second plan. Martine Aubry avait bien fait adopter par son conseil national un programme pour 2012, mais que pèse-t-il face au programme d'un candidat désigné par une primaire ayant mobilisé plus de 3 millions d'électeurs ou, à l'inverse, n'enferme-t-il pas un candidat qui a pourtant l'onction populaire ? La primaire pose même la question de l'intérêt du parti politique si tout un travail idéologique construit dans le temps peut se trouver balayé par un vote populaire précédant la grand-messe présidentielle.

Le rejet de Nicolas Sarkozy et l'envie commune d'en finir avec un cycle de défaites présidentielles successives donneront à François Hollande l'élan et le soutien nécessaires dans son camp pour gagner la présidentielle, remettant à plus tard les multiples débats non soldés par cette primaire qui fut analysée par tout le monde comme un succès indéniable pour son parti et son vainqueur. Les fortes dissensions au sein du Parti socialiste pendant le quinquennat de François Hollande montrent vite qu'une primaire réussie ne remplace pas un débat d'idées animé au sein du parti. Cinq années plus tard, alors que, fait unique, le président de la République ne se représente pas, le Parti socialiste ouvre en 2016 une nouvelle primaire pour désigner son candidat. Sans doute en se retirant, François Hollande avait fait l'analyse d'un échec plus que probable à la présidentielle, non seulement pour lui mais aussi pour la gauche tout entière. Aucun des candidats à la primaire de la gauche n'a su profiter de ce retrait pour forger un programme susceptible de ramener au Parti socialiste un électorat quelque peu désorienté et bousculé depuis 2011. Benoît Hamon sera le vainqueur de ce scrutin, moins du fait de ses propositions que par rejet de son adversaire du moment : Manuel Valls.

Longtemps, l'art de la synthèse au Parti socialiste avait été une gymnastique moquée par ses opposants. Cet art lui avait tout de même réussi au fil du temps et permis de faire travailler et gagner ensemble des personnalités très diverses. Le sentiment est donné que, rapidement, au cours du quinquennat de François Hollande, ces personnalités n'ont plus eu envie de travailler ensemble. Deux causes explicatives de cette évolution : une lente marche vers une personnalisation prenant toujours plus l'ascendant sur les idées et un parti n'étant plus en mesure d'être le catalyseur de débats pouvant aboutir à des combats communs. Si les primaires de 2006 et 2011 ont en leur temps été des vastes succès populaires pour le Parti socialiste, elles ont porté en elle les prémices de l'effondrement d'un parti qui s'était construit autour de synthèses obtenues après des combats de haut vol, mais qui menaient à des combats communs et des victoires communes. Elles traduisirent une forme de paresse intellectuelle en déléguant à quelques millions de Français, le temps de deux dimanches, un travail supposé être celui d'un parti durant plusieurs années. Portant chaque fois l'illusion d'une mobilisation de masse et d'un engagement renouvelé apportant son lot de nouveaux militants, elles n'ont fait que réduire inexorablement le nombre d'adhérents au PS. Ces adhérents qui sont la sève du parti ont fini par laisser derrière eux un vieil arbre mort.

Le Parti socialiste n'est pas le seul parti à avoir illustré avec le temps son inutilité à la vie démocratique, tant le seul débat qui l'agitait était celui de son chef tous les cinq ans. Ce débat se soldant par le vote d'un corps électoral dont on ne connaît pas trop les contours mais qui permet au moins d'enterrer quelques haches de guerre le temps de l'élection ; sans garantie qu'il n'y aura pas de retour de bâton.

Et la droite se convertit aux primaires

À droite, le chef a toujours été capital. La personnalisation et le leadership sont souvent passés devant les idées. Et ce pour toutes les droites. Ce n'est pas un hasard si les sympathies politiques à droite se sont souvent confondues avec la sympathie pour ses leaders. On était gaulliste, giscardien ou plus tard chiraquien et on rechignait à se définir comme de droite. Il faut dire que la gauche ne s'est pas privée après la Seconde Guerre mondiale de dénoncer la compromission d'une grande partie de la droite dans la collaboration. Le général de Gaulle a largement sauvé l'honneur mais sans se revendiquer de droite ; ce qu'il était largement au regard de son corpus d'idées. Dès lors, ceux dont la sensibilité et les idées étaient de droite ont pris l'habitude de s'identifier au leader de parti plutôt qu'à sa catégorisation politique. Ce phénomène se retrouvait autant dans le parti gaulliste qu'au sein de l'UDF. Chez les centristes et libéraux, on se revendiquait de « la bande à Léo » (François Léotard), d'être proche d'Alain Madelin ou d'être un « rénovateur ». Le positionnement idéologique passait au second plan tant ces bandes politiques couvraient parfois un spectre bien large. Pourtant, après le double échec de Jacques Chirac en 1981 et 1988 et les atermoiements de Valéry Giscard d'Estaing, les grandes familles de la droite française peinent à s'unir derrière un leader naturel en vue de 1995. Nombreux sont ceux qui pensent que la droite ne peut plus se permettre d'aligner deux candidats au premier tour comme ce fut le cas en 1969, 1974, 1981 et 1988. L'émergence du Front national et la toute-puissance du Parti socialiste à gauche appellent à une droite unie.

En 1989, Charles Pasqua soumet l'idée que les électeurs pourraient choisir leur candidat en amont de l'élection présidentielle de 1995. Il a en tête un futur combat entre Jacques Chirac et Valéry Giscard d'Estaing qui sera finalement l'affrontement entre Édouard Balladur et Jacques Chirac. C'est une différence majeure avec les primaires socialistes qui n'ont pas été faites pour trouver un héritier à Mitterrand – même si une consultation fut organisée au sein du PS en 1995 – mais pour anesthésier les divergences de fond au profit du poids d'un suffrage le plus large possible.

À droite, les familles gaullistes et libérales souffrent moins de la multiplication des courants. La plasticité idéologique des leaders de la droite est incomparable aux forts débats de fond qui animent le PS à chacun de ses congrès au sein desquels

François Mitterrand, puis François Hollande dans une moindre mesure, surent très bien en tirer le plus grand profit. Si la droite a besoin de primaires, ce n'est pas pour se trouver une ligne politique mais pour se trouver un leader. Dans ces deux conceptions de l'élection primaire, on retrouve d'un côté la faillite d'un camp bonapartiste et gaulliste sans leader affirmé, et de l'autre côté la faillite d'un camp socialiste sans combats communs à porter collectivement. Finalement, il n'y aura pas de primaire à droite et Jacques Chirac finira par s'imposer à nouveau sur son camp au point qu'il tente en 2002 une réunion des deux familles de la droite au sein d'un même parti. On retrouve l'idée de Mitterrand à Épinay, l'alliance de plusieurs familles de gauche désireuses ou forcées de travailler ensemble pour perpétuer leur action dans le paysage politique. Si cette nouvelle UMP devait être le legs de Jacques Chirac à Alain Juppé, c'est finalement Nicolas Sarkozy qui réussit à s'imposer sur son camp en reprenant tous les codes du bonapartisme, en commençant par s'imposer à ses pairs en interne puis par un double plébiscite en 2004 puis 2007, devenant ainsi le maître incontesté de la droite alliée à une partie du centre.

La défaite de 2012 et le retrait de Nicolas Sarkozy ouvre une nouvelle page pour une droite décapitée. Théâtre d'affrontements majeurs pendant quatre ans, la droite finit par s'en remettre à une primaire ouverte à l'image de celle du PS en 2012 pour trancher la question de celui ou celle qui l'emmènera à une victoire promise en 2017. Nicolas Sarkozy a bien tenté d'imposer au futur candidat un programme voté lui aussi en conseil national mais il semble acquis pour tout le monde que le candidat désigné choisira son programme. Si les divergences existent entre les candidats, elles sont plutôt une affaire de chiffres que de vision du pays. Rien à voir avec la démondialisation d'Arnaud Montebourg face à la social-démocratie tranquille de Martine Aubry et de François Hollande ou au libéralisme de gauche de Manuel Valls. La primaire de la droite en 2016 ne peut être qu'un succès tant on promet à celui qui viendra voter qu'il est en mesure de choisir dès le mois de novembre le futur président de la République.

Pourtant, la victoire de François Fillon auréolé d'un score incontestable et d'une participation dépassant les espérances des organisateurs de ce scrutin ne suffira pas à solder cinq ans de guerres fratricides. Peut-être que l'assurance d'une victoire en mai, couplée à l'abandon de François Hollande et à la présence assurée de Marine Le Pen au second tour, a laissé croire à certains que l'on pouvait faire l'impasse sur une catharsis commune. Puis reprendre le combat dans une élection imperdable, voire due. La montée en puissance de François Fillon pendant les dernières semaines de la primaire rassurait ses soutiens sur la mobilisation de l'électorat en sa faveur, oubliant qu'il s'agissait seulement d'un petit fragment de l'électorat qui serait nécessaire pour s'imposer au premier tour mais ne garantissait pas de réunir plus de 50 % des Français au second tour. On vantait alors son programme construit, puissant, radical, alors que sa première baisse dans l'opinion fut justement causée par les premiers décryptages de ce même programme. Finalement, tout a volé en éclats quand il s'est agi de faire bloc derrière ce candidat en difficulté et qui ne parvint jamais vraiment à réunir son camp comme Jacques Chirac et Nicolas Sarkozy avaient réussi à le faire. Sans aller trop loin dans la politique-fiction, la déliquescence de la campagne de François Fillon dès la première affaire le concernant laisse assez peu de doute sur la capacité de son camp à rester uni derrière lui pendant cinq ans quand il aurait fallu porter le programme extrêmement ambitieux qu'il souhaitait appliquer.

Les primaires de 2016 furent un succès sans lendemain, une mobilisation militante d'ampleur mais génératrice de frustrations encore plus importantes une fois l'euphorie passée. Cette succession de cache-sexes utilisés par les partis pour stimuler de l'engouement et de l'engagement laissa des stigmates très vifs et peu aisés à panser.

Au-delà des deux grands partis qui ont structuré le débat politique pendant plus de cinquante ans, les autres formations politiques françaises ont difficilement résisté à cette marche forcée vers une personnalisation toujours plus forte de la politique française.

La rupture de Jean-Luc Mélenchon avec le Parti socialiste en 2008 va permettre à la gauche radicale de connaître un vrai regain dans l'opinion qui connaîtra son apogée en 2017 avec le score de celui-ci à la présidentielle (19,6 %). Emmenant à marche forcée un camp plutôt réticent aux césars et tribuns dans l'élection reine de la Ve République, il leur promettait de faire table rase de celle-ci une fois arrivé au pouvoir. Jean-Luc Mélenchon parvint à constituer un pôle d'opposition puissant à gauche du balancier gauche-droite, comme Jean-Marie Le Pen avait réussi à en constituer un à la droite de ce balancier. Doté d'un programme largement fourni, *L'Avenir en commun*, Jean-Luc Mélenchon a réussi en 2017 à allier sa force tribunitienne à un travail de fond capable de réunir derrière une même bannière des gens séduits par sa personne ou par ce programme, chacun pouvant y trouver son compte en remisant à plus tard ses réserves sur l'un ou l'autre. Cet équilibre très instable a du mal à se maintenir une fois passé le cycle présidentiel. Débordé sur sa gauche par des factions ne souhaitant plus agir pour le seul compte de ce chef encombrant, la nébuleuse France insoumise se retrouve en concurrence avec d'autres mouvements lui contestant sa place de tête de pont d'une gauche radicale toujours tiraillée entre le besoin d'une figure pour peser à chaque présidentielle et son rejet intrinsèque de tels leaders. L'on entendra souvent dans les manifestations de ces mouvements une version légèrement remaniée de l'Internationale : « Ni dieu, ni césar, ni tribun, NI MÉLENCHON ».

Le comportement de ce chef impétueux qui a lié son sort à celui de son camp engendra quelques déconvenues électorales à la suite de la présidentielle avec un score aux élections européennes le reléguant à celui d'une force de gauche parmi d'autres. Il a laissé par la même occasion apparaître de nouvelles figures lui disputant un futur rôle dans la prochaine échéance présidentielle alors qu'émergent de nombreuses initiatives communes à gauche délaissant ostensiblement le leader de La France insoumise.

La culture présidentielle, et donc personnelle, qui a fini par imprégner la gauche et que Jean-Luc Mélenchon avait lui-même dénoncée en critiquant l'élection du Premier secrétaire du Parti socialiste au suffrage direct des militants, va continuer à imprégner les nombreuses scissions de ce camp. Les propres ex-responsables du Parti socialiste en sont à fonder leur propre parti regroupant des troupes qui suivent davantage leur personne que leurs idées souvent flottantes. Qui peut définir clairement la ligne de Génération·s de Benoît Hamon ? Une ligne dont on a le sentiment d'avoir déjà lu toutes ses propositions dans les programmes des autres formations de gauche : de l'écologie massive, de la redistribution sociale massive, de la régulation économique massive. On voit d'ailleurs fleurir des appels à l'union après des années de scissions, avec souvent des protagonistes similaires. Quelle lisibilité offre-t-il aux électeurs de gauche désireux de s'engager quand il est difficile pour ceux dont c'est le métier d'analyser ces cinquante nuances de gauche ?

S'il est un parti à gauche qui s'est refusé à verser dans cette trop forte personnalisation, sans pour autant subir d'hémorragie dramatique de ses adhérents, c'est le Parti communiste français. Bien qu'allié à Mélenchon dans les deux dernières élections présidentielles, ils ont toujours gardé une place à part dans la nébuleuse des petits partis de gauche naissant et disparaissant au gré des ententes et mésententes. Fabien Roussel ou André Chassaigne, fidèles à un idéal communiste et se méfiant des leaders charismatiques, se sont eux-mêmes toujours abstenus de verser dans la personnalisation. C'est tout à leur honneur mais ils ne sont pas parvenus à changer la vision d'un communisme débarrassé de son passé et tourné vers l'avenir. Il y a une profonde sincérité chez Fabien Roussel et une cohérence des idées, mais il manque cette flamme de nouveauté qui pourrait inviter à l'engagement. En l'écoutant, il nous semble avoir déjà entendu les recettes proposées tout au long du temps, comme si la société n'avait guère évolué depuis les années du siècle passé. Il y a pourtant matière à ce que le Parti communiste retrouve des électeurs ayant suivi La France insoumise avant que cette dernière ne les déçoive terriblement du fait de la cohérence des idées, de la sincérité des acteurs, de leur sens réel des responsabilités. À l'occasion des élections européennes, la mise en avant médiatique d'Ian Brossat, à qui tout le monde reconnaît un talent politique et oratoire, montre que le PCF aussi se résigne à mettre en avant des personnalités fortes ayant une importance au moins aussi grande que le contenu programmatique. Désormais installé dans le paysage médiatique, Ian Brossat est capable de porter la voix du communisme français et incarne une nouvelle génération de leaders de la gauche radicale en France. Cependant, son aura et son talent médiatique n'ont pas suffi au PCF à retrouver la voie du succès électoral alors que les autres formations de gauche – hors EELV – ne semblaient toujours pas ressortir la tête de l'eau.

Tous ces débats autour de quelques leaders relèguent depuis des années les débats idéologiques au second plan. Que ce soit *via* les primaires ou à la faveur d'union forcée face à une échéance présidentielle si importante, il devient de plus en plus difficile d'identifier aujourd'hui le rôle des partis politiques dans la vie démocratique du pays alors qu'ils sont les seuls à pouvoir ramener à la politique du sang neuf. La naissance d'En Marche ayant initialement réussi à faire venir à la politique des « primo-engagés » n'a pas réussi sur le moyen terme à casser cette dynamique emmenant les partis vers une lente désaffection et un désintérêt de ceux qui veulent s'engager dans la vie publique. Culte du chef et ligne idéologique difficile à caractériser rappellent à chacun ce que l'on constate depuis dix ans chez ceux de « l'ancien monde ».

Le Rassemblement national : du parti du leader au leader de parti

Il y a bien un parti qui connaît un phénomène quelque peu différent, c'est le Rassemblement national. Né d'une volonté de réunir plusieurs familles de l'extrême droite, il s'est très vite mué en une machine dont le seul but était le combat politique de Jean-Marie Le Pen. C'est pourtant aujourd'hui un parti dont la marque est devenue aussi puissante que le nom de son chef. Même si sa raison d'être reste l'accession de Marine Le Pen à l'Élysée, il est aujourd'hui capable de faire élire des candidats à tous les scrutins grâce à la bannière Rassemblement national et non plus grâce à la seule présence d'un membre de la famille Le Pen sur l'affiche. S'il y a bien une illustration de ce changement majeur, ce sont les dernières élections européennes de 2019. En choisissant Jordan Bardella, totalement inconnu du grand public, Marine Le Pen opère un changement stratégique majeur. Vingt ans plus tôt, en 1999, son père avait précipité la future scission du parti en agitant la possibilité de propulser sa femme – Janie Le Pen – en tête de liste de son parti à la même élection, lui-même étant menacé d'inéligibilité. Il arguait qu'à l'époque, le Front national c'était le nom Le Pen et que l'un sans l'autre n'existait pas. Force est de reconnaître que le RN a suivi un chemin plutôt inverse aux autres partis. Après avoir été hyperpersonnalisé derrière la figure de son fondateur, il est devenu un parti plus formel doté d'un programme contestable mais abordant la plupart des grandes questions économiques, politiques et sociétales. L'évolution lui a été profitable, si l'on en juge à ses résultats électoraux locaux. Même s'il s'en défend, la posture d'éternel opposant de Jean-Marie Le Pen était confortable puisqu'il n'y a pas besoin d'un parti vraiment constitué pour s'opposer quand on dispose d'un talent oratoire et d'une forte présence médiatique. Pour la conquête du pouvoir à laquelle aspire Marine Le Pen, un parti structuré est nécessaire car si l'on vote bien sûr pour une personne tous les cinq ans, on vote en ayant l'assurance qu'elle saura s'entourer pour gouverner.

À l'inverse, c'est peut-être le trop-plein de figures de second plan aspirant à passer au premier plan qui a causé la perte des partis traditionnels, avec les primaires en apothéose qui permettaient à certains de se faire un nom alors que ceux en mesure de les gagner y perdaient des plumes nécessaires à une gouvernance stable et apaisée pendant cinq ans.

Chapitre 4

Le péril de l'engagement flottant

Pour attirer de nouveaux adhérents, les partis politiques et les mouvements politiques, essentiellement parmi les plus récents, ont décidé de simplifier les procédures. Fini le temps où une adhésion pouvait paraître exigeante, entraînant non seulement une cotisation qui pouvait être proportionnelle au salaire (pour le Parti socialiste, le Parti communiste et autres formations de gauche) mais qui obligeait à venir assister à des réunions de sections, cellules ou autres, à participer à des collages sans oublier les congrès, et rassemblements publics. Que d'heures d'investissement personnel pour défendre une cause. La démocratie s'est forgée à ce prix et grâce à des femmes et hommes qui ont sacrifié leur vie personnelle et familiale pour défendre des idées. C'était aussi un puissant réseau d'intégration sociale.

Vers un engagement « open bar »

À présent, l'adhésion est gratuite et n'oblige qu'à adhérer aux valeurs du mouvement. C'est le cas pour En Marche et La France insoumise où les cotisations sont très réduites voire inexistantes. Entrer au Rassemblement national suppose une adhésion qui va du montant jeune moins de 25 ans fixé à 15 euros à l'adhésion Prestige (*sic*) à 250 euros ; entre les deux on relève une gamme de sept possibilités. Il fut même un temps où Jean-Marie Le Pen se targuait d'avoir des militants si fidèles et si engagés qu'ils payaient, si nécessaire, leur place pour assister à ses meetings quand celui-ci ne se disait pas en mesure de financer toutes les actions de son parti. Le deuxième écueil, et sans conteste le plus gênant, est que, désormais, des partis politiques ou se présentant comme tels peuvent exister sans militants. Qu'est-ce qu'un parti politique sans militant ? Ce n'est rien d'autre qu'un petit noyau de personnes dont on peut douter du sens de l'intérêt général et d'un dessein collectif.

Résultat, les chiffres d'adhésion peuvent paraître très élevés : plus de 400 000 pour En Marche. Mais que signifient-ils ? Rien de plus facile que de s'inscrire sans avoir besoin de se désinscrire si on ne se reconnaît plus dans le parti, ou que l'on veut s'en éloigner. L'engagement est devenu flottant. Un clic suffit sur un site, et le citoyen devient membre d'un parti. En apparence, ce nouveau mode de fonctionnement des partis est simple, souple, moderne, incitatif et permet au parti ou mouvement de revendiquer de nombreux adhérents. Ces derniers n'ont pourtant rien à voir avec les militants d'il y a vingt ans. L'attachement au parti est désormais flou ; il relève davantage pour certains de la sympathie affirmée que de l'adhésion confirmée. Il n'a plus rien à voir avec les engagements que l'on connaissait dans le passé où l'absence répétée aux réunions régulières incitait ses camarades ou compagnons à prendre le pouls de celui qui s'éloignait, à tenter de le convaincre de revenir dans les rangs des militants, parfois il est vrai sans succès. Aujourd'hui, rien de tout cela : personne pour constater votre éloignement des idées ou du fonctionnement du parti, personne pour vous inviter au retour, personne pour vous remobiliser. Le nouvel adhérent est le plus souvent seul et bien seul. Et nous ne savons plus très bien quel sens porter au nombre revendiqué des partis.

De surcroît, et du fait de l'adhésion simplifiée, la demande des partis en matière d'engagement est devenue moindre. Il est difficile pour eux de les amener à assister à des réunions régulières, à produire des idées et argumentaires, à distribuer des tracts ou à mobiliser des sympathisants pour qu'ils s'engagent. Tout cela ajouté à l'interdiction compréhensible de coller des affiches fait que les militants ne se voient guère en nombre et que seuls quelques noyaux de passionnés se mobilisent. Les échanges entre militants n'ont jamais été aussi pauvres. Facebook, Twitter et autres peuvent servir de tribune à leurs idées mais la nature même de ces supports ne remplace pas la relation directe entre citoyens. Militer dans son salon ne se substitue pas au militantisme de terrain. Pire, par la sélection que les utilisateurs de médias sociaux peuvent faire de ceux avec qui ils dialoguent, ils finissent par vivre dans une bulle sans contradicteurs ; et par se persuader que tout le monde pense comme eux. Ils réagissent par des « likes » à l'infini et sans effet avec leurs interlocuteurs. Et dans ce cas, pourquoi se mobiliser ?

L'un des derniers clous sur le cercueil de l'engagement militant est sûrement la primaire ouverte sans aucune autre condition que la simple signature d'une « charte des valeurs » comme l'ont fait les Républicains en 2016 ou le Parti socialiste en 2011. En 2006, le Parti socialiste avait trouvé une forme hybride avec une adhésion à tarif réduit lancé en grande pompe un an avant la primaire qui a sacré Ségolène Royal et permis l'entrée dans le parti d'une nouvelle génération de militants, souvent acquis à la cause du futur vainqueur du scrutin. Cette idée d'une primaire ouverte sans aucune condition préalable, que l'on dit empruntée aux États-Unis et qui est devenue l'espace de quelques années une supposée solution miracle à la crise de légitimité des formations politiques n'a pourtant rien à voir avec ce qui se fait aux États-Unis. Les primaires américaines ont un statut bien plus officiel que ce qui s'est fait en France en 2011 et 2016 et s'inscrivent dans un système politique où les deux partis en présence n'exercent pas du tout le même rôle dans la vie politique du pays avec un système de financement des campagnes lui aussi très différent. Les primaires américaines sont des confrontations de personnes mais aussi, et de plus en plus, de vraies controverses idéologiques, et pas seulement pour les primaires de la présidentielle. Les partis américains, en tant qu'organisations constituées, ont un rôle bien plus organisationnel qu'idéologique et politique dans le système américain. Face aux différents caucus parlementaires et aux machines électorales dédiées à des personnes physiques, le Republican National Committee et le Democratic National Committee sont des organes surtout administratifs. De plus, l'enregistrement préalable comme républicain, démocrate ou autre de chaque électeur américain montre bien que nos primaires ouvertes françaises se déroulant simultanément sur tout le territoire s'inscrivent encore une fois dans un régime dont on ne sait plus trop bien s'il repose sur des partis, sur des élus ou sur des scrutins directs.

Le comble de ces primaires est bien l'apparition d'Emmanuel Macron. Il refusa ces processus en fondant son propre mouvement, se désigna automatiquement comme candidat à la présidentielle en ringardisant ses concurrents de droite et de gauche qui se targuaient pourtant d'avoir été désignés par des primaires présentées comme de vraies innovations démocratiques. En tout état de cause, tout ceci ne pousse en rien à l'engagement. Les partis traditionnels ne demandent plus à leurs militants de désigner leur candidat à l'élection reine de la Ve et les partis modernes tels qu'En Marche et La France insoumise se construisent autour d'un candidat autodésigné avant même l'ouverture des adhésions, qui perdent déjà leur intérêt premier.

D'abord trouver des candidats, ensuite des adhérents

À cela s'ajoute que les partis politiques n'ont plus à courir derrière des adhésions massives pour se financer. Depuis 1988, le financement des partis politiques par l'État en fonction des résultats que les formations ont obtenus aux élections législatives permet à nombre d'entre eux de trouver des ressources sans avoir trop besoin de solliciter leurs adhérents. En 2020, 16 formations ont pu bénéficier de cette aide d'État allant de La République en Marche (plus de 10 millions d'euros par an) au Parti animaliste (70 000 euros). Les aides tenant compte du respect de la parité dans les candidatures ont réduit les montants pour Les Républicains et La France insoumise (près de 4 millions d'euros chacun) mais n'ont pas affecté le Rassemblement national (près de 5 millions) ni le Parti socialiste (près de 3 millions). Qui, même politologue, est en mesure de pouvoir citer spontanément les 16 formations financées par l'État ?

Tout louable qu'est cette décision de financement de la vie publique, les effets pervers sur la clarté et l'efficience du débat démocratique sont nombreux. Le premier est incontestablement la possibilité qu'elle ouvre à certains « fantaisistes » de créer des formations sans réels adhérents et de coopter des candidats sur le territoire dans le but de constituer un apport financier destiné au seul dirigeant et à ses quelques collaborateurs. Qui connaît « L'alliance écologiste indépendante », « La France qui ose » ou « Régions et peuples solidaires », tous financés par l'État ? Ces dernières bénéficiant également de temps d'antenne de télévision en période de campagne électorale.

De cet engagement simplifié résulte enfin une fidélité bien moindre au parti. On peut penser qu'elle garantit une forme de liberté de ton et d'action plus importante, mais elle donne aussi une image désastreuse de la politique. Le parcours des frondeurs du PS, par rapport à ce que la majorité actuelle a pu connaître de départs plus ou moins fracassants, est symbolique de cette évolution. Bien qu'en opposition totale avec le gouvernement, pas un député PS ne décide de quitter le Parti socialiste ou son groupe parlementaire. Les oppositions en interne, ils en ont tous connu dans des congrès successifs et ils sont peu nombreux à avoir choisi de quitter le parti, à l'exception notable de Jean-Luc Mélenchon. Ces députés frondeurs qui n'avaient plus grand-chose en partage avec leur Premier ministre restaient pourtant tous attachés au parti dans lequel ils avaient grandi pendant des années. À l'inverse, on assiste aujourd'hui à des départs d'En Marche aussi rapides que furent l'adhésion et l'investiture. Mathieu Orphelin ou Aurélien Taché, investis parmi les premiers par LREM en 2017, ont peu de scrupules à retourner à leurs amours d'origine, l'un chez les écologistes et l'autre vers une gauche plus libertaire et parfois identitaire. La véhémence de leur opposition actuelle, parfois plus grande que des opposants historiques à Emmanuel Macron, laisse peu de doute sur l'insincérité de leur engagement initial en 2017.

En matière d'engagement simplifié, les partis politiques ne pourront jamais faire concurrence aux réseaux sociaux où l'on peut tous être à la fois médecins, journalistes, experts en météorologie. La magie des algorithmes et un certain sens du verbe peuvent conduire presque n'importe qui vers une notoriété qui lui ouvrira peut-être un jour les portes de médias plus traditionnels puisque c'est ainsi que l'information semble se construire aujourd'hui. Dans cette nouvelle chaîne de transmission du tweet jusqu'au « 20 heures » de France 2, les partis politiques ne constituent plus le principal vivier d'acteurs de la vie publique se voyant récompensés d'une première interview dans un média local et pouvant espérer décrocher un jour une investiture, voire rêver parfois d'une carrière nationale. Ces parcours qui se construisaient dans le temps et dont les exemples sont nombreux étaient le résultat d'années de travail, s'accompagnant parfois d'un certain nombre de sacrifices.

Ceux qu'on a appelés les « députés internet », et qui pour la plupart arrivaient à l'Assemblée nationale avec un engagement politique vieux de quelques semaines, ont malheureusement souvent prouvé que l'engagement politique n'était pas chose aisée. Il ne suffit pas de simplifier les voies d'accès à des fonctions politiques pour guérir les maux que nous connaissons aujourd'hui.

Cet engagement politique *low cost*, ressemblant en tout point à ce qui existe dans un grand nombre de secteurs à commencer par celui de la consommation, désagrège toujours un peu plus le lien qui peut et doit exister entre les citoyens et leurs élus. L'emballage « société civile » remplace l'emballage « discount » mais la mécanique est la même : on choisit la quantité plutôt que la qualité avec un seul critère déterminant. Le prix pour la consommation, la « nouveauté » pour la politique. La première désillusion vient d'ailleurs parfois assez vite chez ces élus qui ne sont pas toujours satisfaits du choix qu'ils ont fait. Ils ne seront pas remboursés mais on en voit déjà beaucoup se poser des questions sur une future investiture à renouveler. Cela n'empêche pas d'avoir parfois dans ce lot de belles voire de très belles surprises. Il ne serait pas objectif de ne pas reconnaître que cette nouvelle génération a parfois amené sur le devant de la scène quelques futurs dirigeants déjà bien chevronnés et extrêmement prometteurs.

Chapitre 5

Une expression publique marginalisée

S'ils n'ont pas vocation à être la seule expression publique, les partis politiques concourent à l'expression du suffrage universel selon la Constitution. À ce titre, ils doivent être un lieu fort d'expression publique, capable de catalyser des débats pour accoucher d'idées actionnables au service de la démocratie. Ce rôle de courroie de transmission entre les controverses qui s'expriment dans toute la société et les lieux de prise de décision est une garantie importante de la paix sociale et de la libre expression offerte à chacun par la démocratie.

Il fut un temps où les partis et leurs élus disposaient quasiment seuls, avec quelques intellectuels, d'un accès à l'expression publique. Tant que ces partis portaient en leur sein les aspirations et les idées d'une part importante de la population française, cet accès privilégié de certains aux lieux d'expression publique ne posait pas un problème démocratique. Il y avait à droite comme à gauche des partis qui représentaient toutes ou presque toutes les catégories de la population : ouvrière, employée, indépendante, libérale, aisée, etc. Sur tout l'échiquier politique, ces formations s'employaient à défendre des idées pouvant offrir à une majorité de la population un dessein et un destin communs. Le rétrécissement des partis, qu'il soit en termes de popularité ou en termes numériques, s'est accompagné aussi d'un morcelage plus important de leur socle électoral et donc de la portée universelle de leurs programmes. Là aussi, la nature ayant horreur du vide, et avec l'appui des nouvelles techniques d'information et de communication, l'expression publique s'est diversifiée dans ses émetteurs et ses canaux d'émission. Nous faisons face à un nouveau paradigme reposant sur une classe politique n'ayant plus les capacités ou la volonté d'aller sur tous les sujets et de travailler sans cesse à de nouvelles idées. Ils ne sont plus capables de mobiliser des nouveaux pans de leur électorat et d'élargir leur socle électoral par un travail idéologique ardu. Face à une démocratisation forcenée de l'accès à des audiences très diverses, il apparaît manifestement que les partis politiques n'ont plus le monopole ou l'ascendant sur l'expression publique.

Des nouveaux mouvements face aux partis traditionnels

Si la très forte personnalisation des partis politiques s'est évidemment faite aux dépens de débats idéologiques qui animaient les partis de manière très virulente auparavant, les partis politiques ne sont pas les seuls responsables de l'apparition brutale et assez spontanée d'une expression publique beaucoup plus directe. Beaucoup moins policée, et bien moins ordonnée, cette expression publique ne profite plus de l'intermédiation des partis politiques entre la société et ses dirigeants élus. Pour tenter de renouer avec la société, les partis cherchent à se réinventer dans des formes différentes : l'on parle de mouvements citoyens, de société civile, d'horizontalité, etc. Ces formations politiques de la nouvelle ère, comme aspirent à l'être La France insoumise ou En Marche, se sont construites sur cette idée qu'il y avait un besoin d'agréger à nouveau des citoyens venus de toute la société, au sein d'organisations aspirant à diriger le pays. Le grand parti de la gauche et le grand parti de la droite sont discrédités et ce n'est manifestement pas autour de ces deux pôles qu'on réunira ces nouveaux engagés. LFI et EM proposent alors des nouveaux pôles d'attraction : le peuple contre les élites, les modernes contre les anciens, l'horizontalité et l'ouverture contre la verticalité et les cénacles fermés, etc.

Ces mouvements réfutent toujours l'idée selon laquelle ils ne seraient que des partis politiques comme les autres, concourant à des élections, proposant un programme, des candidats, etc. Il se trouve pourtant qu'ils correspondent en tout point aux canons de la formation politique tels qu'établis par la Constitution. Seulement, ont-ils essayé de remettre dans le débat des nouvelles idées, des nouvelles formes de participation à la démocratie, des nouveaux moyens qui permettent de remettre au centre du jeu les formations politiques ? Chacun tente de faire revenir dans le champ du politique des débats qui font courir le risque d'une société toujours plus conflictuelle s'il n'existe plus de catalyseur permettant d'ordonner la parole et d'élever les esprits.

S'il est manifestement avéré qu'ils ont au moins parcouru la moitié du chemin en permettant à des personnes jamais engagées auparavant de rejoindre des fonctions électives, il est plus difficile de savoir s'ils ont réussi à établir des nouveaux lieux de débats apaisés et pérennes ainsi que de nouvelles idées majeures. C'est l'un des succès de Jean-Luc Mélenchon en 2017 pendant quelques mois. Par sa culture et son expérience mais aussi par sa grande compréhension des mécaniques politiques modernes, il a réussi à se créer de toutes pièces un électorat socialement et territorialement très vaste en remettant de la controverse et du débat sur des thématiques nouvelles.

Pour les partis traditionnels, ils tentent depuis de nombreuses années de renouer avec la société. Jean-François Copé disait qu'à trop ouvrir les portes et les fenêtres de son parti, il avait fini par se vider de l'intérieur alors qu'il espérait se régénérer grâce à l'afflux de nouveaux adhérents. On a vu apparaître différentes initiatives de démocratie interne ayant pour but premier de montrer que chaque adhérent avait son mot à dire sur la ligne du parti et qu'il y avait donc tout intérêt à s'y engager. Pourtant, face à l'étendue des nouvelles possibilités d'expression libre et immédiate, à quoi l'engagement dans une formation politique sert-il si l'on n'aspire pas à être élu ?

Des partis marginalisés par les réseaux sociaux

Que ce soit *via* Facebook, Twitter, Twitch ou YouTube, il est à la portée de tous de faire savoir son avis sur tous les sujets que l'on souhaite, sans forcément l'inscrire dans une vision globale ni dans une architecture idéologique construite. Alors que l'on impose aux partis politiques d'inscrire leurs interventions dans une ligne qui leur est assignée ou qu'ils choisissent de se fixer, il n'y a aucun cadre à l'expression publique apparue dans les deux dernières décennies sur les nouveaux canaux de communication. Ni adhésion, ni réunion de section, ni primaire, ni motions et synthèses, ni tract et collage, ni compromis avant d'écrire son tweet. C'est le compromis qui est sûrement ce qui différencie le plus les canaux d'expression traditionnels avec ce que l'on connaît aujourd'hui. Et c'est peut-être aussi la raison pour laquelle les partis ont perdu leur place prépondérante dans le champ de l'expression publique. S'ils n'ont eu de cesse de compter dans leurs rangs des défections par centaines pour des divergences bien moindres que ce qu'ils avaient pu connaître par le passé, c'est souvent car il n'y a plus l'envie de trouver un compromis. Nos institutions majoritaires n'ont fait qu'accélérer cette lente déliquescence de la culture du dialogue et de la construction.

Attestant d'un état d'esprit général d'une société en ébullition n'ayant pas encore trouvé des nouveaux catalyseurs à ce qui l'agite, le manque d'envie de compromis ne va qu'en s'accentuant, dans tous les corps constitués comme dans tout le corps social. On teste alors des nouvelles manières de donner une place à des expressions alternatives, avec ou sans les partis traditionnels : convention citoyenne, grand débat, consultations internet, référendum d'initiative citoyenne, etc. On pose ensuite la question de la représentativité, de la légitimité de ces nouveaux cénacles politiques. La recherche du compromis doit-elle rester une vertu alors que l'époque est aux propos sans concession, encore plus sur les réseaux sociaux ? La pression à choisir un camp sur chaque sujet disparaissant aussi vite qu'il est apparu dans le débat, laisse peu de temps à la construction d'argumentaires construits servant de base à toute discussion intelligente.

Comme une vitrine de la société, l'arrivée des chaînes d'info en continu s'est faite sur un modèle alternatif aux canaux d'information traditionnels. Leurs plateaux étaient réservés à une infime minorité de leaders politiques, d'artistes et d'intellectuels qui faisaient l'actualité alors que les nouvelles chaînes d'information se sont fait fort d'inviter ceux qui la commentent. Les deux peuvent se compléter si l'on est bien conscient de cette différence majeure.

Les partis comme les médias traditionnels, engoncés dans des organisations peu agiles, ne parviennent plus à être les prescripteurs qu'ils étaient. L'un et l'autre traquent la nouvelle qui surgira sur Twitter ou Facebook. Ils attendent de voir les premières réactions des internautes et des chroniqueurs ayant installé un lit de camp dans les chaînes d'information. Ils se résignent à envoyer un porte-parole commenter la nouvelle et les propos qui l'ont suivie pour ne pas disparaître des écrans radars.

La force des partis et des intellectuels était d'amener dans les débats des sujets nouveaux et des idées afférentes, de donner du liant à toutes les expressions publiques pour les transformer en projet capable de réunir des pans de la population. Il semble pour l'instant que la diversification des sources d'expression publique et la massification des émetteurs n'ont pas revigoré la démocratie. Elle n'a certainement pas encore abouti à des projets de société construits et actionnables. Pire, dans cette massification qui n'a pas encore atteint ses limites, il devient difficile de distinguer des paroles d'autorité tant on ne sait plus quels émetteurs peuvent se targuer d'une légitimité supérieure à une autre. Les partis traditionnels ou les intellectuels pouvaient le faire il y a quelques décennies.

Quand la science se réduit à un débat d'opinion

De ce point de vue, la crise du coronavirus aura porté à son paroxysme ce phénomène. Devant des pouvoirs publics faisant un effort de transparence sur la situation sanitaire, chacun pouvait y aller de son avis d'« expert ». Le professeur Raoult, chercheur spécialiste des infections à l'IHU de Marseille avance après quelques tests que l'hydroxychloroquine pourrait être le remède au coronavirus. On attend de fait l'avis de ses confrères et les décisions en conséquence des pouvoirs publics. Le sujet est sérieux et ne prête apparemment pas à un débat public mais plutôt à un débat d'experts. Et pourtant, le débat se lance entre partisans et « adversaires » du professeur Raoult. Les plateaux de télévision initient et animent des débats de personnes n'ayant aucun savoir scientifique mais qui ne rechignent pas à exprimer leur avis sur la question. Les partisans de Jean-Luc Mélenchon ont opté pour la défense absolue du professeur et demandent que la chloroquine soit administrée, tandis qu'Alain Duhamel dont on ne niera pas les qualités d'analyste politique mais sur lequel on peut avoir quelque doute en matière de savoir médical, vient nous expliquer que le professeur Raoult doit avoir des problèmes psychiques et, l'accusant de cela, met en doute l'expérimentation du chercheur. Il suffit de consulter les comptes Twitter divers et variés de commentaires sur le sujet pour réaliser que chacun a un avis bien tranché sur le sujet, de l'étudiant en lettres au chauffeur routier. À croire que la science est devenue un sujet d'opinion qui ne s'embarrasse pas de connaissances.

Au-delà de cette crise, les chaînes d'information en continu ne cessent de diffuser des débats confrontant experts et non-experts quel que soit le sujet et en les mettant sur le même plan. La question de l'écologie qui relève pour une immense part de connaissances scientifiques en est l'exemple caricatural. Les journalistes-animateurs se contentent de distribuer la parole sans jamais se référer à l'univers de la connaissance. Cela aboutit à une véritable confusion dans les esprits. Qui a pu avoir une vision claire du degré de nocivité du glyphosate ? Les auditeurs et téléspectateurs ont pu ressortir des débats sur le sujet avec une opinion qui oscillait dans le sens de ce qu'ils avaient envie de croire mais sans assurance que cela soit la vérité. La science est aujourd'hui discutée comme s'il s'agissait d'arguments philosophiques ! Comment expliquer autrement le niveau massif d'ignorance sur des sujets scientifiques simples qui ne devraient pas prêter à discussion. Ainsi, plus de deux tiers des Français (et 85 % des plus jeunes) sont persuadés que le nucléaire dégage des gaz à effet de serre ! Voilà une énergie qui peut attirer des réserves et des questions mais en aucun cas sur l'émission de CO_2. Elle en dégage même moins que les renouvelables. Mais la presse, relayée par les politiques hostiles à cette énergie, laisse passer ces informations qui les confortent dans leur opposition mais ne les honorent pas dans l'exposition de la vérité. Et que dire du débat sur les vaccins ? Il a suffi qu'une poignée d'illuminés affirme contre l'immense majorité du corps médical que les vaccins seraient dangereux pour que la rougeole fasse son retour. Là aussi, certains politiques ne sont pas exempts de reproches telle Michèle Rivasi, élue EELV, se targuant d'un diplôme scientifique qui n'est pas de médecine, qui est venue nourrir ce débat et encourager cette défiance à l'égard des vaccins.

Les questions scientifiques sont révélatrices de la dérive du débat public. On s'emploie souvent aujourd'hui à déconstruire de nombreuses figures d'autorité, et parfois à juste titre, sans forcément y trouver encore des alternatives pouvant reprendre un rôle prescripteur ayant la confiance de ceux qui l'écoutent. Compromis et confiance sont deux sujets clés pour garantir une expression publique éclairante, claire et qui aboutisse à autre chose que de simples commentaires. Actuellement, nous constatons plutôt le triomphe de l'opinion mais aux dépens du triomphe de l'engagement. Il n'y a jamais eu autant de participants au débat public et aussi peu de personnes souhaitant aller au-delà de la participation au débat en s'engageant dans les lieux de délibération. Partis politiques, entreprises, think-tanks, tous essayent de capter cette recrudescence d'opinion pour en tirer ce qui fera la différence dans leur cœur de cible et leur champ d'action. Certains travaillent aujourd'hui à la captation de toute l'intelligence collective qui se dégage de la multiplication exponentielle des avis formulés sur chaque question animant les débats tous les jours de l'année.

Le débat se retire de l'espace politique

C'est le propre des démocraties que l'opinion triomphe, et c'est la richesse d'une grande nation comme la France d'aimer le débat. On serait tenté, en faisant référence à l'ouvrage passionnant de Pierre-Antoine Tavoillot *Comment gouverner un peuple-roi ?*, de parler d'une nouvelle domination du peuple opinion entre le peuple-État et le peuple-société. Le sacre de l'opinion est louable mais n'est pas sans mettre en péril les partis politiques et leur fonction dans la société. Ce qui hier restait une opinion privée a trouvé aujourd'hui, du fait des réseaux sociaux, le moyen de devenir une opinion publique. Les débats législatifs autour de la liberté d'expression sur Internet sont la conséquence directe de ce basculement majeur vers le tout-public. Le mouvement des Gilets jaunes en France est parti fin 2018 d'échanges sur Facebook pour gagner en adhésion des millions de Français. Ce ne sont pas les partis d'opposition qui ont lancé ce mouvement, ce sont des citoyens qui se sont agrégés par le biais des réseaux sociaux pour venir manifester tous les samedis dans les centres-villes et toute la semaine sur les ronds-points. Non seulement ils ont réussi à mobiliser mais ils ont fini par contraindre le gouvernement à lâcher plusieurs milliards pour calmer les foules. La tentative de récupération par certains partis politiques d'opposition n'a jamais fonctionné. La France insoumise, qui n'a pas ménagé ses efforts pour prendre un certain ascendant sur le mouvement, n'a fait que rencontrer désillusions et déboires. Dans la tentative de récupération, le Rassemblement national s'en est mieux tiré mais de manière plus discrète. Car le maître mot des Gilets jaunes était de n'être représentés par personne ; ce qui l'écartait du jeu politique et rendait l'exercice de maîtrise du mouvement par le pouvoir encore plus difficile. Jacline Mouraud, Priscilla Ludosky, Jérôme Rodrigues, Maxime Nicolle ou Éric Drouet, les figures centrales et médiatiques des Gilets jaunes ne se sont jamais appuyées sur la logistique de partis pour animer leur mouvement et l'évocation de ces noms aujourd'hui semble déjà relever d'un souvenir lointain. Les rendez-vous, *chats*, dialogues et discours étaient diffusés par Facebook. Les Gilets jaunes ont ôté aux politiques le monopole de la représentation et ceux des intellectuels, médias, syndicats ou autres opportunistes de l'action révolutionnaire qui les appuyaient en ont eu pour leurs frais.

L'expression publique et la revendication pouvaient désormais se passer de représentants officiels. Si la revendication majeure des Gilets jaunes est vite devenue le référendum d'initiative citoyenne, et donc un pas de plus vers la démocratie directe, abolissant tout le système représentatif, c'est bien qu'il existe dans une grande partie de la population l'idée que le système politique tel qu'il est construit autour de partis, d'un Parlement, d'élections et de représentations n'est plus adapté à la société. Chacun peut admettre qu'il y a en effet un hiatus de plus en plus important dans notre société toujours plus animée et clivée. On peut voir naître et disparaître en quelques heures des sujets dans l'actualité que le système politique soumis à des dynamiques différentes ne peut traiter dignement. Lui est contraint à une forte inertie qui ne révèle pas une envie de ne pas avancer mais simplement le temps nécessaire au diagnostic, à la discussion, au débat, à la délibération et parfois – attention cela peut choquer – au compromis. La perception du compromis semble souvent être péjorative, n'étant pas aidée par un régime comme le nôtre garantissant des majorités pléthoriques à l'Assemblée nationale. Le compromis devient l'arme des faibles ou des défaits quand les défections successives nous poussent à composer avec des nouveaux partenaires. On se moquait du PS et de ses sempiternelles synthèses mais c'était certainement le parti qui faisait le plus vivre en son sein des débats parfois virulents mais qui savait se réunir quand venait le temps de proposer un projet aux Français.

À la vérité, ce phénomène de court-circuitage des partis politiques par des intermédiaires n'est pas nouveau. Les révoltes et révolutions sont souvent nées au cours de l'histoire de mouvements spontanés du peuple. Elles donnaient ensuite lieu à des bouleversements politiques comme l'explique bien l'ouvrage de Patrice Guéniffey, *Le Nombre et la Raison : la Révolution française et les élections*, sur le sujet. Mais à présent, ces mouvements sont rapides, se diffusent à une vitesse qui ne permet pas aux politiques de les voir venir et de les canaliser. Déjà, l'émergence des sondages présageait du poids de l'opinion sur l'action et la marge de manœuvre des partis politiques. Apparues juste avant la Seconde Guerre mondiale, les enquêtes d'opinion ont pris une importance considérable dès la fin des années 1970. Des intellectuels s'en émouvaient alors, tel Maurice Druon. Proche du pouvoir gaulliste, il n'hésitait pas à prendre la plume pour se révolter contre une technique qui venait dire ce que pensait le peuple, tâche jusque-là monopolisée par les partis politiques et les intellectuels. Aujourd'hui habitués à la publication massive d'enquêtes, nous ne réalisons pas à quel point les sondages ont secoué la vie politique et contraint les dirigeants du pays à infléchir leur politique, voire à la modifier. Internet s'est chargé de massifier les pressions à l'égard des pouvoirs publics ; et les partis en sortent affaiblis.

Le mouvement semble inexorable : hier les sondages, aujourd'hui les réseaux sociaux et demain sans doute ce qu'on appelle la démocratie participative et enfin la démocratie directe. Il ne fait pas de doute qu'il y a des sources d'enrichissement de notre vie politique dans toutes ces innovations. Mais que l'on ne s'y trompe pas, ce sera au détriment de la parole des partis politiques et peut-être *in fine* de la démocratie. Et, dans tous les cas de figure, cet accès direct à la parole publique sans intermédiaires se fera toujours au détriment de l'engagement dans un mouvement collectif, ayant ses règles, une discipline et proposant un programme à vocation holistique alors qu'émergent de plus en plus des engagements toujours plus thématiques.

Chapitre 6

Quand la réaction se substitue à la réflexion

« Le temps est le plus sage des conseillers », disait Périclès, l'un des plus grands penseurs de l'âge d'or athénien. On ne peut pas dire que la plupart des responsables politiques, et encore moins des observateurs de la vie politique, en aient fait leur maxime. Pressés par les chaînes d'information en continu, les sondages qui s'égrènent ou les réseaux sociaux qui diffusent n'importe quel fait en temps réel, les politiques sont de plus en plus contraints par le temps. Ils réagissent et surréagissent pour n'importe quel événement. Au lieu de tenter de ralentir ce temps en ignorant tweets et autres pollutions événementielles, ils répondent, se justifient et lancent ou relancent des débats qui ne le méritent pas, souvent sur des sujets secondaires qui ne font qu'occulter les événements d'importance.

Le culte du court terme

En s'exposant ainsi, les politiques donnent du grain à moudre à tous ceux qui veulent, sur n'importe quelle question, des réponses immédiates et des solutions aux effets instantanés. Si l'on prend le cas de la lutte contre le chômage, il paraît simple de comprendre qu'il faut du temps pour qu'un plan de lutte contre ce fléau économique ait des effets. Mais les médias en continu, appuyés par des opposants politiques qui n'ont guère brillé dans le domaine lorsqu'ils étaient aux affaires, exigent que sitôt le plan annoncé, les résultats se mesurent. Le CICE, lancé au début du quinquennat de François Hollande, destiné à relancer la machine économique et créer de l'emploi n'a eu d'effets que sous la présidence d'Emmanuel Macron. Certes, il est légitime que ce dernier s'arroge le recul du chômage mais la réalité trouve ses racines dans l'action de son prédécesseur. François Hollande, tant décrié dans sa politique économique, n'avait pas pris que de mauvaises décisions. Il a seulement souffert de croire que son plan allait avoir un impact mesurable bien avant la fin de son mandat. De fait, combien d'élus ont renoncé à lancer de réelles actions d'envergure qui auraient été bénéfiques à la collectivité tout entière pour la simple raison qu'ils risquaient de ne pas pouvoir eux-mêmes en profiter ? À partir de là, nombre de nos élus se contentent de sparadraps économiques aux effets relatifs, un petit plan d'aides par-ci, un petit chantier par-là. Le temps est devenu l'ennemi, l'immédiateté le graal. Lorsque Xavier Darcos nous confie que les politiques confondent « le dire et le faire », on pourrait ajouter à sa maxime « le réaliser » tant on a le sentiment qu'une mesure annoncée pourrait avoir des effets immédiats.

On cherche alors de nouvelles idées – quand on n'en ressort pas d'anciennes – pour redonner du temps à l'action publique en espérant lui redonner du crédit par la même occasion. On pense alors au mandat présidentiel unique, mais de sept ans, qui serait une solution presque miracle pour remédier à ces présidents en campagne dès le jour de leur investiture. Il y a pourtant de nombreuses réserves à avoir sur cette idée, que ce soit en matière de comptes à rendre aux électeurs à l'issue du mandat ou de l'illusion qu'un président non rééligible aurait une liberté d'action accrue. Il est évident que s'ouvrirait, dès son élection, la course à sa succession, ne réglant ainsi pas du tout le problème de ces fameuses décisions impopulaires que les gouvernants successifs se seraient refusés à prendre de peur d'entamer leurs chances de réélection. Est-ce alors une réponse efficace au problème du rétrécissement toujours plus grand de la patience de l'opinion en matière de résultats de l'action publique ?

Les médias n'ont fait qu'amplifier jusqu'à l'extrême ce besoin de résultats immédiats qui ne peut qu'engendrer la déception et nourrir la rancœur à l'égard des gouvernants. La question n'est pas nouvelle. François Mitterrand avait été critiqué pour avoir dit qu'il « fallait donner du temps au temps ». Et au lieu de retenir la leçon de cet expert, nos élus s'en sont allés au travers des élections à se présenter comme des magiciens capables de redresser le pays en un rien de temps. La gauche en affirmant qu'il suffit de prendre aux riches pour redistribuer et relancer par la demande. La droite en affirmant qu'il faut travailler davantage et plus longtemps. Pour chacun, le tour serait joué, la France repartirait comme au temps des Trente Glorieuses. Aucun des élus de chacune de ces formations n'a réellement cru ce qu'il disait mais cela leur offrait la possibilité de dire aux citoyens : « Avec moi, le redressement, c'est maintenant ! »

Installés au pouvoir, les élus ont dû faire face au mur du temps et chacun d'entre eux a connu une décrue de popularité plus ou moins forte et difficilement rattrapable les amenant à revenir à des décisions de court terme.

L'avenir victime de l'immédiat

Plus grave sans doute est que la culture de l'immédiateté n'a fait que gagner du terrain au fil des ans. Pour satisfaire le budget de l'État, on repousse ou annule les dépenses qui n'ont pas d'utilité immédiate. C'est le cas de « l'affaire des masques » en 2013. Roselyne Bachelot avait passé commande d'un milliard de masques de protection lors de l'épidémie H1N1 en 2010. Ceux-ci n'avaient pas été utilisés et nombre de politiques, au premier rang desquels Marine Le Pen, avaient dénoncé cette

« gabegie ». Les masques ayant une durée de vie, il fallait chaque année renouveler le stock, avec le coût que cela entraîne. En 2013, Marisol Touraine, ministre des Affaires sociales, n'a donc pas hésité à rayer du budget les commandes de masques, s'en remettant à la Chine au cas où les besoins se feraient sentir. Ses successeurs ne sont pas revenus sur cette décision. On connaît la suite : lors de l'épidémie du coronavirus, la France s'est trouvée fort dépourvue en masques et le scandale est apparu. L'État semblait n'avoir rien prévu. Et c'est le pouvoir politique en place qui n'avait pas rétabli ces commandes qui en a fait cruellement les frais. La gauche, et au premier plan le Parti socialiste, aurait pu alors se faire discrète devant une pénurie dont elle était en partie à l'origine. Il n'en a rien été ! Ségolène Royal et bien d'autres ont dénoncé ce qu'ils ont pu appeler un « scandale d'État » sans aucune gêne ni aucune pudeur. Comment dans ces conditions, l'opinion peut-elle avoir foi dans des dirigeants qui ne prennent pas en compte les intérêts à moyen et long termes de la Nation et viennent de surcroît alimenter le chœur des plaignants ?

Si les citoyens, dans lesquels les auteurs se rangent, ont le tort d'attendre le plus souvent des mesures dont les effets seraient immédiats, les politiques sont coupables de se dispenser de pédagogie pour rejoindre la meute. Au final, l'opinion n'est pas dupe et s'en retourne contre le politique quel que soit son parti d'appartenance.

En face du monde politique qui semble parfois condamné à l'inertie, pas toujours du fait de sa volonté, et qui pèche parfois par manque de clarté et de prise de responsabilité, on voit que d'autres pans de la société n'ont eu de cesse de progresser en matière de gestion du temps et d'attention pour les citoyens, ici consommateurs. Ce ne sont plus les acquis politiques et sociaux adossés à des innovations et aux progrès techniques qui marquent l'histoire de nos sociétés. C'est plus souvent le progrès technique en lui-même qui imprime de sa marque l'évolution de nos vies, s'inscrivant parfois dans une démarche délibérément éloignée de la sphère publique, voire dans une perspective para-étatique. Les politiques n'ont pas réussi à modeler les acquis de la tertiarisation de l'économie comme ils avaient réussi à façonner ceux de la révolution industrielle en y instaurant un certain nombre de règles et de droits. Cette tertiarisation qui consacre l'ère de l'immédiateté ne rend que plus risibles les archaïsmes d'un État et d'une administration qu'on peut trouver souvent léthargiques ou à côté de son époque. La promesse macronienne de la « start-up nation » n'est pas encore parvenue à remettre l'État et la politique dans son siècle.

Le grand paradoxe de l'époque repose sur des attentes immédiates pour des questions nécessitant le long terme. Entre-temps, les responsables politiques ne vivent que dans la réaction et l'illusion de possibles accélérations pour résoudre les problèmes. C'est particulièrement frappant en ce qui concerne le chômage où les moins de 60 ans sont bercés depuis leur enfance par des discours de mesures aux effets limités mais annoncées chaque fois comme solution miracle. Au point d'installer dans l'opinion l'image d'une impuissance du politique.

Le climat : de la négligence à la panique

Ces dernières années, c'est la question climatique qui a pris une place prépondérante dans le discours des élus, légitimant les alertes déjà anciennes des écologistes. Tous, ou presque tous, se plaisent à reconnaître l'impératif de combattre le réchauffement climatique en contrôlant nos émissions de gaz à effet de serre. Cette indispensable sensibilisation de l'opinion est non seulement louable mais aussi nécessaire. Des intentions sont affichées clairement : la neutralité carbone à l'horizon 2050. Trop tardif pour les écologistes, trop contraignant pour la droite.

Aux yeux de l'opinion, cette perspective est tellement lointaine qu'elle laisse le temps de s'organiser et pousse à penser que les choses se feront lentement sans trop bousculer les habitudes de comportement quotidien. De fait, nos compatriotes ont quelque difficulté à comprendre les cris d'alarme et les mesures urgentes qu'il conviendrait d'adopter. Changer de véhicule, rénover son logement, limiter ses déplacements, éviter de prendre l'avion, prévoir l'introduction d'une taxe carbone, se familiariser avec la notion de décroissance : autant d'orientations que les écologistes voudraient voir adoptées dans l'immédiat pour être au rendez-vous de 2050 !

Tout cela est totalement incompréhensible pour les citoyens qui ne voient pas pourquoi les politiques les entraînent dans une précipitation révolutionnaire plutôt que de leur avancer des étapes concrètes qui limiteraient les changements que l'on attend d'eux. La crise des Gilets jaunes est née au départ de la question climatique même si certains, en particulier parmi les élus Verts et de La France insoumise, veulent faire croire qu'il s'agissait seulement et presque uniquement d'un mal-être d'une partie de la population. Nos premiers Gilets jaunes, sincères dans leur expression avant que le mouvement ne dégénère, avaient parfaitement compris qu'ils allaient faire les frais des mesures orientées pour réduire le CO_2. Et les théoriciens de la décroissance ne les avaient pas non plus alertés sur le fait économiquement avéré qu'une décroissance a pour effet premier d'accroître considérablement les inégalités sociales.

Les politiques auraient pu tenir un discours de responsabilisation et de confiance, définissant clairement et de manière détaillée les étapes qui pourraient nous mener sans trop nous bousculer vers un bilan zéro carbone. Ils ont développé un discours d'angoisse et d'urgence qui laisse penser qu'ils n'avaient rien vu et rien préparé et qu'il faut désormais, et au pas de charge, s'attendre à un recul du niveau de vie et des temps austères. La rigueur climatique remplace la rigueur budgétaire et il est difficile de les apprécier à leur juste valeur.

Déjà relégués dans les banlieues lointaines des centres-villes, assurés que leurs enfants n'auront pas une vie meilleure, victimes aux avant-postes de toutes les crises économiques, ces Français de la périphérie ont senti le risque à venir. Taxes carbone, changement de véhicule, rénovation du logement, privation de tout déplacement de loisir en *low cost* et augmentation de leur budget alimentation pour privilégier une agriculture respectueuse. Avouons qu'il y a de quoi sortir dans la rue et manifester ! Et la surenchère des écologistes lorsque des mesures environnementales sont annoncées n'est pas là pour rassurer nos concitoyens déclassés. Il n'est guère étonnant qu'EELV ait remporté les élections municipales des grandes villes, bourgeoises pour la plupart d'entre elles, et n'ait guère brillé en périphérie. L'exemple de Toulouse qui n'a pas basculé contrairement à Lyon, Bordeaux ou Strasbourg est assez net. 20 % d'emplois industriels à Toulouse concentrés dans l'aviation contre 10 % en moyenne sur ces trois autres villes. Les électeurs ne se sont pas trompés.

Même en matière de climat, les politiques apparaissent enfermés dans la réaction plutôt que dans une réflexion à partager avec les citoyens. Le mot d'ordre des partis semble être : « Réagir et renchérir, ne pas réfléchir. » Comme si les électeurs ne percevaient pas les effets pervers de ce petit jeu qui ne mène nulle part.

Dans un monde de plus en plus complexe dans son fonctionnement et ses contraintes, la réflexion est balayée. Place à la réaction !

Chapitre 7

Des élus sans boussole dans des partis sans gouvernail

En 1953, Pierre Mendès France tente de recueillir les voix nécessaires à la formation d'un gouvernement. Il commence son discours par les mots suivants :

> Mesdames, Messieurs, la répétition des crises politiques n'est que le signe du mal profond dont souffre le pays.
>
> Quelles responsabilités pèsent donc sur nous si – comme mon patriotisme en a la foi et comme ma raison en a la certitude – il est en notre pouvoir d'arrêter le pays sur la pente fatale et d'opérer le redressement que le monde entier attend, dont le monde entier et la paix ont besoin, et de restituer à la France sa prospérité, son rang et les moyens d'accomplir sa mission !
>
> Si l'enjeu ne peut plus être ignoré, si l'urgence de l'action est devenue évidente, l'incertitude subsiste dans les esprits sur la nature de l'action à entreprendre. Comme on l'a observé, des majorités de composition différente se dégagent sur chacune des grandes questions ; parfois même, il n'y a de majorité que pour repousser toute solution positive.

> Or, c'est ma conviction que les principaux problèmes français doivent être considérés comme un tout, que leur solution est une. [...] La cause fondamentale des maux qui accablent le pays, c'est la multiplicité et le poids des tâches qu'il entend assumer à la fois : reconstruction, modernisation et équipement, développement des pays d'outre-mer, amélioration du niveau de vie et réformes sociales, exportations, guerre en Indochine, grande et puissante armée en Europe, etc. Or, l'événement a confirmé ce que la réflexion permettait de prévoir : on ne peut pas tout faire à la fois. Gouverner, c'est choisir, si difficiles que soient les choix.
>
> Choisir, cela ne veut pas dire forcément éliminer ceci ou cela, mais réduire ici et parfois augmenter ; en d'autres termes, fixer des rangs de priorité.

S'il ne parviendra pas ce jour-là à se faire investir président du Conseil, Mendès France dresse par ces mots un constat toujours d'actualité et qui semble parfois ne plus être partagé par toute la classe politique. Gouverner, c'est choisir. Gouverner un pays implique d'établir une hiérarchie dans les priorités à l'aune des urgences qui existent. Ce choix n'est pas simplement le gage d'une bonne tenue de l'État, c'est aussi une nécessité démocratique pour rendre des comptes le moment venu face aux électeurs.

L'action dans toutes les directions

Nous n'avons pas retenu les leçons de Pierre Mendès France. Aujourd'hui, tout est priorité : le changement climatique, l'insécurité, le chômage, le déficit budgétaire, le pouvoir d'achat, la fiscalité, l'éducation, l'immigration, etc. Il est alors très difficile pour celui qui arrive au pouvoir de faire valoir les points forts de son action quand celle-ci ne cesse d'être jaugée à l'aune d'un relativisme total concernant les chantiers prioritaires. La faute n'est pas seulement à reporter sur une société balkanisée où chacun verrait midi à sa porte. On peut tous légitimement attendre la mesure qui viendra améliorer notre condition individuelle. Elle est aussi celle de dirigeants qui ne parviennent plus, années après années, à maintenir un cap initial, cherchant, sondage après sondage, à « sentir » la tendance majoritaire du moment pour orchestrer à coups de discours, de déplacements et de lois de circonstance ce qui répondra au mieux à leur analyse du jour.

Nos institutions actuelles facilitent grandement les exécutifs successifs à opérer de telles circonvolutions, assurées de disposer d'une majorité les suivant coûte que coûte dans ces chemins de traverse. Celles-ci s'avèrent tout de même bien utiles dans des moments de crise comme ce fut le cas pour la crise bancaire mondiale de 2008. Nicolas Sarkozy ne comprend alors pas pourquoi Angela Merkel ne peut pas s'engager, aussi vite et aussi fort qu'il l'attend, sur un soutien massif au secteur pour éviter des faillites et des défauts de liquidités. En réalité, elle ne peut rien faire sans l'accord du Bundestag, le parlement allemand. Ce contraste nous permet de voir à quel point la ligne de crête dessinée par nos institutions peut s'avérer bien utile en temps de crise sans pour autant garantir une gouvernance stable et cohérente dans les moments plus calmes.

Prenons à nouveau le changement climatique : il ne fait pas de doute, comme nous l'avons déjà dit, que cette question revêt une importance fondamentale pour l'avenir de la planète et donc le futur des jeunes générations. Il ne fait pas de doute non plus que les principaux occupants du pouvoir, et en particulier les deux derniers, ont mis l'accent sur ce domaine. Mais comment aborder cette question prioritaire quand tant de points de vue s'opposent sur la manière de la traiter. Les sympathisants écologistes penchent pour la taxe carbone de manière appuyée. Pour autant, dès les premiers rassemblements des Gilets jaunes qui contestaient une taxe sur l'essence, les écologistes ont été parmi les premiers à faire une marche arrière et venir expliquer que la taxe était mal appliquée, qu'il fallait tenir compte des situations économiques des personnes, que le gouvernement s'y était mal pris, etc. Autant d'interventions soulignant davantage leur capacité à ne pas assumer ce qu'ils avaient eux-mêmes proposé auparavant qu'à se déresponsabiliser de ce fiasco. Avec des élus aussi courageux, on comprend que la politique n'attire plus, même chez eux.

L'emploi a caracolé en tête des priorités des Français pendant des lustres. À chaque élection, les candidats à la présidentielle autant que les partis politiques pour les autres élections ont égrené de multiples recettes miracles pour venir à bout de ce fléau. Bien entendu, une fois arrivés au pouvoir, ils se sont tous heurtés au mur de la réalité et ont largement ajusté ou même parfois oublié leur programme. En 1997, Lionel Jospin remporte les élections législatives après la dissolution ratée provoquée par Jacques Chirac. La campagne est courte et axée sur la lutte contre le chômage. Deux points dominent dans le programme de la gauche et monopolisent le débat en campagne, ce qui est toujours positif pour le parti qui a proposé les mesures : la création d'emplois jeunes et surtout les 35 heures. Cette dernière est présentée comme la solution pour mieux répartir l'emploi et relancer les embauches. Une fois au pouvoir, Martine Aubry, ministre du Travail, hérite de cette mesure qu'elle doit mettre en musique bien qu'elle n'en soit pas l'instigatrice. Au départ, soyons honnête, et contrairement à ce qui a été souvent écrit, elle n'y était pas favorable. Un des auteurs de ces lignes se souvient d'avoir eu un long échange avec elle au cours de la campagne et Martine Aubry n'avait pas de mots assez durs (et sur ce sujet elle peut être exemplaire) pour qualifier les 35 heures imaginées à l'origine par Dominique Strauss-Kahn. Mais Martine Aubry est, et restera toujours, une bonne élève. On lui a demandé de mettre en application les 35 heures et elle le fera consciencieusement. La mesure est présentée comme la recette pour vaincre le chômage. Martine Aubry n'y croit guère. Et la mesure des 35 heures initialement prévue comme la recette pour l'emploi devient une mesure pour le bien-être et le temps libre des salariés. La ministre quitte progressivement le terrain de l'emploi pour expliquer que les salariés vont pouvoir consacrer du temps à la culture... Moyennant quoi ce sont surtout Castorama et Mr Bricolage qui ont profité de la mesure.

Le gouvernement Jospin bénéficie d'une conjoncture économique favorable, gère avec talent son action et, à peine la mesure votée, le sentiment est donné qu'elle tient ses promesses. Cela ne suffit pas à Lionel Jospin pour être élu en 2002 et le chômage repart à la hausse en même temps que la conjoncture économique se dégrade. La mesure a fait long feu. Les 35 heures restent là, démontrant que leur impact sur le chômage a été quasiment nul et a seulement permis aux entreprises d'améliorer leur productivité sans relancer l'embauche au-delà de l'effet sur le court et moyen terme. L'embellie n'avait été due qu'à une conjoncture de croissance économique qui avait permis de raboter les chiffres du chômage.

De fait, les politiques sont confrontés à une très grande difficulté dans le traitement de la hiérarchie des priorités. Ils sont contraints de rendre publiques des propositions destinées à traiter des questions difficiles sans croire réellement à leur efficacité. De surcroît, il suffit qu'un domaine prioritaire s'améliore pour qu'une autre priorité vienne le remplacer et démontre que les politiques n'ont vraiment pas réponse à tout. Emmanuel Macron, qui pouvait s'enorgueillir d'avoir fait reculer le chômage, a vu la question du pouvoir d'achat lui succéder comme priorité, monopolisant les débats et soulignant que le gouvernement n'avait pas de solutions fortes pour satisfaire l'opinion. Avec la crise du Covid-19, la question de l'emploi a fait un retour momentané avant que ne revienne celle du pouvoir d'achat.

Une priorité chassant l'autre, nos politiques tentent souvent de créer le débat autour des questions afin de faire monter le sujet dans l'opinion et montrer qu'ils ont les solutions dans le domaine qu'ils auraient contribué à rendre prioritaire. Cela fonctionne parfois, en particulier pour les domaines de la sécurité ou de l'immigration dont le traitement est bien plus exacerbé que la réalité ne devrait conduire à le penser. La droite en a souvent fait usage. La gauche, elle, préfère aller sur la question sociale et les acquis sociaux. Mais chaque fois, ces priorités ne suffisent pas ou ne suffisent plus pour rassembler des majorités et souder un camp.

Il en résulte une grande confusion dans le traitement des priorités et une hiérarchisation si mouvante qu'à la fin du jour, les politiques paraissent impuissants sur tout et n'incitent plus les citoyens à s'engager à leurs côtés. S'il suffit d'un mouvement de rue pour que le sujet du jour fasse la une des journaux télévisés et que le politique s'emploie à y trouver une solution rapide, même bancale, chacun fait vite le calcul que l'engagement dans un parti politique n'a plus grande importance.

Établir des priorités et s'y tenir est une violence que doivent s'infliger les politiques. Il est impossible d'avoir une réponse à tout, pour tous, tout le temps et sur toute la durée d'un mandat. Pour celui qui décide de s'engager en politique, la mise sur un pied d'égalité de priorités de natures très différentes ne va pas l'inciter à faire le choix de la politique. Il ira plutôt vers des organisations non gouvernementales exerçant un pouvoir d'influence sur les gouvernants, reléguant les politiques à des techniciens et bras armés de think-tanks et d'ONG. Si l'on devait caricaturer la situation actuelle, on dirait qu'il est sûrement peu aisé de trouver dans la jeune génération des personnes dont l'origine de leur engagement en politique viendrait d'une irrépressible envie de maîtriser les déficits publics ou de rétablir l'ISF. Et c'est pourtant la priorité affichée au pinacle des principales formations de droite et de gauche du pays. Le relativisme à l'œuvre en matière de priorités et de projets politiques a pour effet immédiat de mettre sur un pied d'égalité des débats de mesures techniques avec des controverses sur des projets d'ampleur irriguant plusieurs dimensions de la société à la fois. Réduire la politique à des débats techniques restreint sans cesse le champ de ceux qui voudraient un jour participer activement à la vie démocratique du pays et ne fait que renforcer le poids de l'administration aux dépens des élus ; une administration qui sera toujours bien plus compétente sur son champ d'action aux contours bien délimités et qui survivra aux alternances politiques.

Des partis comme des bateaux ivres

L'objet d'un parti politique est la conquête du pouvoir en vue de gérer le pays et de lui donner des directions dans tous les domaines allant de l'éducation à l'économie en passant par la sécurité, la justice, les affaires sociales, les affaires étrangères, etc. Cela suppose d'avoir des programmes vastes ne négligeant aucune dimension tout au moins pour les domaines les plus importants. S'engager dans un parti implique de partager toutes ces propositions ou au moins une grande majorité. Certes, chaque militant a toujours des réticences vis-à-vis de certains points du programme de son parti mais cela ne remet pas en cause son engagement pour faire gagner des voix à la formation qu'il soutient. Et, bien sûr, chaque militant a son tropisme dans les sujets qui comptent le plus à ses yeux mais, en même temps, il défend l'ensemble du programme.

C'est bien sur ce dernier point que l'évolution a été la plus forte depuis la fin des années 1990. Les programmes de certains partis attirant un nombre de voix important ne couvrent désormais que certaines questions négligeant les autres, ou ne les abordant que de manière superficielle. Le phénomène a débuté au milieu des années 1980 mais n'a fait que s'amplifier par la suite. Deux formations politiques ont encouragé ce changement : le Front national, devenu par la suite Rassemblement national, et les Verts devenus Europe Écologie-Les Verts. Le premier a centré l'essentiel de son discours sur l'immigration et la sécurité dès 1984 et le second s'est fait une raison d'être de la question centrale de l'écologie en négligeant de vastes sujets qui s'imposent à tous ceux aspirant à prendre la direction du pays. C'était alors un phénomène nouveau pour les autres partis politiques installés dans la vie politique de droite comme de gauche. Certes, la droite classique a toujours insisté sur l'économie et le respect des valeurs traditionnelles tandis que la gauche se concentrait sur le social et l'évolution des mœurs. Mais droite comme gauche de gouvernement ne faisaient l'impasse sur aucun des piliers qui doivent fonder un projet politique global, choisissant ensuite de mettre l'accent sur des thématiques qu'elles pensaient correspondre à la conjoncture du moment.

Rien de tout cela avec le Rassemblement national autant que les Verts : il y a les points auxquels ils tiennent, des éléments épars sur quelques autres points et de grands blancs sur ce qui ne les intéresse pas. L'un comme l'autre ont une approche de l'économie qui pourrait prêter à sourire s'ils ne recueillaient pas les scores qu'ils atteignent et qui nous font cesser de sourire pour pleurer.

Il est vrai que les médias ne jouent plus leur rôle de sentinelle et ne font que relayer les messages des partis politiques agrémentés de leur opinion sur ces messages : « C'est bien, c'est mal. » Les grands trous programmatiques de ces partis sont le plus souvent laissés de côté dans l'analyse ; comme si la presse analysait les programmes de ces partis comme on analyse les orientations d'une association, se centrant sur les sujets qu'ils abordent et uniquement sur ces sujets. Comme si cela n'avait guère d'importance d'oublier des pans entiers de l'économie ou de la société dans un programme visant à gérer le pays.

Les auteurs de cet ouvrage invitent les lecteurs à aller consulter les sites de chacune des formations politiques et, sans entrer dans les commentaires des mesures et idées qu'ils proposent, de se contenter de relever les thèmes qu'ils abordent et les thèmes qu'ils ne traitent pas ou incidemment. Au travers de cet exercice, on mesure à quel point certains partis ont des programmes et projets qui tiennent davantage d'une association ou d'un groupe de pression que d'un parti politique devant s'intéresser à tous les aspects de la vie en société dans toutes ses dimensions.

Dans ce domaine, Europe Écologie-Les Verts bat un record absolu. Presque aucun mot d'économie sauf pour affirmer, de manière péremptoire et sans démonstration, que l'écologie va créer naturellement des centaines de milliers d'emplois. On entend même, aujourd'hui, certains élus et militants parler de 2 millions d'emplois dans la transition écologique. On se demande à la lecture par quel miracle, ou opération magique, ces emplois « verts » vont être financés. Rien n'est dit sur les suppressions massives d'emplois que vont entraîner les mesures qu'ils proposent et qui assurent la faillite de l'industrie automobile et de l'aéronautique, aujourd'hui parmi les principaux pourvoyeurs d'emplois... Même ce qui pourrait toucher à des reconversions n'est pas évoqué. Les électeurs ne s'y trompent pas, en dehors des élections européennes et des élections municipales, ils ne prennent aucun risque à voter pour un parti dont on peut se permettre de douter qu'il soit prêt à gouverner le pays pour un scrutin présidentiel ou législatif. On se pose la question plus longuement quand il s'agit de choisir un président ou une présidente et nous avons vu chaque fois l'écologie redevenir la force d'appoint de la gauche, apportant à un programme économique et social musclé des propositions sur la question environnementale.

Presque à l'autre bout du paysage politique, le Rassemblement national ne fait guère mieux. Ce parti qui a hissé par deux fois son candidat au deuxième tour de la présidentielle n'a toujours pas trouvé une ligne économique structurée. Très libéral économiquement dans les années 1980-1990, puis de plus en plus dirigiste au fil du temps ; hostile à l'Europe, hostile à l'euro puis trouvant quelque intérêt à l'Europe et se satisfaisant de l'euro. C'est à n'y rien comprendre. Mais peu importe, leurs électeurs ne semblent pas s'en offusquer. Quant aux journalistes, ils ont fait leur deuil d'obtenir du parti des réponses sur ces questions. Ils n'abordent la formation d'extrême droite que sur les points que cette dernière met en avant : la sécurité et l'immigration. C'est parfois même déconcertant. Il arrive souvent qu'à l'écoute d'une interview de Marine Le Pen, on sente que le seul objectif est de la coincer sur une phrase mal calibrée autour d'un sujet polémique, sans jamais décliner une vaste panoplie de sujets. Difficile de savoir qui cela aide le plus tant on a vu qu'elle pouvait s'avérer très sèche lors du débat du second tour de l'élection présidentielle. On peut aussi comprendre la frustration de ses conseillers programmatiques qui travaillent tout de même à la construction d'un programme de gouvernement et qui voient autant Marine Le Pen que certains journalistes se complaire dans un questionnaire pas franchement renouvelé depuis l'époque de son père.

Dans cette nouvelle mise en scène de la vie politique où des programmes parcellaires attirent autant d'électeurs, il faut reconnaître que le Parti socialiste, tout comme Les Républicains, sont à la peine en s'échinant à ne rien négliger dans leurs propositions aux Français. Ils réunissent des cercles d'idées, écrivent des programmes qui ne font l'impasse sur aucun domaine, peaufinent des mesures et des réformes. Mais pour quel résultat ? Presque personne ne les lit et la presse se contente d'insister sur les propositions qui prêtent à débat, passant à la trappe toutes celles qui pourraient être intéressantes mais risqueraient de faire consensus. Lors de la primaire des Républicains en 2016, chaque candidat a travaillé son programme dans les moindres détails ; aucun sujet ne semblait avoir été omis. Bruno Le Maire a même poussé son inventaire des mesures à prendre, au cas où il serait désigné comme candidat, en un pensum de 1 000 pages ! Résultat : il a obtenu à peine plus de 2 % des voix. Il est évident qu'aujourd'hui rien ne sert de travailler un programme, il suffit de parler à point.

Emmanuel Macron l'a bien compris en 2017 en allant à la présidentielle avec un programme quasi éponyme et une feuille de route qui ne faisait de peine à personne. Pourquoi prendre le risque de déplaire ? Il lui a suffi d'indiquer quelques directions dans chacun des domaines, de parler de nouveau monde, de faire rêver des électeurs en quête de renouveau, de séduire toutes les catégories d'électeurs ; et le tour était joué. Il parlait d'ailleurs en termes de projet plutôt que de programme, une direction à donner au pays accompagnée de mesures politiquement habiles pour agglomérer plusieurs électorats divers : réforme de l'ISF pour les uns, suppression de la taxe d'habitation pour les autres.

La suite a montré qu'une fois au pouvoir, les choses étaient plus compliquées…

Incapacité à développer l'ensemble de leur programme pour les uns et incapacité à proposer un vrai programme pour les autres, élus comme électeurs peuvent ressentir une légitime frustration. Les partis se transforment en association à but électoral. Pas de quoi animer la flamme de l'engagement des citoyens !

Chapitre 8

L'univers carcéral de la politique

On ne peut que se féliciter de voir l'État chercher à faire preuve de vertu et de transparence. Sur le papier, le projet est tout à fait louable et chacun d'entre nous ne peut qu'y souscrire. Trop d'excès, de passe-droits, d'argent liquide et autres dérives ont discrédité la politique même s'ils n'étaient pratiqués que par une minorité. Il était temps d'établir des lois et des règles permettant d'éviter, ou à tout le moins de rendre beaucoup plus difficile, ce genre de pratiques. Et, pour faire bonne mesure, la transparence totale des patrimoines des élus, la limitation et parfois diminution de leurs revenus, le non-cumul des mandats, la réduction du temps de certains mandats et de la possibilité de les renouveler indéfiniment sont venus compléter des dispositifs destinés à montrer aux citoyens que, désormais, l'élu n'est pas au-dessus des lois, qu'il est sous contrôle tout au long de son mandat. Un contrôle d'autant plus strict que depuis déjà longtemps la presse et les médias en général ne manquent pas de traquer les dérives potentielles. Cela est même devenu la spécialité de certains, comme Mediapart, qui, régulièrement, viennent soulever un scandale d'ordre financier, sexuel, ou autre. On pourrait même pousser le paradoxe assez loin en observant que ceux des médias qui sont les plus revendicatifs sur la protection des libertés des citoyens, les plus opposés aux caméras de surveillance dans les villes, les plus attachés au secret de la vie privée des individus et des journalistes sont en même temps ceux qui demandent de plus en plus de contrôle et de surveillance sur les élus tant dans leur vie professionnelle que personnelle.

Personne ne s'émeut qu'un journaliste viole le secret de l'instruction et profite de connexions avec des juges pour rendre publiques des affaires qui auraient dû rester confidentielles jusqu'au procès ou la fin de l'instruction. Cette pratique est passée dans les mœurs et n'émeut jamais. Au contraire, elle plaît. Notre voyeurisme est comblé. Et pour peu que des faits, ou seulement même des soupçons, viennent entacher l'image d'un responsable d'un camp politique qui nous est opposé soient révélés, la joie nous envahit, accompagnée de la certitude que la chute de l'incriminé entraînera l'érosion de son parti. La presse est désormais invitée à se placer au-dessus des lois pour contrôler les politiques jusque dans leur vie privée. Ce n'est plus l'apanage des vedettes du cinéma, du sport ou de la chanson. La vie privée des politiques s'est fortement restreinte.

Depuis longtemps déjà la présomption d'innocence a volé en éclats. Qu'un élu soit cité dans une affaire, même de manière éloignée et sans être mis en examen, suffit à le condamner définitivement dans les médias et l'opinion. La presse se veut gardienne des libertés, sauf pour les responsables politiques...

Et ainsi les politiques, en se plaçant eux-mêmes sous contrôle permanent, ont découragé les ambitieux qui auraient pu mettre leur talent au service de la collectivité mais craignent que leur vie privée n'en soit affectée ou que l'on puisse leur reprocher des faits survenus des années auparavant. Dans ces conditions, pourquoi s'engager dans une fonction politique qui, par définition, va être fragile et temporaire, risque de vous priver du niveau de revenus que vous aviez auparavant, va mettre votre vie personnelle sous surveillance et a toutes chances d'avoir des incidences négatives sur la vie de votre famille et de vos enfants ? C'est d'ailleurs un paradoxe de demander aux élus d'être aussi proches dans leurs comportements que les autres citoyens, et d'exiger qu'ils soient sans faille et de se comporter comme des saints. Comme si nous étions tous des saints, comme si les citoyens étaient plus vertueux que les politiques. On nous dira : « ils doivent montrer l'exemple car élus de la République », et on ne peut que souscrire à ce besoin d'exemplarité. Mais est-ce bien normal d'aller fouiller dans tous les recoins de leur vie privée, dans leurs secrets de famille ou dans la vie de leurs relations amicales ? Pis, s'ils ont travaillé en entreprise, ils seront immédiatement taxés d'être des lobbyistes du fait de leur ancienne profession. Emmanuelle Wargon qui a travaillé pour Danone a eu beaucoup de mal à se défaire de ce qu'elle était : « l'agent du lobby alimentaire privé ». Être passé par une entreprise privée est suspect, et encore pire s'il s'agit d'une banque. Emmanuel Macron fait les frais d'avoir œuvré à la banque Rothschild, comme s'il devait encore des comptes à cette banque et avait nécessairement le dessein de leur donner des avantages. Georges Pompidou ou Henri Emmanuelli qui sont passés par la même banque n'ont pas connu ce même reproche. Les professions libérales ne sont pas épargnées. À peine Éric Dupont-Moretti était nommé garde des Sceaux que la presse venait brandir, pour le lui reprocher, d'avoir été l'avocat de certains terroristes, d'élus peu fréquentables ou d'hommes d'affaires peu scrupuleux. Comme si Dupont-Moretti avait adopté à titre personnel les causes de ses clients. Un avocat défend son client au mieux, sans adopter ses mœurs ou ses causes ; c'est le principe de la justice. On reprocherait presque à certains de pouvoir bénéficier d'une défense ! Ou comment bafouer la démocratie dans ses principes élémentaires.

Étrange de demander aux responsables politiques d'être plus en lien avec la société, d'y avoir exercé une profession et, en même temps de leur en faire le reproche. Seuls sont épargnés ceux passés par la fonction publique, le secteur associatif ou les ONG. Comme ouverture sur l'économie et l'entreprise, on trouve mieux !

Certaines professions dominent au sein de la représentation nationale et transforment le milieu politique en un milieu fermé où « l'entre-soi » domine. Cet enfermement n'est pas sans conséquences sur les approches que nos élus députés ont du monde qui les entoure et de leur difficulté à comprendre leurs propres électeurs. Si l'on s'extrait du cursus professionnel de nos responsables politiques pour s'intéresser seulement à leur éducation et leur formation, on observe que moins de 10 % des députés ont suivi un cursus scientifique. Les formations littéraires et de sciences humaines dominent exagérément parmi nos élus. On comprend mieux la médiocrité des analyses du Parlement pour ce qui relève de la science ou de l'industrie. Et cela sans parler de la solitude des industriels, professionnels de la santé ou autres scientifiques lorsqu'ils sont auditionnés par des commissions d'enquête et par des députés qui ignorent tout de leurs domaines.

Sur ce point, et au risque que les auteurs puissent être accusés d'acharnement, les élus verts sont presque caricaturaux. On pourrait s'attendre à ce que dans ce parti, les scientifiques dominent tant sont mises en avant dans leurs programmes les questions de biodiversité, de climat, d'énergie, etc. Il n'en est rien. La plupart viennent du secteur associatif et ont suivi des études de lettres, de sciences politiques ou de sciences sociales. De fait, Michèle Rivasi, députée européenne et figure des Verts, passe pour une référence dans ce parti. Elle a obtenu l'agrégation de sciences naturelles, ce qui l'autorise à faire la leçon à tous ses camarades sur des sujets où son savoir est quasiment nul. Ainsi a-t-elle pu lancer de grandes campagnes d'opposition à la vaccination contre la rougeole avec tous les risques humains que cela peut entraîner. Et sur les questions énergétiques, le savoir des Verts est encore plus accablant depuis le retrait de Denis Baupin de la vie politique qui était le seul d'entre eux à avoir de très solides connaissances dans le domaine. Force est de reconnaître que dans ces deux domaines, l'arrivée de Yannick Jadot corrige la trajectoire. Le député européen écoute toutes les positions sans masquer ses convictions, accepte des compromis et ne s'engage pas dans des polémiques inutiles, allant jusqu'à s'affirmer en faveur d'une vaccination obligatoire contre la Covid. Il reste que son approche apparaît trop mesurée ou modérée pour nombre des dirigeants et militants de son parti, plus attirés par une certaine radicalité. On comprend mieux aussi pourquoi tant de ses anciens dirigeants s'en sont éloignés jusqu'au plus brillant des écologistes, Daniel Cohn-Bendit.

De la même manière, à se pencher sur la composition des conseils municipaux, on se trouve étonné de la puissance du secteur associatif. Ce n'est guère surprenant tant ces derniers sont des acteurs de la société et du vivre-ensemble. Ils comprennent et apportent une dimension indispensable dans ce vivre-ensemble. Mais, en même temps, les salariés du secteur privé sont pour leur part mis de côté. On est éclairé avec ce constat sur l'incompréhension des politiques publiques pour l'économie en général et les entreprises en particulier.

À mettre sous surveillance étroite les élus et à écarter les scientifiques ou les salariés du privé, le milieu politique vit de plus en plus en circuit fermé, peu propice à l'audace et l'ouverture sur le monde moderne, à ses évolutions scientifiques et technologiques. Il en va de même pour les entreprises qui restent au mieux un étrange objet pour le politique et le plus souvent, un objet suspect.

C'est un étrange paradoxe de constater qu'à la fois les responsables politiques, surtout à gauche, tiennent les entreprises à distance et, en même temps, sans le réaliser, adoptent des lois qui ne cessent de charger les entreprises de nouveaux devoirs et nouvelles missions qui ne font que transférer des compétences jusque-là du ressort de l'État vers elles. À force de transférer ces compétences et ces mesures vers les entreprises, les citoyens ont compris que le vrai pouvoir n'était plus du côté des politiques mais du côté des entreprises. Combien de lois, règlements et décrets ont transféré des responsabilités aux entreprises au cours des vingt dernières années ? Des milliers ! Et, de fait, là où les entreprises se plaignent de l'excès de règlementation, les citoyens et salariés y voient la puissance des entreprises comparée à l'État qui se défausse. Qu'il s'agisse de mesures touchant aux questions sociales, environnementales, économiques et autres, la place des entreprises dans la vie sociétale est devenue prépondérante. Pour le citoyen, le chef d'entreprise est devenu, au fil des ans, un personnage revêtant une bien plus grande importance que l'élu.

En s'enfermant entre eux, les élus construisent une prison qui ne les protège pas mais les rend vulnérables. Ils se donnent l'allure d'un club fermé dans lequel il est décourageant pour les citoyens qui ne leur ressemblent pas, n'ont pas la même formation, de pouvoir entrer. Et à la fin du jour, ils découragent les meilleures volontés de participer à la réflexion et à l'action des partis politiques. Le renouvellement prendra du temps.

PARTIE 2

POURQUOI SE SONT-ILS ENGAGÉS ?

Après avoir examiné les différentes raisons qui conduisent à un désengagement de la politique, il nous paraît indispensable d'examiner les raisons qui ont conduit ou qui conduisent encore à chercher un mandat électoral ou, tout simplement, à participer à la vie d'un parti politique. C'est en partant des motivations de l'engagement que nous pourrons mieux comprendre et explorer les voies qui pourraient conduire à se réinvestir en politique.

Pour ce faire, nous avons procédé à des interviews de personnalités élues ou qui l'ont été. À chaque entretien, notre première question était directe : « Pourquoi avez-vous choisi de faire de la politique ? » Une question très simple mais qui ne trouve pas réponse aisée après plusieurs décennies d'engagement quand certains nous confessent ne savoir plus rien faire d'autre avec le temps. Une question très simple aussi car elle rappelle à certains la première fois qu'ils ont poussé la porte d'une section, d'une cellule, d'un comité, qu'ils ont assisté à un meeting électoral, qu'ils ont vu leur nom inscrit sur une affiche et un bulletin de vote, etc.

Enfin, une question très simple mais qui ne peut avoir une seule réponse et c'est bien l'objet de cet ouvrage. Alors qu'il existe une crise incontestable de l'engagement politique depuis un peu plus de deux décennies, nous avons voulu remonter aussi loin que nous le pouvions pour interroger ceux qui ont choisi de s'engager à différentes périodes de notre histoire récente et de confronter ces témoignages avec ceux de jeunes élus et d'observateurs de la vie politique. Trois générations d'élus ont fait l'objet d'entretiens. Leur motivation à entrer en politique repose rarement sur un seul critère.

Peut-être espérions-nous trouver dans leurs témoignages des réponses à cette crise des vocations politiques. Chacun en jugera à la lecture des chapitres qui suivent.

Chapitre 1

À chaque président son cortège

« Ce pays manque désormais de personnalités politiques exceptionnelles »

Passé les premiers instants nostalgiques à répondre à notre question introductive « Pourquoi avez-vous choisi de faire de la politique ? », ils sont nombreux à constater l'assèchement du vivier politique dans ce qui le distingue le plus des autres lieux de responsabilités : l'art oratoire et la fonction tribunitienne. En large majorité, nos interlocuteurs se sont engagés pour une femme ou un homme autant que pour leur pays. Fascinés par un leader capable de leur faire défendre des idées qu'ils ne partagent pas toujours, leur engagement revêt une dimension mystique ou tutélaire à ses débuts qui deviendra filiale pour les plus chanceux d'entre eux.

Ces grands hommes de la vie politique ont provoqué des destinées dans les milieux les plus éloignés de la sphère publique, au service de leur conquête du pouvoir. Génération Mitterrand, bébés Chirac, jeunes giscardiens, sarkozystes de la première heure, mormons d'Emmanuel Macron, bande à Léo… La vie politique française célèbre autant les hommes que leurs idées. Dis-moi qui tu soutiens, je te dirai qui tu es. Qu'ils soient soldats en première ligne lors des conquêtes politiques ou derniers gardiens du temple perpétuant la mémoire d'un mentor défait, notre personnel politique est rempli d'hommes et de femmes politiques ayant vécu sous la coupe d'un mentor, devenu parfois encombrant. Ils sont nombreux à nous raconter à quel point leur premier engagement s'est construit au service de quelqu'un qu'ils admiraient ou qui cristallisait leurs envies, leurs espoirs et parfois leur ambition. Souvent une rencontre, directe ou indirecte, avec celui ou celle qui allait tout leur apprendre en échange d'une dévotion résistant à bien des épreuves.

La première définition du charisme est théologique : don conféré par la grâce divine pour le bien commun. Et c'est bien ce que l'on retrouve parfois dans les yeux ou les souvenirs de nos interlocuteurs. Ces leaders charismatiques qui peuvent entraîner quiconque succombe à leur charme. Un verbe, une gestuelle, un physique qui vous accroche. Il n'est que d'écouter Pierre Bédier, longtemps député, ancien ministre et aujourd'hui président du conseil départemental des Yvelines, pour s'en convaincre. Sa passion pour Jacques Chirac est totale et absolue. Non qu'il soit aveugle devant les faiblesses de l'homme ou du chef d'État ; mais ses idées, la manière dont il s'exprimait, sa capacité d'entraînement et de mobilisation, sa résistance aux épreuves excusent toutes les faiblesses qui ont pu être dénoncées par ses ennemis comme ses amis.

Jeune étudiant de Sciences Po, Pierre Bédier se reconnaissait plutôt dans la social-démocratie. Il était rocardien, « comme la plupart des étudiants de Sciences Po de la fin des années 1970 ». Pas sectaire, il se laisse entraîner par un ami à un meeting de Jacques Chirac à la porte de Versailles. Rentré rocardien, il en sortira chiraquien pour la vie. Convaincu, enthousiaste et avec une ferme envie de s'engager derrière ce grand homme. « J'étais à la fois fasciné et électrisé, c'était une révélation pour moi. » Pendant plus de quarante ans, il fut de tous les combats. Sa fidélité était totale et lorsqu'Édouard Balladur caracolait dans les sondages d'intentions de vote à la fin 1994, Pierre Bédier n'a jamais douté des chances de Jacques Chirac, alors bien seul.

Voilà comment le poids des mots d'un homme à une tribune peut susciter et motiver l'engagement, parfois même dessiner un destin politique. Chirac, une figure tutélaire à bien des égards, a su convaincre des générations de responsables politiques de le suivre. Il avait ce talent partagé avec d'autres d'attirer à lui des personnes venues d'horizons très différents. Les moqueurs diront que ses convictions personnelles assez changeantes l'aidèrent sûrement, et ils auront sûrement un peu raison. Cela n'enlève rien à la capacité d'attraction d'un homme qui pouvait rallier à sa cause le social-démocrate de la rue Saint-Guillaume et Frédéric de Saint-Sernin, qui ne fréquentait alors Sciences Po que pour y faire le coup de poing avec le GUD d'extrême droite. Lui aussi l'a suivi toute sa carrière, il confesse qu'il se serait fait tuer pour Jacques Chirac. Entre les deux, Hervé Gaymard, leader des jeunes gaullistes – l'Union des jeunes pour le progrès – à la fin des années 1970, voyait en ce Chirac le vrai héritier des idées du Général, bien plus que le libéral et européen Édouard Balladur.

Il n'est pas toujours facile d'avouer que l'on s'est laissé entraîner dans la politique davantage par fascination pour un homme que par attrait premier pour ses idées. Les plus honnêtes le reconnaissent ; ils sont minoritaires. Pourtant, en portant une attention soutenue aux propos de l'ensemble de nos interlocuteurs, nous avons bien identifié que leur histoire se mêle très jeune à celle d'un autre, sans présager d'une vie politique dans le seul sillon de ses premières amours.

Sous la Ve République, de Gaulle, Pompidou, Mitterrand et Chirac ont été de ceux qui ont fait de leur personne une idée, un style et une force politique. Ce sont les seuls à avoir créé, ou remodelé, un parti à la mesure de leur ambition afin de conquérir le pouvoir. Nous ignorons volontairement Valéry Giscard d'Estaing qui se résigna après sa victoire à créer sa force politique d'ampleur et qui nous confessait lui-même avoir toujours eu le sentiment « d'être davantage un gouvernant et même un ingénieur, plutôt qu'un homme politique ».

Ces docteurs de la Ve République ont été les gestateurs de lignées entières d'hommes et de femmes politiques dont certains se sont confiés à nous à ce propos.

La vraie génération Mitterrand

François Mitterrand pouvait susciter la haine d'une partie de nos concitoyens en même temps qu'il entraînait et en fascinait une autre partie, bien au-delà de sa génération. Combien de responsables politiques sont entrés en politique davantage pour François Mitterrand que pour les idées du Parti socialiste, qu'il ne partageait pas toujours lui-même. Laurent Fabius, François Hollande, Édith Cresson, Ségolène Royal et tant d'autres n'étaient-ils pas mitterrandistes avant d'être socialistes ?

C'est avec Édith Cresson que nous avons inauguré notre bal des entrevues en janvier 2019. Pas tout à fait sûrs de l'idée que nous nous faisions de la seule Première ministre de la Ve République, nous découvrons une femme de 85 ans toujours passionnée par les sujets qu'elle porta au gouvernement et à Matignon il y a plus de trente-cinq ans. Sa vie politique s'est construite grâce et pour un homme : François Mitterrand. Le président Mitterrand est bien pour elle une figure tutélaire, ce qui ne retire rien à Édith Cresson, femme originale de la politique française. Diplômée d'HEC jeunes filles et n'ayant connu de carrière professionnelle que dans le privé, à la différence de l'immense majorité des élus socialistes de l'époque. Sa passion pour l'intérêt général est liée à sa rencontre avec le candidat Mitterrand de 1965 grâce à son amie Paulette Decraene. Elle entre en politique avant tout au service d'un homme alors qu'elle aurait pu vivre dans le confort d'un poste important en entreprise. Toute sa carrière politique nationale se fera pour et avec François Mitterrand au point que cette figure si imposante nous fait oublier son brillant parcours d'élue locale à Châtellerault qu'elle ne doit qu'à elle-même, tant son implantation fut le fruit de sa seule combativité. Cette ombre portée par la stature du président nous fait également oublier qu'Édith Cresson est une des rares responsables socialistes à avoir apporté une culture économique au Parti socialiste : « J'ai toujours eu la conviction qu'en France on souffrait de l'absence d'une culture économique ; et à l'époque, ceux qui s'intéressaient à l'économie ne la voyaient que par les services. On a été stupides avec l'industrie. » Elle a poussé autant qu'elle pouvait l'apprentissage, fondé l'École de la deuxième chance, initié l'intelligence économique dans les services de l'État, développé le ministère du Commerce extérieur, et tant d'autres actions à caractère économique que ses collègues du Parti socialiste négligeaient autant qu'ils la négligeaient elle-même. Elle porte toujours une certaine sympathie pour Michel Rocard, Jean-Pierre Chevènement, Lionel Jospin et Arnaud Montebourg. Une liste assez éloquente à la lumière de son parcours. Non sectaire, elle a des mots positifs pour parler de Nicolas Sarkozy. En revanche, nous nous garderons bien de répéter ce qu'elle a pu nous dire à propos de Laurent Fabius, Roland Dumas ou Pierre Bérégovoy.

Édith Cresson aura aussi été une grande victime du machisme politique à l'époque où, bien sûr, une femme ayant accédé à des postes prestigieux ne pouvait être que la maîtresse de son mentor ! L'ancienne Première ministre ne pardonna pas à François d'Aubert qui l'avait surnommée « La Pompadour ». Femme de caractère au cuir bien tanné, son passage au ministère de l'Agriculture fut marqué par un congrès de la FNSEA où la ministre fut accueillie par la douce banderole « Édith, on t'espère meilleure au lit qu'au ministère », elle répondant promptement qu'elle savait que ce ministère l'amènerait à traiter avec des porcs !

Quand François Mitterrand lui propose Matignon en 1990, Édith Cresson a quitté le gouvernement depuis six mois et s'emploie dans ses nouvelles fonctions à dynamiser les exportations françaises dans une Europe de l'Est renaissante. Quand celui-ci confesse que son choix est autant celui d'une personne que de son envie de nommer une femme à Matignon avant la fin de son mandat, elle se permet de lui répondre qu'il aurait pu y penser plus tôt et se retrouve nommée quelques jours plus tard à la tête d'un gouvernement dont elle pourra à peine choisir les membres. Engagée pour François Mitterrand dans les années 1960, elle sera donc trente ans plus tard sa Première ministre, n'ayant jamais manqué à son appel durant toutes ces années.

Le président Mitterrand savait entretenir un lien fort avec tous ceux qui lui étaient fidèles. Jean-Louis Bianco semble encore ébaubi de son parcours fulgurant à ses côtés quand il devient secrétaire général de la présidence de la République alors qu'il n'était que conseiller technique, animant une belle bande de jeunes énarques qui fourmillaient autour de François Hollande et Ségolène Royal dans un bureau en dehors du Château. Il deviendra par la suite ministre des Affaires sociales, de la Santé et de l'Intégration et ministre de l'Équipement, du Transport et du Logement. Ce parcours, il le doit d'abord à Jacques Attali, son camarade de lycée, qui l'a présenté dans les années 1970 à celui qui était alors le Premier secrétaire du jeune Parti socialiste. Jean-Louis Bianco aura la charge du comité de soutien à François Mitterrand dès 1974 alors qu'il n'a que 31 ans et n'est pas encarté au Parti socialiste. Sa carrière d'élu sera construite selon les préceptes de son mentor. Il s'enracinera localement d'abord dans les Alpes-de-Haute-Provence tant « la dimension locale est essentielle dans la construction d'un parcours politique » et ira convaincre de jeunes militants de s'engager à ses côtés, dont un certain Christophe Castaner, rencontré à Forcalquier.

Il y a entre Jean-Louis Bianco et Édith Cresson un trait commun dans leur cheminement politique. Tous deux y sont venus par le biais d'une connaissance : Jacques Attali pour Jean-Louis Bianco et Paulette Decraene pour Édith Cresson. Tous deux ont suivi à la lettre les conseils de François Mitterrand en cherchant un ancrage local : Digne-les-Bains pour Bianco et Châtellerault pour Cresson. Aucun des deux n'aurait sans doute fait de la politique à cette échelle s'ils n'avaient pas croisé François Mitterrand.

À côté de ces deux figures du mitterrandisme, nous pourrions égrener une foule d'élus et de responsables socialistes dont l'engagement était motivé avant tout par la figure de celui qui fut président de la République quatorze années durant.

Les bébés Chirac

Il serait peu utile non plus de refaire ici la litanie des barons du gaullisme ou de l'admiration sans borne de Jacques Chirac et d'Édouard Balladur pour le président Pompidou. La plupart des affidés du gaullisme étaient issus de deux générations marquées par leur époque : la Seconde Guerre mondiale puis la guerre d'Algérie.

À ce jour, le président Chirac est sûrement le dernier de cette lignée de figures tutélaires du gaullisme si fortes qu'elles survivent à leur propre disparition. Presque toute la France est chiraquienne en octobre 2019 comme elle fut presque toute gaulliste à la mort du général de Gaulle en novembre 1970, congédié pourtant un an plus tôt par la sanction du référendum.

Le décès de Jacques Chirac nous a fait redécouvrir des visages – parfois oubliés – qui sont venus nous raconter leur admiration, frôlant parfois l'amour, pour celui qui emmena (presque) toute la droite pendant près de trente ans au gré de ses propres renversements stratégiques et idéologiques. Comme pour François Mitterrand, les amis de Jacques Chirac suivaient plus l'homme que ses idées, ou du moins s'y conformaient.

Tout comme Pierre Bédier, Jean-François Copé figure parmi les chiraquiens connus et reconnus : « Chirac a été mon révélateur, il m'a coaché. » Il définit lui-même Chirac comme son mentor à qui il reste fidèle jusqu'au bout, jusqu'à ce que Nicolas Sarkozy devienne le nouveau chef de la droite en s'intronisant candidat de l'UMP le 13 janvier 2007. Les pressions étaient nombreuses pour larguer les amarres avec le camp Chirac et voguer doucement vers celui qui s'imposait dès 2004 comme l'espoir de son camp, mais Jean-François Copé signifie à Nicolas Sarkozy qu'il attendra janvier 2007 avant de se ranger à ses côtés et de faire sa campagne. Se ranger aux côtés de Nicolas Sarkozy, par discipline partisane, n'a jamais fait de lui un sarkozyste. Il estime que Chirac avait laissé le pays en bon état et que « Sarkozy a raté le coche de donner un nouveau souffle au pays ».

Bien plus jeune mais pourtant marqué par Jacques Chirac, Pierre-Yves Bournazel nous accueille dans son bureau de l'Assemblée nationale où trône l'image d'un mentor qu'il n'a pas connu mais qu'il admire. Corrézien, le souvenir qu'il partage avec Jacques Chirac relève là aussi de la dimension mystique des politiques puisqu'il s'agit du bébé qu'il était, oint par les mains du député de Corrèze lors d'une déambulation en circonscription.

Qui sont les giscardiens ?

Si l'on retient le charisme, l'action, la vision et la résilience face aux épreuves, qui marquent autant le Général que Pompidou, Mitterrand et Chirac, on ne relève pas ce même engouement chez ceux qui ont suivi Valéry Giscard d'Estaing. Ce dernier a inspiré du respect à ses plus fidèles, de l'admiration pour son intelligence exceptionnelle, mais n'a jamais provoqué des sentiments d'attachement tels que de Gaulle, Pompidou, Mitterrand ou Chirac ont provoqué. VGE n'a jamais suscité un sentiment d'affect qui, mêlé à une admiration pour l'intelligence, aurait pu créer une génération de giscardiens dévolus à sa personne. Et cela explique en partie son impossible retour en 1988 où Raymond Barre, son ancien Premier ministre, lui a volé la vedette de la présidentielle auprès des sympathisants UDF de l'époque.

Lorsqu'il nous reçoit en avril 2019, il entame le dialogue en nous signifiant que nous nous sommes trompés d'adresse car lui « n'a pas fait vraiment de politique et que son témoignage est peu à même de nous intéresser ». Nous ne pouvons alors pas le mettre au même rang que ceux qui avaient le virus politique dans le sang.

Valéry Giscard d'Estaing a sans doute été mal traité par l'Histoire au regard des grandes réformes qu'il a faites, telles que le droit à l'avortement, le droit de vote à 18 ans et des résultats économiques qui feraient aujourd'hui pâlir d'envie tout politique.

Il lui a manqué ce qui séduit tout militant : sortir d'un entretien en se sentant plus intelligent et plus fort, en ayant envie de se donner pour celui ou celle qui vous donne le sentiment qu'à ses côtés, vous allez pouvoir vous dépasser. Valéry Giscard d'Estaing mène des entretiens d'où l'on ressort à la fois ébahi par sa sagacité et son intelligence mais surtout faible et triste de ce que l'on est par rapport à lui, alors âgé de 93 ans et qui décèdera un an plus tard. En politique, l'intelligence n'est pas toujours un avantage. D'aucuns diraient qu'elle est un obstacle. On s'est moqué de Bruno Le Maire quand il tenta d'expliquer cette expression hasardeuse : « En politique, l'intelligence peut être un obstacle » ; on la comprend vraiment après deux heures d'entretien avec le président Giscard d'Estaing. Son intelligence est un obstacle pour atteindre le cœur des gens.

Arrivé au pouvoir si vite et si jeune, le président Giscard n'a pas le temps de se forger une armée à son service. Élu grâce aux 43 députés UDR qui, sous la houlette de Jacques Chirac, appellent à voter pour lui lors de la présidentielle de 1974, plutôt que pour Jacques Chaban-Delmas, il n'est même pas à la tête d'une formation large, dévouée et marquée par une histoire commune autre que celle déjà écrite par Charles de Gaulle et Georges Pompidou. Battu après un seul mandat, il ne peut que voir ceux qui l'ont accompagné durant son septennat, partir dans leurs propres conquêtes locales et nationales. Bien qu'actif en politique jusqu'en 2004 et éphémère hypothétique candidat en 1988, voire en 1995, il n'est plus le vrai chef de son camp à partir du moment où il n'est plus leur candidat à la présidentielle.

À écouter Dominique Bussereau, giscardien parmi les giscardiens, il s'agit surtout d'un « bon souvenir de jeunesse » plutôt que d'une identification à l'homme marquée au fer rouge. Visiteur régulier du président Giscard d'Estaing qui lui a appris la politique avec Michel Poniatowski et Michel d'Ornano, il met en pratique ce qu'il apprit aux Jeunes Giscardiens une fois la défaite de 1981 passée. Sa carrière ne se fera pas dans l'ombre de Giscard. Pour autant, il est frappant d'observer à quel point ceux qui ont cheminé aux côtés du troisième président de la Ve République ont cultivé entre eux des amitiés que l'on ne retrouve dans aucun autre parti. Comme si la chaleur entre les disciples venait compenser la froideur du chef. Dominique Bussereau évoque avec une certaine émotion les amis rencontrés alors et auxquels il est toujours attaché : Patrick Poivre d'Arvor, Hugues Dewavrin, Marielle de Sarnez, Gérard Trouvé et bien sûr Jean-Pierre Raffarin. Et tout cela nous rappelle d'ailleurs qu'en politique on peut aussi trouver de grandes amitiés qui dureront tout au long de la vie. Au moins aussi nombreuses que les vieilles haines recuites qui ne vous lâcheront pas.

Quand les présidents ne sont plus des ressorts de l'engagement

Il est compliqué de mesurer aujourd'hui la puissance de la figure de nos trois derniers présidents, dont l'actuel. Ils ne prennent pas (encore ?) la forme de figure tutélaire. Parmi les qualités évoquées pour démarrer ce chapitre, nous définissions les quatre grands comme ceux ayant fait de leur personne une idée, un style et une force politique capable d'emmener dans leur sillage une armée de cadres et de militants, quelles que soient leur propre évolution et origine idéologique.

Nicolas Sarkozy, François Hollande et Emmanuel Macron répondent tous à certains des critères évoqués, mais seulement certains. Emmanuel Macron espérait se rapprocher de cette définition mais il lui manque une force politique plus structurée et une réforme suffisamment forte pour vous faire entrer dans l'Histoire. François Hollande ne suscite pas de nostalgie dans son camp et Nicolas Sarkozy n'est pas parvenu à refaire de la droite son seul appareil comme il avait réussi à l'incarner dans toutes ses dimensions en 2007.

Nos trois derniers présidents ont une approche très différente de ce que doit être leur legs et de ceux qui auront à le porter. Ils semblent moins habités par une vision historique que leurs prédécesseurs. Le quotidien absorbe toute leur pensée. Ils donnent avant tout l'image de gestionnaires politiques naviguant à vue. Sans leur faire insulte, ils ne parviennent pas à ranimer la flamme du politique ; une flamme qui permet de susciter l'engagement et entraîner des foules. Le politologue Stéphane Rozès nous dirait qu'ils ne parviennent pas à faire vivre l'imaginaire français.

Et la droite abandonna Nicolas Sarkozy…

Toute la droite fut sarkozyste du 14 janvier 2007 au 6 mai 2012, mais qu'en reste-t-il à ce jour ? Ils sont finalement peu nombreux à être nés en politique avec Nicolas Sarkozy. Beaucoup avaient une identité avant d'être sarkozyste et il semble difficile aujourd'hui d'identifier les vrais gardiens du temple à part Brice Hortefeux et Pierre Charron dont on ne peut pas dire, sans minimiser leur talent ou leur habileté, qu'ils ont eux-mêmes brillé en politique. La crise de leadership que traverse la droite depuis le 6 mai 2012, renforcée par une parenthèse allant du retour de Nicolas Sarkozy à la défaite de François Fillon, n'a pas permis d'identifier les vrais enfants ou héritiers de Nicolas Sarkozy. Tout le monde était sarkozyste à droite et finalement personne ne l'est vraiment, c'est une identité floue qui relève aujourd'hui surtout de la nostalgie d'une campagne victorieuse en 2007. « Nicolas Sarkozy, c'est une énergie. » Cette phrase est devenue un des marronniers de la droite trahissant surtout sa situation actuelle apathique. Chirac et Mitterrand s'imposaient à leur camp par la durée de leur leadership et aussi à la mesure de la détestation qu'ils pouvaient y susciter avec des oppositions fermes et connues de tous : Édouard Balladur, Philippe Séguin ou Charles Pasqua d'un côté, et Jean-Pierre Chevènement ou Michel Rocard de l'autre.

La nouvelle génération des députés de droite élus en 2012 et en 2017 n'est ni héritière, ni comptable du sarkozysme même si l'usage veut que le passage par la rue de Miromesnil, bureau de l'ancien président, reste une étape importante pour quiconque aspire à exister dans ce large hémisphère droit de la politique. Dans nos différents entretiens avec ses anciens ministres ou des députés UMP de cette époque, Nicolas Sarkozy est finalement peu évoqué en dehors d'anecdotes plus ou moins sympathiques. Quand se pose la question du devoir d'inventaire du mandat en 2012, le sujet est encore difficile à poser. La victoire de François Fillon à la primaire quatre ans après et, dans une moindre mesure, le score de Bruno Le Maire (29 % des voix) face à Nicolas Sarkozy pour la conquête de l'UMP en 2014 sont peut-être les inventaires les plus radicaux du mandat Sarkozy.

En théorisant la transgression comme tremplin de carrière, nombreux sont ceux qui l'ont suivi sur ce point et on regarde aujourd'hui plutôt Gérald Darmanin comme héritier de Nicolas Sarkozy que ceux qui dirigent Les Républicains, chiraquiens revendiqués d'ailleurs.

François Hollande face au désert

Pour ce qui touche à François Hollande, il convient de rappeler que les hollandistes étaient peu nombreux en mars 2011 quand François Hollande se déclare candidat à la primaire. Le retrait forcé de Dominique Strauss-Kahn de cette primaire socialiste propulse le candidat Hollande à la présidentielle et lui permet d'accéder au pouvoir en 2012. Mais le paradoxe est que les hollandistes sont encore moins nombreux lorsqu'il quitte le pouvoir en 2017, presque contraint de ne pas se représenter. Et seuls 14 % des Français lui font confiance en mai 2017 dans le baromètre Kantar-Sofres ; un record absolu d'impopularité. Ce n'est même pas un départ dans le goudron et les plumes mais plutôt dans l'indifférence générale vis-à-vis d'un président qui n'a rien imprimé dans la société française. Il aura pourtant essayé de multiplier les réformes durant ses cinq années de pouvoir tant sur le plan économique que social ou sociétal. Mais ce président ne « marque pas ». Et si les interviews permettent parfois de recueillir quelques « on a été assez injuste avec Hollande », l'immense majorité à droite comme à gauche n'hésite pas à nous dire : « Hollande n'avait vraiment ni la dimension ni la carrure pour le poste. » « Non seulement il n'était pas prêt intellectuellement mais en plus, là où on aurait pu imaginer qu'il saurait faire, c'est-à-dire dans l'organisation du Parti socialiste qu'il avait dirigé, il s'est avéré d'une faiblesse abyssale au point que son parti s'est retrouvé avec le médiocre Benoît Hamon comme candidat en 2017, un frondeur opposant à Hollande. Le comble ! », nous dira un interviewé socialiste ne souhaitant pas que cette remarque soit associée à son nom.

En cela, et à ce jour, François Hollande est celui des présidents de la Ve République qui aura le plus échoué à faire vivre après lui, ne serait-ce qu'un peu, l'histoire de sa présidence. Il porte à la fois l'échec de sa présidence et la faillite de son parti d'origine. L'Histoire lui rendra peut-être hommage dans quelques années quand on pourra juger le bilan de son action avec un certain recul. Cela n'enlèvera rien au fait qu'en matière politique, voir chaque jour le PS tenter un peu plus d'annihiler tout ce qui pourrait s'apparenter à des signaux faibles d'un retour aux affaires de François Hollande montre à quel point cette page fut tournée le jour de sa renonciation.

Le macronisme : des croyants et peu de pratiquants

Sans aucun doute, Emmanuel Macron, réélu ou battu, laissera une marque dans l'histoire : celle d'un homme assez seul et sans parti qui a su profiter d'un instant de l'Histoire pour se hisser à la présidence de la République. Pour cela, il invite au respect. Pour autant, les élus d'aujourd'hui, parfois même de son propre parti, ont des difficultés à décrire sa ligne politique sans se réfugier derrière le seul mot de « pragmatisme ». Comme le dira un de ses détracteurs qui souhaite rester anonyme : « Macron, c'est l'histoire d'un homme parti avec un food-truck et trois copains et qui se retrouve en quelques semaines à la tête d'un hypermarché. Son problème est qu'il ne sait pas ranger les rayons. »

Il est trop tôt pour voir s'il laissera une empreinte durable. Il est évident que les députés actuels de la majorité lui doivent tout mais Emmanuel Macron reste encore pour eux un tuteur plus qu'une tutelle. Après nous avoir parlé à leurs débuts, avec une arrogance certaine, du « nouveau monde » qu'ils allaient bâtir, les macronistes ont été amenés avec l'exercice du pouvoir, le temps, la raison mais aussi les Gilets jaunes à rabattre de leur superbe pour redevenir plus modestes. Il est vrai que personne n'avait compris ce que recouvrait la notion de « nouveau monde », pas même ceux qui se revendiquaient du président. La loyauté de ses troupes s'est déjà quelque peu effilochée avec le départ de députés du groupe En Marche dont on se demande encore ce qui avait pu justifier de leur entrée dans ce mouvement. La difficulté à voir ou prévoir qu'Emmanuel Macron pourrait devenir une figure tutélaire vient aussi du fait que ses partisans, se voulant représentatifs d'une certaine diversité de la société, sont davantage disparates que divers. Chacun est venu défendre derrière Macron un domaine précis ou un secteur mais peu semblent avoir une culture d'intérêt général.

Parmi les élus les plus politiques de la galaxie Macron, comme Pierre Person ou Laurent Saint-Martin que nous avons rencontrés pour cet ouvrage, il y a évidemment la figure tutélaire du président qui s'impose à eux tous les jours et qu'ils revendiquent volontiers. L'un comme l'autre ont une histoire militante avant l'apparition d'En Marche, mais ils lui doivent leur premier mandat national, leurs premières responsabilités d'envergure et manifestent une fidélité à toute épreuve à l'égard du président. On retrouve chez ces jeunes loups de la macronie des similitudes importantes avec ceux qui sont arrivés aux responsabilités dans le sillage de Chirac et de Mitterrand et moins de Sarkozy et Hollande. Mais les débuts ne présagent pas des suites et tout ceci reste suspendu à un seul fait : la réélection ou non d'Emmanuel Macron...

Chapitre 2

Ces leaders qui nous entraînent

Avoir une stature qui s'impose aux autres, même au cours de la Ve République, n'est pas seulement l'apanage des présidents de la République. Ils sont nombreux ceux qui ont suscité l'engagement de militants alors que leurs responsabilités politiques n'étaient pas encore affirmées et qu'ils n'avaient pas toujours de fonctions dominantes dans la sphère politique. Ils trouvent un public fasciné par leurs idées ou leurs propositions, un public qui s'identifie à eux. Souvent d'ailleurs, le succès de ces responsables politiques capteurs vient de jeunes en quête d'une identité politique. Beaucoup d'entre nous, et sans aucun doute la plupart des lecteurs de cet ouvrage qui s'intéressent à la politique, se souviennent des personnalités qui les ont fascinés dans leur jeunesse et à qui ils prenaient les idées pour les diffuser. Ce n'est pas faire injure aux plus jeunes que cette recherche d'identité. C'est même la loi de la nature si on en revient à la définition même de l'identité selon les Grecs de l'Antiquité : « Faire un soi-même avec de l'autre. »

Parmi ceux qui n'ont pas été présidents, qui n'ont pas réussi à l'être ou qui n'ont pas voulu l'être, on retrouve de gauche à droite un grand nombre de leaders qui ont voulu faire de leur action et leur personne une école pour que d'autres s'en inspirent, avec des manières propres à chacun. Nous ne pouvons tous les citer tant cela tiendrait du catalogue mais seulement en retenir quelques-uns qui ont entraîné dans leur sillage des vocations.

Les figures de la gauche

Sous la grande chape de plomb mitterrandienne, le PS n'a pas cessé de bouillonner d'idées, de motions, de congrès et de premiers signataires ambitieux. Un grand nombre se voyait comme successeur de François Mitterrand, capable d'imposer une même figure à son camp tout en imprimant sa propre identité politique. Le Parti socialiste, en s'organisant dès ses débuts en courants, a contribué à l'émergence de militants engagés et a autorisé les divergences en maintenant longtemps une certaine unité. À la tête de chacun de ces courants, un responsable politique d'envergure capable d'emmener l'adhésion. C'est ce qui a longtemps nourri la richesse d'idées du Parti socialiste et permis d'engranger de nombreux adhérents.

Michel Rocard et Jean-Pierre Chevènement sont sûrement les deux autres principales figures tutélaires de la gauche. Ils ont en commun de n'avoir jamais été des enfants de Mitterrand, d'avoir existé avant et après Mitterrand. Ils ont attiré à eux, chacun à leur manière, un très grand nombre de jeunes militants, futurs cadres et dirigeants du parti et du pays ; et leur pensée en matière économique, sociale, européenne mais aussi de gouvernance s'est trouvé de nombreux fidèles dont certains sont toujours aujourd'hui à la tête de l'État.

Pour Chevènement, l'apogée sera sa candidature à l'élection présidentielle en 2002 où il accueillera auprès de lui tous ceux qui se retrouvent sur son socle républicain, parfois éloignés du Chevènement du CERES. Ceux-là d'ailleurs partiront dès la campagne de 2002 achevée et lui-même reviendra dans le giron de la gauche rapidement. Les chevènementistes sont aujourd'hui largement dispersés sur le spectre politique avec comme point d'union une grande affection pour l'homme mais aussi le souvenir d'un courant qui mettait la République au cœur de tout et qui ne transigeait pas sur quelques valeurs très importantes : l'éducation, la laïcité, la souveraineté. Même l'actuel président de la République reconnaît avoir été motivé politiquement par Jean-Pierre Chevènement et avoir voté pour lui en 2002. Florian Philippot, avant d'entrer au Front national et se trouver être l'artisan de la campagne de Marine Le Pen, a fait ses classes chez Jean-Pierre Chevènement. Sans parler d'Arnaud Montebourg, le ministre du Redressement productif dans le gouvernement de Jean-Marc Ayrault, qui ne cachera pas son admiration pour le Ché. Trois figures si différentes dans leur parcours politique partageant une admiration commune pour un même homme : Jean-Pierre Chevènement. Ce dernier est une vraie figure tutélaire tant il a su rassembler sur ses idées et sa personne des femmes et des hommes qui ont eu des chemins différents mais qui ont été éclairés par celui qui mérite bien le titre d'homme d'État. Avec lui, la force des idées primait l'ambition du pouvoir et ses petits accommodements.

Michel Rocard a ce point commun avec Jean-Pierre Chevènement de n'avoir jamais voulu sacrifier la force des idées sur l'autel du pouvoir. D'où, sans doute et par-delà leurs différences, le respect que les deux hommes avaient l'un pour l'autre. Théoricien de la deuxième gauche dès les années 1970, il rassemble autour de lui et au fil du temps une cohorte de talents politiques dont il a motivé l'engagement. De Manuel Valls qui sera comme lui Premier ministre à Alain Richard en passant par Benoît Hamon ou Michel Sapin qui ont fait leurs débuts politiques chez Michel Rocard, le rocardisme avait du corps mais aussi du cœur. Tout comme les affidés de Jean-Pierre Chevènement, les supporters de Michel Rocard ont connu des trajectoires bien différentes. Il n'est que de voir l'évolution de Benoît Hamon, happé par des valeurs bien éloignées de l'idéal républicain en particulier en ce qui concerne la laïcité.

Les enfants de Mitterrand comme Lionel Jospin ou Laurent Fabius ont eux aussi rassemblé derrière eux au moins deux générations de socialistes se revendiquant jospinistes ou fabiusiens, tout en restant les enfants de François Mitterrand. C'est une grande différence avec les rocardiens et chevènementistes qui eux n'ont jamais été mitterrandistes. Ni Jospin ni Fabius ne parviendront à imposer une marque aussi forte que Jean-Pierre Chevènement ou Michel Rocard, sans doute parce qu'ils étaient trop assimilés au courant Mitterrand. Cela ne les empêcha pas d'être de réels hommes d'État, de fins politiques et de redoutables orateurs. Mais ceux qui les suivaient dans leur aventure trouvèrent ensuite de nouveaux mentors pour servir leurs ambitions. Les mentors d'un jour deviennent parfois les marchepieds du lendemain observant lascivement le succès de leurs anciens élèves.

D'autres à gauche ont pu susciter l'engagement, tel Jean-Luc Mélenchon qui a attiré à lui un Adrien Quattenens qui certes avait connu un engagement politique auparavant, mais de courte durée et sans volonté d'aller affronter les scrutins. Jean-Luc Mélenchon a transformé son engagement en responsabilité politique et lui a ouvert les portes de l'Assemblée nationale. Le leader de La France insoumise, par son charisme et ses talents d'orateur, a su attirer à lui de nombreux jeunes dont certains sont entrés en responsabilité à ses côtés. Pour autant, il reste une figure d'attraction plus qu'une figure tutélaire car ses idées et cheminements politiques ont tant varié que la ligne n'est pas toujours claire. Son image originelle de gauche républicaine et productiviste, proche sur certains points de la doctrine communiste a été reléguée derrière un discours écologiste et populiste mettant souvent en cause la laïcité par pure tactique politicienne.

Et les figures de la droite ?

De l'autre côté de l'échiquier, Charles Pasqua, Édouard Balladur, Philippe Séguin, François Léotard et d'autres ont été des vecteurs d'engagement dans le camp de la droite républicaine avec plus ou moins de succès quand ils tentaient d'imposer leur ligne à leur camp. Celui d'entre eux qui a sans doute le plus contribué à rallier à son parti des personnes d'abord sensibles à ses idées est incontestablement Philippe Séguin. Gaulliste social, attaché à l'éthique et la responsabilité et capable d'attirer des catégories populaires, sans tenir un discours populiste auquel a parfois succombé Charles Pasqua, Séguin a fait du séguinisme une marque qui résonne.

Parmi les députés LR témoins de cette époque où s'entrechoquaient au RPR des visions parfois radicalement antagoniques, François Cornut-Gentille est un de ceux qui siègent encore à l'Assemblée nationale. Fidèle à ses idées gaullistes sociales dans la lignée de Philippe Séguin, son choix se porte sur Jacques Chirac en 1995 comme Philippe Séguin, même s'il est témoin aujourd'hui de la conversion libérale de son camp qui ne fut pas une permanence dans l'histoire de la droite française. Le député de la Haute-Marne tient un discours qu'aurait approuvé son mentor : « La politique, c'est l'intérêt général. Et l'intérêt général est contraire à tous les intérêts particuliers. Les gens pensent que le monde c'est leur monde ; un politique doit dépasser cela. Aujourd'hui on est en train de fonctionner en réseau, on prend trop nos distances avec l'intérêt général. » Pour lui, nous vivons « dans un monde recroquevillé, communautarisé, là où il faudrait réinventer l'universalisme », nous dira l'élu, confessant que la politique a quelque chose de contre-nature en ce qu'elle force ceux qui s'y engagent à « s'intéresser à ce qui ne les intéressait pas auparavant pour garder le souci de l'intérêt général ». Ce constat sans appel qui tente d'expliquer l'originalité de l'engagement politique par rapport à toutes les autres formes d'engagement montre à quel point les motivations doivent être fortes pour décider de s'y lancer.

Charles Pasqua et ses turpitudes ont fortement marqué une génération de jeunes cadres gaullistes par sa verve et son accent corse plus que pour son corpus idéologique qui fluctua de la droite populaire à la droite populiste au gré des alliances qu'il nouait dans son camp. De fait, on était « pasquaïen » sous Pasqua mais on ne l'était plus vraiment après Pasqua. Il en va de même pour Édouard Balladur qui a su attirer, le temps de son gouvernement et de sa candidature de 1995, mais dont la pensée n'a pas survécu à son retrait de la vie politique.

La prééminence des figures tutélaires dans la vie politique ne trouve pas meilleur exemple que le centre tant son existence a été conditionnée à celle d'un leader s'imposant à tous et capable de faire exister son camp face à la gauche et avec la droite. Valéry Giscard d'Estaing et Jean Lecanuet apparaissent vite désuets quand arrivent les rénovateurs ou la bande à Léotard ou encore Alain Madelin. La constellation du centre ne se trouve pas de leader capable de s'imposer aux autres et de durer au point d'emmener son camp uni à la présidentielle de 1988 à 2002. Le centre est une option politique et de gouvernement qui vise à réconcilier les idées, à modérer les programmes mais, nous le savons, la modération n'est pas ce qui entraîne le plus ceux attirés par la chose publique. « Le centre, c'est la version molle de la droite », se plaisait à dire François Mitterrand.

Des extrêmes qui suscitent l'engagement

L'engagement, comme nous le confirme la grande majorité de nos interviewés, est souvent suscité par la volonté de changer les choses en profondeur, voire « de renverser la table », plus rarement de vouloir seulement « aménager l'existant ». D'où le fait que l'engagement est souvent venu d'abord par les extrêmes. Souvent par le trotskysme pour la gauche (Lionel Jospin, Julien Dray, Jean-Luc Mélenchon, Jean-Christophe Cambadélis et tant d'autres) ou par l'extrême droite pour la droite (Gérard Longuet, Alain Madelin, etc.). Au sein de la famille giscardienne cohabitaient de vrais centristes façon Bernard Stasi ou Raymond Barre et d'anciens militants du mouvement Occident. On y comptait également Philippe de Villiers, souverainiste de droite, plus proche de l'extrême droite que des démocrates sociaux et qui a pu entraîner dans son sillage des personnalités telles que Bruno Retailleau.

Force est de reconnaître que Jean-Marie Le Pen, aux idées nationalistes, souverainistes et classé à l'extrême droite, a pu attirer dans sa formation davantage de militants que nombre de centristes. La radicalité de son discours a convaincu un grand nombre de citoyens issus des classes populaires et bien au-delà, et les a entraînés à militer en politique. Il a incontestablement joué le rôle de figure tutélaire. Nous y reviendrons.

Au travers des entretiens, la figure tutélaire apparaît non seulement comme celle qui suscite le mieux l'engagement mais, surtout, celle qui permet que cet engagement soit durable et survive au départ du leader du parti. Dans une moindre mesure, l'absence de figure tutélaire ne génère rien d'autre que l'appauvrissement du personnel d'un parti politique, comme le PCF en a souffert depuis le retrait de Georges Marchais. D'autres comprennent aujourd'hui à quel point un chef sert à attirer des cadres, des militants, des adhérents qui s'engagent autant pour lui que pour leurs idées. Après avoir théorisé le remplacement permanent de leur leader, les Verts ont aujourd'hui besoin d'une locomotive pour entraîner leur programme aux élections. Daniel Cohn-Bendit le fit en 2010 aux européennes, Yannick Jadot aimerait en prendre le chemin mais les Verts ont un talent inégalable pour préférer des candidats radicaux dans leur approche de la politique plutôt que des candidats pouvant rassembler les électeurs. Avoir en 2012 préféré Eva Joly à Nicolas Hulot en est l'exemple. De même que l'exclusion de ses membres rejoignant le gouvernement de Manuel

Valls ou la récente élection de Julien Bayou à la tête du parti.

Ils sont rares les politiques que nous avons rencontrés pour cet ouvrage, surtout les plus anciens, qui ne nous ont pas mentionné au moins un mentor qu'ils ont connu ou une figure d'inspiration qui les a suivis tout au long de leur parcours. C'est d'ailleurs une question que les journalistes se plaisent à poser aux responsables politiques : « Qui a été votre modèle en politique ? » Mais, au fil du temps, cette question pourrait s'effacer tant les idoles se font rares. Parmi les plus jeunes politiques que nous avons interrogés, la question du modèle peine davantage que pour les anciens à trouver réponse. Est-ce par pudeur ? Par volonté de ne pas passer pour le membre d'un fan-club qui ferait prioriser les personnes sur les idées ? Les auteurs de ce livre ont plutôt tendance à penser que l'époque est à la pénurie d'idoles !

L'engagement pour des idées n'est pas pour autant nouveau même s'il s'entremêlait avec d'autres paramètres comme nous avons pu le voir au travers de nos entretiens, et c'est sûrement une des clés de lecture de la crise actuelle de l'engagement politique.

Chapitre 3

Des convictions chevillées au corps

Devenue presque un anathème jeté en pâture quand un politique cherche à discréditer son adversaire, l'idéologie est pourtant le fondement de la politique. Si l'idéologie s'apparente aujourd'hui à un anathème, c'est qu'il devient compliqué de développer un seul et unique discours face à la multiplication des problématiques, des enjeux, des situations individuelles. Un discours sur l'intérêt général suscite désormais moins d'attrait qu'un discours sur les intérêts particuliers. La montée actuelle des individualismes, le narcissisme de la société et les dérives communautaristes, souvent encouragées par les politiques eux-mêmes, nous donnent la nostalgie du temps des idéologies. On peut déplorer aujourd'hui l'absence de structuration idéologique dans les discours de nos responsables. Car si « l'idéologie » est souvent empreinte d'une certaine rigidité, elle n'en fournit pas moins un cadre d'analyse et une structuration de la pensée qui manquent grandement aujourd'hui.

Quand les idéologies se donnaient rendez-vous à gauche

Un parti peut se nourrir de plusieurs courants idéologiques à la fois. Et c'est ce qui a rendu si attirant, et pendant longtemps, le Parti socialiste à la différence du Parti communiste qui ne voulait faire émerger qu'une seule ligne de pensée. D'un adhérent du Parti communiste, on savait qu'il était entré « au Parti » pour défendre la classe ouvrière et se reconnaissait dans la lutte des classes. De tous les partis ayant participé à des gouvernements, le Parti communiste est, sans aucun doute, celui qui attirait par les idées bien plus que par les hommes. Et quand ces idées se sont trouvées bousculées par l'histoire, le parti ne s'en est pas remis ; mêmes les meilleurs des responsables n'y pouvaient rien. Robert Hue est sans doute le dernier à avoir sauvé l'honneur de son mouvement mais il ne pouvait pas compenser l'affaiblissement des idées jusque-là développées par son parti.

Il n'en fut pas de même de la gauche socialiste qui fut pendant de nombreuses années un vrai laboratoire d'idées remettant toujours au cœur des débats la question idéologique. Ce fut une école de la politique pour beaucoup d'élus qui y ont appris l'art rhétorique et la construction de pensées construites. Le CERES (Centre d'études, de recherches et d'éducation socialiste) de Jean Pierre Chevènement fut un pourvoyeur important de cadres des différentes majorités de gauche des années 1980 et 1990. Inspiré en grande partie de doctrines liées au marxisme, le CERES a joué un rôle clé au sein du Parti socialiste, une sorte de garantie de ne pas dériver vers un social-libéralisme. Quant à Michel Rocard, qui fut un jeune leader du PSU proche de mouvements liés au trotskysme mais en même temps du personnalisme d'Emmanuel Mounier, il défendra dans le même Parti socialiste que Jean-Pierre Chevènement des idées sociales-démocrates censées garantir de ne pas dériver vers le marxisme... Au milieu, François Mitterrand était tranquillement installé, donnant raison à l'un ou l'autre suivant les moments et s'érigeant en pivot, position clé du pouvoir. Cette époque est celle où la plupart de nos interviewés issus du Parti socialiste avouent y être entrés « en étant sûrs de pouvoir y trouver leur compte tant les débats y étaient vivants ».

Puis au fil des années, le Parti socialiste a progressivement délégué la réflexion et les idées à des think-tanks tels que la Fondation Jean-Jaurès ou Terra Nova dont la qualité des productions est certaine mais qui externalisent de plus en plus les débats d'idées du parti. Les sections socialistes se sont davantage concentrées sur des arbitrages, des désignations de candidats et des micro-débats souvent peu stimulants. Le début de la désertification des sections a pu alors commencer ; les citoyens voulant jouer un rôle actif dans la société ont davantage trouvé leur compte dans la participation à des associations voire des ONG que dans des cénacles socialistes où les élus concentrent l'attention et ne poussent pas au débat.

Au fil des interviews que nous avons menées il apparaît que si hier, de nombreux responsables politiques socialistes s'engageaient avant tout pour défendre des idées et soutenir une idéologie en la portant au pouvoir, aujourd'hui la volonté de conquête du pouvoir passe nettement avant la défense des idées. Il suffit de lire les programmes des candidats actuels pour s'en convaincre. Les prétendants au pouvoir produisent des catalogues de mesures souvent sans cohérence les unes avec les autres, sans une vraie ligne directrice sauf à penser que les slogans de campagnes sont devenus les lignes directrices. La campagne de François Hollande en 2012 en offrait un bel exemple : « Le changement, c'est maintenant ! » mais, à bien examiner le programme on ne voyait qu'un catalogue de mesures qui ne lui furent pas d'un grand secours une fois parvenu au pouvoir. Plus tard en 2017 avec Benoît Hamon, le programme prenait alors des allures d'un fanzine d'étudiants se laissant aller à la compassion misérabiliste : aucune structuration idéologique, aucun souffle intellectuel et des idées éparses mettant au même niveau les perturbateurs endocriniens et les réformes économiques. Les électeurs ne s'y sont pas trompés : 6,3 % France entière et même seulement 13 % dans le 11e arrondissement de Paris pour lequel son programme semblait avoir été écrit.

Si nous mettons en avant l'évolution du Parti socialiste, c'est pour la simple raison que ce parti a longtemps été un grand parti d'intellectuels pétris d'idées, parfaitement structuré idéologiquement et qui a pu s'imposer à gauche face au Parti communiste, et parvenir au pouvoir en s'appuyant sur de solides concepts. Cela ne lui a pas toujours réussi mais on lui doit de grandes conquêtes sociétales et de grandes réformes sociales. Au-delà des Mitterrand, Chevènement, Rocard, Jospin, on trouve des Jean-Christophe Cambadélis, Henri Weber, Arnaud Montebourg et bien d'autres encore. Ils ont pu évoluer dans leurs certitudes de départ mais, au moins, ils partaient d'un cadre d'analyse. Hormis François Mitterrand, à la trajectoire plus complexe, les autres s'étaient engagés pour des idées.

L'idéologie n'avait pas si mauvaise presse au XXe siècle et constituait le moteur de l'engagement d'une immense majorité des personnalités que nous avons interviewées. La chute brutale des régimes soviétiques, et en particulier de l'URSS, a fissuré l'approche que l'on avait des idéologies en général, bien au-delà du seul marxisme. Si on peut se féliciter que des dictatures opaques appuyées sur des idées faisant fi des principes démocratiques reculent, nous n'avons alors pas toujours vu qu'avec ce tsunami politique, toutes les idéologies, quels que soient les principes qu'elles défendaient, allaient être atteintes. Le marxisme a entraîné dans sa chute tout ce qui pouvait ressembler à des corpus d'idées élaborées. L'idéal social-démocrate a reculé en étant jugé trop timide et trop accommodant avec l'économie de marché ; et le libéralisme s'est replié sur sa seule dimension économique à la faveur notamment des années Reagan et Thatcher.

Il semble révolu ce temps où des hommes politiques manifestaient un engagement qui ne pouvait pas survivre au compromis, au risque de rester tout au long de leur parcours politique dans la minorité, même quand leur famille politique était au pouvoir. Ils étaient accrochés à leur idéologie jusqu'à excuser la dérive de certaines d'entre elles. L'idéologie était alors un système de pensée complet où existait une interdépendance entre organisation économique et organisation politique.

Force est de constater qu'avec le temps et à partir des années 1990, la forme holistique de l'idéologie s'est effacée au profit d'une domination complète du terme idéologie par la seule économie. Il est frappant d'observer qu'en interrogeant nos interlocuteurs sur leurs fondements idéologiques, ces derniers se concentrent sur les seules questions économiques, omettant le plus souvent tout ce qui concerne l'« organisation de la société et de la politique » que recouvre également le terme « idéologie ». Nos interviewés se définissent « plutôt libéral », « plutôt social-démocrate », « plutôt socialiste » en n'habillant ces mots que de mesures et idées relevant de l'économie et de ses implications sociales sans mentionner l'organisation politique que chacun de ces systèmes implique. Et c'est le « plutôt » qui nous frappe, comme s'ils n'étaient pas totalement convaincus par les idées dont ils se revendiquent. Rares sont ceux qui se définissent aujourd'hui comme des idéologues. Être idéologue aujourd'hui prend un sens de radicalité, revêt une rigidité que la prudence des temps, mêlée à la déconvenue des grandes idéologies, rend suspect. Qui imagine aujourd'hui un leader du Parti socialiste tenir des mots aussi forts que ceux que pouvait prononcer François Mitterrand : « Celui qui n'accepte pas la rupture avec l'ordre établi, avec la société capitaliste, celui-là, je le dis, ne peut pas être adhérent du Parti socialiste » ?

L'idéologie marchepied

Lorsque la question de l'idéologie vient dans le récit politique de chacun, elle se réfère souvent à un passé que nos interlocuteurs semblent juger lointain. Sans se renier, nos responsables politiques actuels expliquent que l'idéologie les a aidés à se structurer intellectuellement mais que le temps et l'expérience leur ont fait gommer des grands pans de ce qu'était leur idéologie originelle. Combien de nos interlocuteurs sont passés par le trotskysme, le marxisme ou les mouvements d'extrême droite tels qu'Occident ? Nombre d'entre eux ; mais ils rechignent à l'avouer, tant ils ont pris leurs distances à l'égard de ce qui leur paraît aujourd'hui trop rigide ou extrême. L'action politique ramollit les idées ou plutôt rend plus pragmatique.

Les révolutionnaires des deux camps sont très minoritaires même si les discours de radicalité s'ébrouent dans les médias. Il y a certes une radicalité au Rassemblement national, une radicalité écologiste, une radicalité d'indignation à La France insoumise, mais on ne peut pas parler de révolutionnaires, tout juste d'agitation. Car leurs idées sont déstructurées et n'hésitent pas à évoluer comme le montrent les positions de Marine Le Pen sur l'euro ou l'économie. Sans doute les vraies idéologues ne s'en revendiquent pas frontalement mais œuvrent presque de manière clandestine, à ce que leurs idées imprègnent leur action politique.

Au cours des deux heures d'entretien que nous avons faites avec Hervé Mariton – élu de droite depuis l'UDF jusqu'aux Républicains en passant par l'UMP, maire pendant vingt-cinq ans de Crest dans la Drôme, député pendant dix-huit ans et éphémère ministre de l'Outre-Mer, ingénieur général du corps des mines et diplômé de l'École polytechnique – nous avons pu voir ce qu'était un vrai idéologue, passionné de gymnastique intellectuelle non pas au service de la conquête du pouvoir mais au service de la recherche d'un corpus idéologique toujours plus puissant, cohérent et détaillé. Il se définit comme un « libéral pragmatique » mais le terme pragmatique semble placé là pour affirmer un certain réalisme toujours bien vu des électeurs. C'est un idéologue qui rechigne à se faire considérer comme tel.

De son propre aveu, son plus grand accomplissement politique fut d'être rapporteur général du budget. Poste technique beaucoup plus que politique, le rapporteur général du budget a tout le loisir d'étudier les textes avec un soin à sa discrétion mais beaucoup moins soumis aux pressions qui sont celles qui pèsent sur le ministre du Budget. La maîtrise de budget amène à façonner le paysage économique du pays et ce qui en découle socialement.

Idéologue pur, c'est par la balkanisation de l'UMP puis de LR et la lente disparition du travail de fond au sein du parti qu'il finit par se lancer d'abord à la présidence de l'UMP puis à la primaire de LR, convaincu qu'il ne restait plus que lui-même pour faire valoir ses idées. Pourtant, il est bien conscient que la radicalité de ses idées économiques et sociales n'est pas forcément à même de réunir une majorité de suffrages mais que c'est la seule voie pour peser ensuite dans le travail de reconstruction idéologique de son camp. Il est dur de savoir si Hervé Mariton aurait finalement trouvé une place sous une présidence de François Fillon, et si sa longue marche idéologique l'aurait amené finalement à peser réellement sur son camp comme il avait pu le faire sous l'ère de Dominique de Villepin dont il était un proche soutien.

Ancien de l'UDF qui accueillait de nombreux idéologues comme lui, qui partageaient si peu de choses en commun à part celle de n'avoir jamais été dans le sillon de la droite gaulliste et bonapartiste, Hervé Mariton cohabitait un temps avec Christine Boutin, Alain Madelin ou Philippe de Villiers, tous passés par l'UDF. On peut aisément dire de ceux-là qu'ils n'étaient ni des adeptes du collectif, ni adeptes du compromis et qu'ils ont tous trouvé un temps un certain confort dans la minorité. Des véritables idéologues toujours prêts à mener bataille et préférant se distancier de leur parti d'origine plutôt que de sacrifier une part de leurs idées.

L'idéologie assumée

L'engagement pour des idées est porté à son paroxysme par Jean-Marie Le Pen. Dans un long entretien de trois heures qu'il nous a accordé, le fondateur du Front national nous fait la concession « que le pouvoir ne l'intéressait pas vraiment ». Il a toujours été à la recherche d'une tribune d'expression publique, plus importante à ses yeux que l'action au pouvoir. Ses talents d'orateur lui ont permis d'avoir une existence politique semant le trouble à droite et à gauche et lui permettant de mettre en avant ses idées d'extrême droite : rejet des immigrés, politique ultra-sécuritaire, dénonciation permanente de ses adversaires, sympathie affichée pour les régimes fascistes, etc. Pour autant, tout au long de sa carrière, ses programmes économiques ou sociaux sont restés indigents, se contentant de promettre de restaurer le plein-emploi et la baisse des dépenses sociales avec le départ des immigrés ; alors que toutes les études sur le sujet tendaient à démontrer l'ineptie du raisonnement. Il nous rappelle bien avoir publié *Droite et démocratie économique : doctrine économique et sociale du Front national* en 1978, écrit par ce qui semblait être son conseil économique de l'époque, mais il faut avouer que ce n'est pas ce dont on se souvient le plus de Jean-Marie Le Pen. Plutôt libéral avant que sa propre fille tente d'opérer un tournant social populiste, Jean-Marie Le Pen n'a jamais dévié de son engagement au service des idées d'extrême droite. Pour avoir animé son seul débat entre les deux tours de l'élection présidentielle de 2002 sur LCI, un des deux auteurs de l'ouvrage présent peut témoigner de la surprise et presque sidération de Jean-Marie Le Pen que de se retrouver au second tour de cette élection. L'idéologue semblait alors avoir été dépassé par son propre électorat.

Ces idéologues dont l'engagement politique est né d'une idée très précise qu'ils ont de la France et de la politique ont tous influencé leur camp à un moment de leur carrière. La minorité et la marginalisation ne leur font pas peur. Serrer des mains sur les marchés ne les intéresse pas particulièrement. Il est difficile de savoir si leur engagement est guidé par la passion de servir les autres ou par une fascination pour leur propre architecture intellectuelle et pour l'influence qu'ils peuvent gagner par leur seule marginalité.

Quand l'idéologie se réduit à une seule thématique

S'engager pour des idées n'implique pas toujours une radicalité. Il est des engagements qui s'expliquent par la volonté de ne défendre qu'un seul sujet ; un sujet qui vous tient à cœur, qui domine à vos yeux tous les autres. L'intérêt général n'est pas la préoccupation de ces élus qui sont entrés en politique. Mais ils ont été élus et se mettent presque exclusivement au service de la cause qu'ils soutiennent. Ils sont dans l'incapacité la plus totale de sortir d'un sujet qui leur est cher.

Prenons le cas de Matthieu Orphelin, élu député du Maine-et-Loire en 2017 avec l'étiquette En Marche et en soutien du président de la République. Matthieu Orphelin n'a qu'un seul sujet d'intérêt : la question écologique ; vaste sujet mais qui ne recouvre pas vraiment toute la palette des préoccupations de nos concitoyens. L'écologie a plutôt vocation aujourd'hui à devenir un nouveau champ d'études et de controverses au même titre que l'économie, les droits et libertés ou encore la question sociale à laquelle on peut apporter des réponses différentes en fonction d'un corpus d'idées global.

À lire les déclarations de M. Orphelin, à écouter ses interventions, à suivre son intense activité sur les réseaux sociaux, on trouve presque exclusivement des sujets liés à l'écologie. La création d'emplois, la lutte contre les inégalités, les questions liées à la sécurité ou à la justice – tous ces domaines placés en tête des préoccupations des Français – ne l'intéressent pas ou peu. Et, il faut le reconnaître, le député du Maine-et-Loire est assez honnête pour ne pas cacher son désintérêt pour ces questions. On ne le verra pas commenter une catastrophe économique ou sociale, mais on est sûr de le voir publier des dizaines de messages contre la réintroduction des néocotinoïdes destinés à sauver la culture de la betterave mais mettant les abeilles en danger. Il a été élu avec l'étiquette En Marche mais sans doute l'avait-il confondue avec l'étiquette EELV. Il a d'ailleurs changé de famille politique à l'Assemblée nationale devenant président éphémère d'un petit groupe (Écologie Démocratie Solidarité) qui se concentrait sur l'écologie avant de disparaître faute de participants. Il soutient désormais tous les candidats écologistes aux élections et en particulier ceux qui affrontent ses anciens collègues d'En Marche. Les écologistes, reconnaissants, se sont décidés à l'investir pour les élections régionales en Pays de la Loire, cette fois avec l'étiquette EELV. Sa fonction (éphémère) de porte-parole du candidat Yannick Jadot pour la présidentielle de 2022 consacre brièvement son retour chez les Verts.

Nous sommes face à un élu « mono-sujet ». Certes, on pourrait épiloguer sur les critères qui ont conduit En Marche à l'investir candidat. On pourrait s'offusquer de l'attitude du député à l'égard du parti auquel il doit tout. Mais on ne peut pas reprocher à Matthieu Orphelin de défendre ses idées. Il fait montre d'une grande constance dans sa radicalité écologique et peu lui importent les conséquences économiques de ses idées écologiques. L'écologie, l'écologie, rien que l'écologie ! Et surtout rien d'autre.

Si Mathieu Orphelin est une caricature de « l'homme avec un seul centre d'intérêt », il n'en va pas toujours de même pour ceux des autres élus qui privilégient leur action au service d'un domaine, sans se désintéresser pour autant d'autres domaines, même s'ils les placent au second plan.

Une idéologie centrée sur une certaine idée de la politique

Quand nous rencontrons Jean Arthuis, celui-ci en arrive très vite à une des grandes motivations de son engagement politique : la maîtrise des comptes publics. Expert-comptable de formation, il aura été à plusieurs reprises en charge des affaires économiques et financières du pays au gouvernement, au Sénat et au Parlement européen. Engagée dès ses débuts dans la droite non gaulliste qui portait comme principale divergence une vision différente de la place de l'État dans la sphère économique, cette frange de la droite républicaine attirera dans son giron beaucoup d'élus cultivant des idées très précises sur le secteur économique et financier. Et ce, quand la droite gaulliste pouvait opérer des virages réguliers dans ces mêmes domaines. Le mandat de Valéry Giscard d'Estaing et les multiples divisions dans ce camp au cours des décennies qui suivront seront souvent le fruit de désaccord sur les stratégies à opérer pour faire valoir leur vision en matière financière ; surtout quand le Front national se fera le porte-étendard d'une politique « nationale et libérale », avant d'évoluer vers un modèle toujours national mais davantage populiste et social. Jean Arthuis servira l'idée d'une économie libérale au Parlement et au ministère sans pour autant se détourner des autres questions traversant le pouvoir. Comme quoi, on peut servir une idée sans ignorer les autres.

Pour son époque, Jean Arthuis était plutôt une exception car il relève d'une génération qui avait tendance à embrasser tous les domaines de la vie publique. Ceux de son époque avaient souvent des compétences dans un domaine mais ne se présentaient jamais à leurs électeurs en ne défendant que ce seul domaine.

Le gaullisme se définissait comme une idée au service de la France sans privilégier un corpus idéologique particulier ou un domaine particulier. En cela, il n'attirait pas en tant qu'idéologie mais comme un idéal plaçant la France au-dessus de tout y compris des Français. Inspiré par une forme de pragmatisme matinée de colbertisme et de libéralisme social, le gaullisme se voulait réaliste et juste, habité par des idées patriotiques, et ne se référant pas à une structure de pensée particulière qui aurait pu être rigide. Ceux qui se revendiquaient du gaullisme étaient moins attachés à un corpus économique gravé dans le marbre qu'à la conviction que la France devait se rassembler derrière un chef charismatique donnant l'idée d'une nation puissante et respectée.

Si la chute du bloc soviétique a dilué les idéaux et les identités marxistes et socialistes dans des versions édulcorées, la droite n'est pas en reste en matière de dilution idéologique et identitaire. Traumatisée par l'expérience vichyste, la droite ne s'affirme pas comme telle pendant de nombreuses années avant de se réincarner dans les héritiers du Général.

Vers un supermarché des idées

Lorsque l'on se penche sur les députés En Marche nouvellement élus en 2017 et qui n'ont pas de passé politique dans un autre parti, nous sommes frappés par le choix qui a été fait de femmes et d'hommes avant tout spécialisés dans un domaine. Si nous avons évoqué le cas de Mathieu Orphelin, son type de profil centré sur un sujet se retrouve largement dans cette jeune formation. De Jean-Michel Fauvergues, ancien chef du RAID et concentrant ses interventions sur les questions de sécurité, à Jean-Baptiste Moreau ou Sandrine Le Feur, tous deux agriculteurs, en passant par Jean-Baptiste Djebbari, ancien commandant de bord devenu ministre des Transports, il semble que la volonté du mouvement d'Emmanuel Macron était moins d'aller chercher des citoyens pluridisciplinaires pour les faire entrer à l'Assemblée nationale que de chercher des spécialistes dans les différents domaines d'intervention de la politique.

Et on ne peut pas dire que ceux d'entre eux qui s'essaient à faire de la politique dans des formes plus classiques, à sortir de leur seul domaine de compétence aient fait leur preuve... Il n'est qu'à se souvenir de la calamiteuse campagne des élections municipales à Paris menée autant par Cédric Villani, le rebelle, ou encore Agnès Buzyn, la médecin devenue ministre de la Santé avant de devenir une éphémère candidate, pour observer à quel point ces néophytes ont encore beaucoup à apprendre.

Certes, il y a toujours eu des spécialistes de diverses questions dans chacune des formations politiques mais, à leurs côtés, dominaient toujours des profils plus professionnels de la politique. Le sentiment est donné qu'En Marche a volontairement une carence de professionnels politiques et qu'elle en paie le prix dans l'opinion. Car, quoi qu'on en dise, la politique est un métier ! Heureusement pour le mouvement du président de la République, il existe en son sein quelques rares personnalités qui, à côté de leur activité professionnelle, se sont toujours investies dans les débats et sur des sujets très variés. Sans être encore des « politiciens aguerris », ils sont déjà plus familiers des débats et des combats.

Ainsi, Laurent Saint-Martin, aujourd'hui député du Val-de-Marne, conseiller régional et rapporteur général du budget, fait partie de cette génération d'élus ayant constitué ses premiers réseaux politiques dans un think-tank appelé En Temps Réel dont il fut le secrétaire général (think-tank dont Emmanuel Macron a été très proche). Il n'était pas engagé en politique mais il travaillait déjà sur des cahiers qui avaient vocation à proposer des analyses et des orientations politiques aux décideurs sur des sujets très vastes. Ces think-tanks permettent à leurs contributeurs d'explorer des sujets plus vastes que ceux de l'agenda public et médiatique et c'est ce que nous confie Laurent Saint-Martin en évoquant des travaux auxquels il a contribué et qu'il n'imaginerait pas pouvoir aujourd'hui amener dans le débat médiatique tant ils sortent des champs de prédilection de l'action publique. Pourtant, ce fut pour lui une formation idéologique importante qui a un lien et un impact immédiat sur son engagement actuel et sur sa capacité à émerger comme une des figures politiques du macronisme. Reconnu aussi pour sa compétence technique, et capable de tenir tête à des opposants aguerris comme Éric Woerth en commission des finances, Laurent Saint-Martin peut aussi travailler avec des interlocuteurs de premier plan comme Bruno Le Maire.

On peut ainsi distinguer ceux qui sont entrés en politique par attrait idéologique et ceux par intérêt à défendre un domaine ou une cause. Jusqu'au début des années 2000, les premiers étaient largement les plus nombreux. Mais l'évolution de la société et le cours de la politique ont ouvert une porte aux seconds. On pourrait reprendre le titre du formidable ouvrage de Jérôme Fourquet, *L'Archipel français : naissance d'une nation multiple et divisée*, et le transposer au Parlement et en particulier à l'Assemblée nationale. Il y a une évidente archipélisation de la Chambre des députés qui se manifeste en premier lieu par le nombre pléthorique de groupes parlementaires. Ces derniers n'avaient jamais été aussi nombreux depuis le début de la Ve République. La majorité à l'Assemblée nationale est devenue un supermarché des idées où chacun semble plus désireux de faire valoir ses positions dans un domaine que de chercher à fonder une pensée et une action structurées.

Progressivement, l'engagement pour une idée s'est substitué à l'engagement pour des idées ou des idéologies.

Chapitre 4

Au hasard de la vie

Une visite aux plus anciens de nos politiques permet de battre en brèche de multiples idées reçues. L'exercice de la politique n'a pas toujours attiré des idéologues et des groupies de personnalités. On peut entrer en politique presque par hasard. Notre entretien avec Valéry Giscard d'Estaing est éclairant sur ce point. Celui qui fut le plus jeune président de la Ve République avant qu'Emmanuel Macron n'accède au pouvoir nous rafraîchit la mémoire et bouscule nos certitudes. Élu sous la IVe République et plus exactement en 1956 député du Puy-de-Dôme, Valéry Giscard d'Estaing a servi par la suite dans les gouvernements présidés par le général de Gaulle puis Georges Pompidou, avant de devenir lui-même président en 1974 jusqu'à son échec à être réélu en 1981. Il a connu de multiples gouvernements et vient nous rappeler comment ils étaient alors composés :

> Il y avait jusqu'en 1981 des gouvernements comportant de nombreux techniciens de leur sujet, des spécialistes, des fonctionnaires et quelques vrais politiques

qui faisaient respecter les règles de la politique. Mais ces derniers étaient souvent minoritaires. Les techniciens, spécialistes et fonctionnaires ont pu se lancer par la suite en politique dans des scrutins municipaux, législatifs, européens ou tout autre, mais seulement après leur passage au gouvernement. Ce n'est qu'à partir de 1981 et du retour de la gauche au pouvoir que les gouvernements se sont tournés presque exclusivement vers des politiques pour se former. Et la droite, revenue au pouvoir, en a fait autant. Mais avant 1981 ce n'était pas la règle.

Il est vrai qu'une Simone Veil, magistrate de formation devenue élue européenne et même présidente du Parlement européen, ou Raymond Barre, haut fonctionnaire et ancien commissaire européen devenu député-maire de Lyon et même candidat à l'élection présidentielle de 1988, ne sont pas entrés, ni l'une ni l'autre, au gouvernement en arrivant des bancs d'un parti politique. Et les exemples sont légion de Christiane Scrivener à Françoise Giroud en passant par Alice Saunier-Séité ou René Haby.

Simone Veil est un cas assez exceptionnel tant elle est devenue une icône politique alors que son destin la prédestinait davantage à la gloire des prétoires qu'aux échanges politiques. Avocate puis magistrate, elle est intéressée par la chose publique sans qu'on lui connaisse la volonté de se porter candidate à une élection en particulier. C'est son époux, Antoine, qui paraissait le plus enclin à se lancer dans la vie politique. Modérée à droite et sensible aux questions sociales et sociétales, elle soutient Jacques

Chaban-Delmas à l'élection présidentielle de 1974 plutôt que Valéry Giscard d'Estaing. Mais son profil intéresse suffisamment le troisième président élu de la Ve République pour qu'elle entre dans le gouvernement de Jacques Chirac dès l'élection passée en 1974. Les deux ont une idée en tête : utiliser ses talents de femme de droit pour faire passer la loi légalisant l'interruption volontaire de grossesse. La bataille est loin d'être gagnée et nous pouvons faire confiance à ces deux grands fauves de la politique pour avoir compris que si elle échouait à faire passer la loi, elle en porterait la responsabilité sans être d'un poids politique suffisamment important pour les entraîner dans le discrédit. Et que si elle réussissait, ils pourraient facilement s'approprier la victoire face à une Simone Veil alors largement méconnue du public. C'était négliger à la fois la dure bataille qu'elle allait devoir mener, son talent à marquer l'opinion et son ambition personnelle. Dans ce combat, Simone Veil a essuyé les plus viles critiques surtout parmi les élus de droite, et a gagné ses galons de politique. La suite de l'histoire de cette grande dame est connue : un parcours très européen, un courage toujours affirmé et une immense admiration des Français qui la mènera après son décès à entrer au Panthéon aux côtés des illustres personnages de notre histoire nationale.

Comme nous le verrons dans un chapitre ultérieur, le droit est sans doute un des ponts les plus fréquents pour accéder à la politique. Après Simone Veil, Robert Badinter ou encore Noëlle Lenoir en sont des exemples.

Mais Valéry Giscard d'Estaing n'a pas le monopole d'avoir voulu faire entrer de nombreux professionnels en politique et dans les gouvernements. Trente-six ans après lui, Emmanuel Macron semble avoir la même idée et recrute pour l'essentiel ses candidats aux élections législatives, autant d'ailleurs que les membres de son gouvernement, dans la sphère professionnelle et de l'administration plus que de la politique. L'avenir nous dira s'il a converti ces nouveaux venus et nouveaux élus en réels politiques. Les deux gouvernements d'Édouard Philippe sont composés pour moitié de professionnels dont les parcours précédents n'ont jamais croisé la politique. Il en ira de même de celui de Jean Castex si l'on y inclut ceux qui ont pu être élus pour la première fois aux législatives de 2017 sans avoir jamais été candidat auparavant.

Passer d'une profession à un ministère ou à un siège de député par le hasard de l'histoire, c'est ce qu'ont connu de très nombreux nouveaux élus et ministres proches d'Emmanuel Macron ou adhérents de son parti. Trois ans après l'élection du jeune président, de nouveaux convertis et élus sont déjà assez las ou déçus de la fonction. Certains se plaignent d'y avoir perdu en revenu ou salaire, d'autres de ne pas avoir le sentiment de peser ou d'exister politiquement et réduits à suivre le vote de leur groupe politique à l'Assemblée nationale ; et nombre d'entre eux regrettent d'avoir abandonné leur métier et ne pensent qu'à y retourner.

Pour autant, il en restera toujours qui auront été pris par la fièvre de la politique et ne viseront qu'à s'y installer. C'est le cas de Hugues Renson qui n'était pas complètement novice en politique, ayant servi dans le cabinet de Jacques Chirac à l'Élysée, mais qui avait trouvé une voie professionnelle dont il semblait se satisfaire : bon salaire, une vie de famille préservée, des soirées et week-ends entre amis jamais bousculés par un agenda politique toujours capricieux. Élu député en 2017 à l'issue de sa première campagne électorale, il a consenti à tous les sacrifices qu'exige l'exercice politique tant sa passion de la chose publique est réelle. Jusqu'au point de participer à la création d'un mouvement politique aux côtés de Barbara Pompili et Philippe Hardouin : En Commun. Incontestablement, il a été happé par le virus de la politique qui sommeillait en lui.

Il est également des élus pour qui l'engagement politique fut le fruit d'un hasard de leur carrière professionnelle ou un concours de circonstances. Ils ne sont pas devenus ministres et n'ont pas été appelés à la politique par une personnalité de premier plan, mais leur engagement n'en a pas pour autant moins de valeur. Souvent, leur premier contact avec la politique s'est fait au niveau local, en même temps qu'ils conduisaient une vie professionnelle à temps plein. Ils ne se sont pas engagés pour le pouvoir et le prestige mais souvent parce qu'on le leur a demandé.

« Est-ce que ça vous dirait de devenir député ? »

Laure de la Raudière, députée d'Eure-et-Loir de 2007 à 2021, a connu une carrière professionnelle avant d'exercer ses mandats. En caricaturant, on pourrait presque dire que c'est le téléphone qui l'a conduit au Palais Bourbon. Pas un appel téléphonique d'un ami élu, simplement le fait de faire la promotion de son entreprise de téléphonie dans sa région auprès des élus. Directrice départementale de France Télécom, elle connaissait tous les élus de son territoire comme son métier le lui imposait et elle est remarquée par le président UMP du conseil départemental, Albéric de Montgolfier. Il est de la même génération qu'elle, observe au travers d'échanges avec elle ses sympathies à droite et il lui propose un jour de partir au combat électoral face au député radical de gauche sortant : François Huwart. En 2007, le siège de François Huwart semble difficilement prenable, d'où la proposition à une nouvelle venue, ayant l'avantage de surcroît de féminiser un peu la liste des candidats UMP, d'y mener le combat. Et ce combat, elle l'emporte nettement, s'installant dans la vie politique puisque réélue en 2012 et 2017 bien qu'ayant pris ses distances avec Les Républicains pour rejoindre la majorité présidentielle.

Laure de la Raudière nous avoue que la décision d'entrer en 2007 dans un combat politique n'allait pas de soi. Elle était bien installée dans la vie professionnelle et épanouie dans sa vie familiale. La décision a dû être prise en famille. Elle connaissait très peu le milieu politique sauf dans des échanges purement professionnels ; et l'image qu'elle avait de la politique ne la poussait pas à se lancer corps et âme dans ce type de combat. Pourtant, elle nous confiera que ce qui la fit basculer est l'idée qu'en cas de refus de sa part de la proposition de l'UMP, elle ne pourrait plus se plaindre à l'avenir ni critiquer les élus. À ses yeux, elle se serait dérobée et n'aurait plus désormais de leçons ou de reproches à faire à ceux qui auraient eu le courage de s'y lancer. Car Laure de la Raudière fait montre d'une grande morale. Dès ce jour, elle a vu le regard des autres sur elle changer.

C'est une entrée fracassante en politique : à peine encartée à l'UMP, déjà élue députée. Les débuts à l'Assemblée nationale de Laure de la Raudière sont très révélateurs du décalage qui peut exister entre ceux qui viennent directement de l'univers professionnel et ceux qui sont installés en politique depuis de longues années. Elle nous expliquera :

> Lorsque je suis entrée à l'Assemblée en 2007, celle-ci était très peu renouvelée par rapport à la précédente. Les députés sortants et réélus m'expliquaient comment cela fonctionnait. Ils parlaient de tous les sujets sans savoir. Personnellement, en tant qu'ingénieure, j'étais surprise. À leur différence, ce n'était pas mon habitude de parler de sujets sans les connaître. Ils parlaient vraiment de tout. Du coup, j'ai décidé d'être une députée technique et me suis focalisée sur le numérique.

Au travers de cette déclaration, nous voyons bien que le premier mandat vous cantonne à un rôle secondaire. Et ce n'est qu'à partir de 2012, une fois réélue, que Laure de la Raudière a le sentiment de vraiment entrer en politique et de mieux en comprendre le fonctionnement. Avec cette fois une frustration pour elle, la gauche est revenue au pouvoir et la vie de député d'opposition n'est pas des plus palpitantes une fois qu'on a pris goût à la chose publique et qu'on veut pouvoir agir. En 2021, elle fera le choix de quitter la politique pour prendre la présidence de l'ARCEP, revenant ainsi à ses premières amours dans une fonction dont elle nous avait confié au cours de notre entretien en 2019 que c'était surement là où elle se voyait dans ses rêves futurs.

Ce récit laisse entendre que pour avoir du poids et influencer les décisions des députés, il faut non seulement être dans la majorité mais aussi, de surcroît, être dans un deuxième mandat ou avoir au moins déjà une certaine expérience de la vie politique. À partir de ce témoignage on comprend mieux la frustration et le désarroi des nouveaux députés d'En Marche. Avec 310 élus en 2017 à l'Assemblée nationale, on observe que plus de la moitié viennent de la société civile et n'ont jamais eu de mandats électifs. Au cours des trois années qui ont suivi, ce nombre est passé à 270, 40 députés du groupe EM ayant quitté leur famille d'élection, déçus par les orientations du gouvernement ou par leur propre rôle au sein du groupe jusque-là majoritaire. Peu d'entre eux avaient imaginé ce qu'était le rôle d'un député d'un groupe majoritaire dans une Ve République plus présidentialiste que parlementaire. Et peu d'entre eux étaient aguerris au fonctionnement du Parlement, aux jeux politiques et à l'influence relativement faible que chacun peut avoir sur le cours de la vie politique. Il ne suffit pas d'être un bon technicien d'une question pour peser dans les débats touchant à cette question, il faut aussi convaincre ses collègues, inscrire les réformes attendues dans un ensemble cohérent et souvent contraint par l'orientation générale du gouvernement.

Les techniciens venus en politique n'ont de poids en politique qu'à la condition que leur savoir soit accompagné d'une forte capacité à convaincre, une aura personnelle et une influence sur un tissu large de collègues et proches au sein du parti auquel ils appartiennent. Simone Veil comme Robert Badinter n'étaient pas seulement de bons spécialistes de leurs questions. Ils étaient aussi d'excellents orateurs et avaient la capacité d'entraîner, de créer une émulation collective et de pouvoir compter sur des bataillons de supporters. À l'inverse, l'échec est certain pour ceux qui, bons spécialistes de leurs questions, sont incapables de rallier à eux les membres de leur propre parti. Les exemples d'échecs sont nombreux, les plus patents de ces dernières années étant Francis Mer à l'Économie et aux Finances et à l'Industrie entre 2002 et 2004 dans le gouvernement de Jean-Pierre Raffarin, ou encore Claude Allègre, ministre de l'Éducation et de la Recherche dans le gouvernement de Lionel Jospin entre 1997 et 2000 ; sans parler de Françoise Nyssen, ministre de la Culture dans le gouvernement d'Édouard Philippe entre 2017 et 2018. Tous avaient d'excellentes connaissances de leur domaine mais ne possédaient pas les qualités qui permettent de convaincre. Chacun d'entre eux était parvenu à se mettre à dos ceux qui auraient dû être les plus sensibles à leurs discours, qu'ils s'agissent des industriels, des enseignants ou des intellectuels et gens du spectacle. Francis Mer et Claude Allègre étaient sans aucun doute trop sûrs d'eux et Françoise Nyssen pas assez. Leur passage en politique a été éphémère et leur a laissé le souvenir de moments douloureux.

On peut ainsi entrer par hasard en politique ; parce qu'on est choisi comme bon technicien d'un domaine, ou parce qu'un parti a besoin de votre profil ici ou là dans une circonscription ou toute autre entité électorale qui paraît *a priori* ingagnable. Mais y rester, se faire un nom, devenir un réel politique connu, et reconnu par ses collègues, est chose moins aisée. Nombreux sont les appelés, rares sont les élus.

Chapitre 5

Au nom des liens : famille et génération

Si la plupart des élus ne sont pas eux-mêmes des enfants d'élus, le récit de leur engagement commence souvent par un souvenir de famille ou par le sentiment bien ancré d'avoir une histoire personnelle ou familiale très liée à l'histoire du pays. S'engager au service de celui-ci est une forme de reconnaissance due. Souvent nous entendons des histoires tragiques de grands-parents déportés, de parents mobilisés et d'une mémoire très vivante dans la famille amenant le sujet politique dans les discussions du quotidien. Les souvenirs sont parfois moins tragiques mais portent en eux les mêmes germes d'un intérêt porté dès l'enfance pour la chose publique. Enfants de résistants, d'immigrés de l'après-guerre, d'élus, de militants gaullistes, socialistes et communistes, les entretiens que nous avons menés avec eux révèlent souvent une éducation imprégnée du goût de l'engagement public sous différentes formes. Ceux-là même sont aussi souvent les premiers à nous expliquer que leurs enfants se tiennent éloignés de la politique.

Souvent, nos entretiens démarrent par l'évocation de souvenirs d'enfance. Le père disparu en mer de Jean-Marie Le Pen, le grand-père déporté de Jean-François Copé, les parents militants à la Convention des institutions républicaines de Bernard Cazeneuve, le père communiste italien immigré de Jean-Louis Bianco, etc. Dans chacune de ces histoires on découvre une révolte, une culture ou simplement une sensibilisation au débat public et à la capacité qu'on peut avoir d'y prendre part pour changer les choses, les perpétuer ou avoir le sentiment de rendre à un pays ce qu'on estime être une part de son héritage personnel.

De ces histoires naissent aussi parfois des liens originaux entre hommes politiques. Jean-Marie Le Pen nous confiait un souvenir qu'il partageait avec Philippe Séguin où celui-ci, alors président de l'Assemblée nationale, s'était fendu à une occasion assez quelconque de le raccompagner jusqu'à la porte de sa voiture alors que rien ne l'y obligeait. Ceux qui les croisaient étaient alors médusés par la scène. Il s'agissait seulement d'un signe de fraternité entre pupilles de la Nation...

Dans la famille Le Pen...

S'il est une famille politique où l'engagement politique est intrinsèquement lié à l'histoire personnelle de ses protagonistes, c'est au Front national. Quand nous rencontrons Jean-Marie Le Pen en février 2019, il est évident à l'entendre que le fil rouge de son engagement politique naquit d'une blessure d'enfance – la mort de son père –, d'une expérience d'adolescent – le syndicalisme étudiant – et enfin d'une révolte de jeune adulte – la guerre d'Algérie. Il coche ainsi presque toutes les cases qui ont amené un grand nombre de jeunes de sa génération vers l'engagement politique. Ce rapport charnel qu'il s'est construit vis-à-vis de la politique, il ne fait aucun doute qu'il a souhaité le transmettre aux siens puisqu'il a fait de son nom un programme et de son programme son seul nom. Si les idées de la famille Le Pen ont évolué avec le temps, et pas seulement de manière intergénérationnelle, c'est grâce à ce patriarche qui a su recréer une filiation dans le camp de la droite nationale ou de l'extrême droite qui avait été totalement exclue de l'espace public et politique « conventionnel » à la fin de la guerre.

Bien qu'il fût une figure éternellement contestataire, Jean-Marie Le Pen a redonné à sa famille politique un accès régulier à l'ensemble du paysage médiatique à mesure qu'il s'installait dans le paysage politique. Dans cette construction d'un personnage politique viril et téméraire, la place de la famille était primordiale comme en attestent des images connues le mettant en scène en bon père de famille ayant une femme docile et une descendance assurée, même en l'absence de fils. Toute la carrière de Jean-Marie Le Pen fut jalonnée d'épisodes politico-familiaux ayant participé à l'édification de la marque Le Pen : l'attentat dans l'appartement familial, le départ de sa femme Pierrette, la volonté affichée de propulser sa femme Jany à la tête d'une liste européenne plutôt que son bras droit

Mégret, le sabordage involontaire de la candidature de Marie-Caroline en 1997 puis son départ chez Mégret, l'arrivée d'une nouvelle héritière aux commandes du parti en 2011 jusqu'à la rupture avec sa fille en 2015, etc.

Même si Marie-Caroline Le Pen disait en 1988 qu'il n'y avait pas de dynastie Le Pen alors qu'elle était déjà de toutes les élections auxquelles son père lui demandait de participer, l'Histoire nous a bien prouvé le contraire. Elle qui fut dix ans l'héritière désignée et qui donnait à la marque Le Pen un visage féminin et plus policé ne fut cependant pas celle qui succéda à son père en 2011. Elle choisit Mégret, son mari, et la disgrâce plutôt que la voie tracée du couronnement, promise à celle dont le nom, la position dans la fratrie – et le talent – lui assuraient une rente politique confortable et durable. C'est alors qu'apparaît Marine Le Pen, troisième du nom, que l'appareil du parti met en avant pour contrer la frange mégrétiste qui ose dire à haute voix que le Front national ne peut se confondre dans la seule famille Le Pen éternellement.

Dans cette tragédie familiale, la cadette nouvellement arrivée qui fait ses classes au service juridique et dans l'assemblée régionale du Nord-Pas-de-Calais avant de devoir courir les plateaux TV un soir d'avril 2002 assume bien plus que sa grande sœur le rôle qui est le sien : dépositaire d'un nom, d'une marque et d'une gouaille. Pleinement engagée au nom des siens, Marine émerge dans un Front national traumatisé par une rupture sanglante ayant abouti à une hémorragie de cadres et de cerveaux où tous les repères politiques et familiaux ont volé en éclats quand la fille choisit le félon mais que le gendre choisit le beau-père. Marine, dont toute l'enfance et l'adolescence furent encodées par le logiciel du Front national. Elle qui témoigne à 24 ans qu'être fille de Jean-Marie Le Pen lui a forcément forgé un certain caractère et qu'il eût fallu un certain cran pour refuser ce que son père appelait le sens du devoir quand vient le temps de l'engagement politique. C'est en effet ainsi que Jean-Marie Le Pen nous présente sa dynastie : « Comment dire aux jeunes de s'engager si mes propres enfants s'y refusent ? »

Ce discours qu'il a dû tenir à de nombreuses reprises à ses trois filles, c'est aussi à sa petite-fille, Marion Maréchal-Le Pen, qu'il l'a martelé quand celle-ci vient l'informer de son souhait de ne pas se représenter à la députation dans le Vaucluse. En 2019, il nous confesse ne toujours pas comprendre ce choix, signe qu'il ne trouve là aucune justification à ce que celles qui portent son nom et son héritage se refusent à le défendre autant qu'elles le peuvent. On comprend alors qu'il fut prêt à voir l'œuvre de sa vie partir en lambeaux par simple refus que la marque Front national ne puisse plus être la seule propriété de la famille Le Pen. Un choix répété à plusieurs reprises quand il nomme Marine à la vice-présidence du parti après un score pourtant très moyen à l'élection du comité central, signifiant une certaine défiance de la part des militants à son encontre. Un choix enfin dont l'accomplissement le plus total sera l'accession de sa fille à la tête du parti face à son vrai héritier politique et idéologique mais à qui il manquait un patronyme adéquat : Bruno Gollnish.

Tu seras fier de moi, Papa !

Martine Aubry a conservé le nom de son ex-mari, un brillant commissaire aux comptes chaleureux et drôle, avec qui elle fut mariée près de trente ans avant de convoler en secondes noces avec un avocat. Son parcours brillant en politique n'a rien à envier à celui de son père Jacques Delors. Ce dernier n'a rien fait de particulier pour participer à l'ascension de sa fille en politique. Il a participé à son éducation avec un certain nombre de valeurs et un niveau d'exigence très lourd pour l'enfant qu'elle était. Une enfant qui se réfugiait dans l'affection de sa mère et surtout de son frère qu'elle aimait tant et qui disparut si jeune en 1982, à l'âge de 29 ans. Tout cela peut expliquer le caractère souvent décrit durement de Martine Aubry. On néglige trop les blessures intimes qui ont accompagné la vie de cette femme cherchant toujours à être la meilleure et ne recevant de sa propre famille que peu de compliments, à l'exception de sa fille Clémentine.

Martine Aubry est la fille de Jacques Delors mais il n'est pas son modèle politique, même si elle partage avec lui un grand nombre de principes et une fibre européenne. Elle a du courage pour se lancer dans toutes les batailles, même les plus ardues, il n'en avait pas. Il est de bon ton de louer le père et de blâmer la fille ; on peut espérer que le temps rendra justice à l'ancienne première femme Première secrétaire du Parti socialiste. Il est vrai que le mot « première » sera une forme d'obsession de l'ancienne ministre ; sans doute transmise par son père. Un proche de la famille nous expliquera : « à chaque fois qu'elle rentrait de l'école fière d'un 18/20, Jacques Delors lui demandait pourquoi elle n'avait pas eu 20/20... » L'exigence est devenue sa religion ; ce qui nous fait comprendre pourquoi, soutenant Benoît Hamon dans les primaires socialistes, elle ne cessera de le surnommer « le petit Benoît » autant par affection que par affliction sur la légèreté du programme de ce dernier.

Après de brillantes études et l'ENA, Martine Aubry fera essentiellement du cabinet ministériel dans des gouvernements socialistes et retournera à l'administration et au Conseil d'État entre 1984 et 1989. Elle ne semble pas se destiner particulièrement à une fonction politique, choisissant alors de s'orienter vers l'entreprise où elle rejoint Jean Gandois, futur président du CNPF, chez Péchiney. Mais la politique la rattrape lorsqu'Édith Cresson la repère et décide de lui confier en 1991 le ministère du Travail, de l'Emploi et de la Formation professionnelle – portefeuille qu'elle conservera sous Pierre Bérégovoy jusqu'en 1993.

La fusée Aubry est lancée, elle s'investira totalement en politique aussi bien dans le combat électoral qui fit tant reculer son père, que dans l'élaboration des programmes du Parti socialiste jusqu'à trouver une vraie base dans sa ville de Lille avec laquelle elle n'avait pas d'attaches à l'origine. On pourrait presque dire qu'en matière politique c'est davantage Martine Aubry qui a donné la leçon à son père que le contraire.

La transmission politique a plus souvent été le fait de la droite que de la gauche.

Michel Debré a donné une Constitution à la France et deux fils à la politique : Bernard et surtout Jean-Louis qui fut ministre, président de l'Assemblée nationale et président du Conseil constitutionnel. Quoi de plus rassurant que la protection d'une Constitution que son propre père a produite ! Pour autant, baignant dans le milieu politique depuis son plus jeune âge, l'entrée dans la carrière de Jean-Louis Debré est assez tardive, ayant obtenu son premier mandat de député en 1986 à 42 ans, après avoir fait du cabinet ministériel et exercé dans la magistrature.

C'est presque au même âge (44 ans) que Louis Giscard d'Estaing est élu député du Puy-de-Dôme, entrant dans les pas de son père mais n'y restant que dix ans entre 2002 et 2012. S'il conserve aujourd'hui un mandat local à Chamalières dont il est maire, sa carrière nationale n'a pas eu l'éclat qu'il en attendait. Tout juste a-t-il pu conserver un ancrage territorial pour le nom de sa famille.

François Léotard, aujourd'hui retiré de la vie politique, a marqué son époque comme jeune loup de la droite giscardienne. Son investissement dans la politique tient avant tout de son ardent désir de venger l'honneur de son père, André Léotard, dont la responsabilité fut mise en cause dans la catastrophe du barrage de Malpasset en 1959 provoquant plus de 400 morts. François Léotard eut à cœur de sauver l'honneur bafoué de son père qui venait à peine d'être élu maire de Fréjus lors de ces inondations fatales et s'investit en politique devenant ministre, chef de parti et charismatique leader du Parti républicain de l'époque.

Renaud Donnedieu de Vabres, député puis ministre, s'est inscrit lui aussi dans la tradition familiale du service de l'État. Mais là où son père et oncle occupèrent des postes prestigieux de l'administration française, il fit le choix de la voie politique. Plusieurs fois ministre entre 2002 et 2007 et député d'Indre-et-Loire, il se retira de la politique pour se consacrer à sa passion : la culture.

Le quotidien *Le Monde* a comptabilisé 82 députés de l'Assemblée actuelle (soit 14 % de l'ensemble) ayant un membre de leur famille souvent proche engagé dans la politique.

La vague macroniste a amené à l'Assemblée deux jeunes députés aux patronymes bien connus de nos lecteurs les moins jeunes. Jean-Noël Barrot et Jacques Maire, respectivement fils de Jacques Barrot et d'Edmond Maire, inscrivent leur récent parcours politique dans une filiation idéologique assez forte avec leurs pères. Démocrate-chrétien pour l'un, social-démocrate pour l'autre, ils partagent comme leurs paternels une envie de faire avancer leurs idées à la recherche d'un large compromis que leur a offert l'aventure initiée par Emmanuel Macron. Ils se retrouvent aujourd'hui sur les bancs d'une même majorité en incarnant presque à la perfection la matrice du macronisme : une filiation rocardienne, une filiation démocrate-chrétienne, un engagement européen et une approche qu'ils veulent pragmatique pour concilier les parcours différents de chacun. On retrouve un mélange d'idées qui se marient très bien ensemble et dont la revue *Esprit* reflétait les préoccupations et les orientations morales et philosophiques. Emmanuel Macron n'a pas été l'assistant de Paul Ricœur pour rien !

Sans passer par l'élection, certains ont accédé à des fonctions ministérielles. Ainsi en va-t-il d'Agnès Buzyn, ex-belle-fille de Simone Veil, comme d'Emmanuelle Wargon dont le patronyme ne laisse pas supposer qu'elle est la fille de Lionel Stoléru (1937-2016) qui fut secrétaire d'État à divers postes dans les gouvernements de Jacques Chirac, Raymond Barre mais aussi Michel Rocard. « Et de droite et de gauche », ce « en même temps » dont Lionel Stoléru fut finalement précurseur bien avant qu'Emmanuel Macron en fasse son tempo. Ministre du Logement dans le gouvernement de Jean Castex, Emmanuelle Wargon n'a sans doute pas encore réellement choisi pour son avenir entre la carrière politique et le retour en entreprise.

Quand la génération amène à la politique

S'engager au nom des siens n'est pas toujours un engagement hérité d'une histoire familiale forte. C'est aussi un engagement, fruit d'une génération marquée par un événement fondateur. Ces événements qui font l'Histoire font aussi vivre la politique. Ils amènent à elle ses protagonistes, structurent le débat politique pour plusieurs années et crantent dans l'opinion des éléments capables de renouveler la perception que les électeurs peuvent avoir de leurs élus. Ils portent aussi en eux une exigence à l'adresse des hommes et femmes politiques, celle d'inclure dans leurs discours, leurs actes et leurs idées un positionnement vis-à-vis des mutations ou des crises qu'ils engendrent. Depuis la fin de la guerre, ces événements d'ampleur, à commencer par la Résistance puis la guerre d'Algérie, ont irrigué notre classe politique de nouveaux arrivants bercés de luttes partagées ensemble, aboutissant sur un engagement politique soumis à la sanction des urnes et constituant génération après génération la nouvelle vitrine de différents partis politiques.

La IVe République déjà est un régime dans lequel toutes les formations se réclamant d'une filiation résistante ont irrigué les Assemblées. Elle a d'ailleurs porté un fort discrédit à la nébuleuse des droites s'étant acoquinées avec le régime de Vichy. Seuls le MRP résistant et les Indépendants et paysans parviennent à faire vivre une sensibilité qu'on situerait à droite bien que le mot ne fût que peu employé.

Quand vient la nouvelle république gaulliste, le retour des compagnons du Général s'étant tenu à distance de la IVe est important ; et c'est là la première vraie génération politique de cette nouvelle République. Elle se nourrit également de la génération de la guerre d'Algérie dont Pierre Joxe pour la gauche ou Jacques Chirac pour la droite furent des émanations.

Puis on dira que les événements de Mai 68 ont permis à la gauche de reprendre attache avec une partie importante de la population alors que l'union faite autour de François Mitterrand en 1965 n'avait pas duré. Après avoir été battus sévèrement aux législatives de 1968 et à la présidentielle de 1969, les socialistes connaissent leur première mue au congrès d'Alfortville (1969) qui précède celui d'Épinay en 1971 et cette évolution révèle que l'agitation de Mai 68 a réveillé ceux qui rêvaient de voir la gauche accéder à nouveau aux responsabilités. Si les leaders syndicaux de 1968 n'ont pas rejoint le nouveau Parti socialiste, il est certain que ces événements ont montré qu'il était encore possible de remettre en cause le système et l'ordre politique établi, et que les luttes sociales avaient un sens avec la signature des accords de Grenelle.

Dans les décennies suivantes, François Mitterrand fut assez habile pour parvenir à opérer un syncrétisme entre les mouvements sociaux et spontanés naissant à l'occasion de faits divers ou politiques et l'appareil socialiste entièrement dévolu à sa cause. L'exemple de l'opposition à la loi Devaquet de 1986 est très éloquent. D'un côté, des leaders étudiants, autoproclamés apolitiques, ont émergé à cette occasion comme David Assouline ou Isabelle Thomas. Ils sont rejoints rapidement par des visages connus de l'extrême gauche comme Julien Dray ou Jean-Christophe Cambadélis. Ensemble, ils mordront assez facilement à l'hameçon de François Mitterrand. Très habile, sa gestion de l'affaire Malik Oussekine, jeune militant décédé lors d'émeutes, tout comme l'arrimage de SOS Racisme à sa cause en 1988 montre le génie de François Mitterrand et son sens générationnel. Tout cela permettra à celui que l'on surnomme « le Florentin » et au Parti socialiste de compter sur une nouvelle génération de cadres choisissant l'action politique plutôt que l'action syndicale et mettant à son service toute l'expertise acquise dans les milieux révolutionnaires, étudiants et syndicaux. Plus tard, une nouvelle génération rejoindra les rangs du Parti socialiste à la suite du mouvement contre le CPE en 2006 sous le gouvernement de Dominique de Villepin. Après s'être défendu de toute instrumentalisation par un parti politique, Bruno Julliard, le leader de l'UNEF de l'époque, exercera son premier mandat sous l'étiquette PS en 2008 avant de devenir premier adjoint à la maire de Paris en 2014. Les liens forts, bien que souvent démentis, entre le Parti socialiste et le milieu syndical étudiant, lui ont assuré jusqu'en 2012 voire 2014 un certain lien avec la jeunesse engagée. La rupture ne fut que plus brutale.

La droite aussi a connu des phénomènes similaires. Engagés à l'extrême droite chez Occident, les Gérard Longuet, Alain Madelin et consorts ont su se muer en politiques policés aux avant-postes de l'UDF, plus que du RPR. Ils empruntent le même chemin que les trotskystes débarqués au PS après des années d'agitprop. Plus récemment, on a vu l'UMP de Jean-François Copé tenter d'opérer un tournant résolument conservateur en épousant, plus que de raison, les mouvements contre le mariage pour tous de 2013 et 2014, y voyant là une manne de jeunes qui ne s'étaient jamais engagés en politique et qui n'avaient pas connu le dernier grand mouvement social de droite : l'opposition à la loi Savary. Cette tentative fut un échec dans l'immédiat mais elle participa sûrement à la victoire de François Fillon dans la primaire de droite de 2016. Ce dernier devint le héros d'une droite néo-conservatrice qui lui apporta de précieux suffrages dans des zones d'influence historique telles que l'Ouest catholique ou le bassin lyonnais mais pour autant ne vint pas rejoindre de manière formelle les rangs du parti Les Républicains.

Si l'on devait dire les choses plus frontalement, on pourrait dire que les partis politiques pendant plusieurs décennies étaient à l'image de leur époque et pouvaient ainsi accueillir en leur sein tous ceux qui y voyaient là un outil puissant pour s'insérer dans la vie publique, au nom de son histoire ou de sa génération.

Chapitre 6

Se hisser au sommet

Même si le nombre de passionnés de politique est en diminution, la politique en France continue d'en avoir suffisamment pour conduire des débats riches en arguments et, le plus souvent, vifs dans la forme. La politique reste un sport national. Avec près de 620 000 élus dont 536 000 élus municipaux, la France compte 1 mandat électif pour 104 habitants et 1 électeur sur 100 est conseiller municipal. Un record quand on sait que l'Irlande compte 1 élu pour 2 300 habitants, la Grande-Bretagne 1 pour 2 600 et que le taux de représentation des parlementaires en France est plus de quatre fois supérieur à celui des États-Unis. Il est vrai que nombre de conseillers municipaux n'ont pas une étiquette politique marquée ; mais toutes ces données tendent à manifester l'intérêt pour la chose publique de nos concitoyens. En France, le pouvoir, qu'il soit municipal, départemental, régional ou national, continue de fasciner. Car, à ses élus, il faut bien sûr ajouter le nombre de candidats qui les ont affrontés et n'ont pas eu la chance de sortir vainqueur des urnes.

Le local au cœur

Beaucoup se sont engagés en politique sans avoir pour visée d'entrer au gouvernement ou à l'Assemblée nationale. La vie politique commence pour la plupart par l'implication dans la gestion de sa commune. Et, parmi tous les élus rencontrés dans l'enquête de cet ouvrage, c'est le pouvoir local qui ressort le plus souvent de nos entretiens comme l'endroit du plus bel épanouissement de celui qui s'engage en politique. Pierre Bédier, François Cornut-Gentille, Jean-François Copé, Noëlle Lenoir, Jean Arthuis, Édith Cresson ou encore Bernard Cazeneuve ont tous été députés, présidents de collectivités territoriales, ministres voire Premiers ministres mais leur engagement politique fut toujours le fruit d'une première élection dans ce qui deviendra souvent leur fief électoral et parfois même leur camp de retranchement servant à laisser passer des périodes d'alternance peu favorables. Élus pendant dix, vingt, voire trente ans dans ces exécutifs locaux, c'est là qu'ils témoignent de leur pouvoir réel sur la vie des citoyens et la manière dont ils peuvent la transformer.

Les récits les plus poignants que les élus nous racontent pour illustrer leur engagement et la satisfaction qu'ils en tirent sont très souvent des histoires locales et personnelles, à l'exception notable du témoignage de Bernard Cazeneuve sur ses années au ministère de l'Intérieur dans la période sombre des attentats de 2015.

Ils semblent souvent identifier plus précisément ce qu'est le pouvoir dans les concrétisations quotidiennes qu'apporte un mandat local. L'attachement pérenne de ces élus à ces territoires, dont ils ne sont pas toujours natifs, en est une illustration importante. Des parachutés ? Bernard Cazeneuve, natif de l'Oise et maire d'Octeville puis de Cherbourg-Octeville pendant quinze ans, préfère souligner que la sincérité d'un engagement ne se mesure pas au seul critère du lieu de naissance. Il aura construit toute sa vie politique dans un territoire dont il ne connaissait rien en y arrivant, « surpris que la pluie normande puisse tomber à l'horizontale » quand il y descendit du train pour la première fois. Et il fut un temps, celui d'avant le non-cumul des mandats, où il était incongru de chercher un siège de député sans avoir une assise locale. Se souvient-on que même Laurent Fabius, pourtant davantage familier de la place du Panthéon et du Ve arrondissement de Paris que du bocage normand, a été maire du Grand-Quevilly en Seine-Maritime.

D'abord s'implanter localement puis s'imposer nationalement ; c'est la voie naturelle avant le début des années 2000. En dehors du général de Gaulle et de Georges Pompidou qui y ont échappé compte tenu de leur parcours construit sur l'histoire du pays, aucun président de la République n'y a ensuite échappé. Valéry Giscard d'Estaing ne manquait jamais de mettre en avant des racines auvergnates et une implantation dans sa ville de Chamalières. François Mitterrand avait choisi Château-Chinon dans la Nièvre où on ne lui connaissait pas de réelles attaches mais qui fut son refuge de 1959 à 1981 et où il se rendait voter à chaque scrutin. L'image de Jacques Chirac est définitivement associée à la fois à Paris qui lui donna ses vraies lettres de noblesse politique et lui servit de repli royal lors des défaites aux scrutins nationaux, et à la Corrèze qui lui permit de se donner un ancrage plus populaire et traditionnel en y occupant un siège de député. Qui ne sourirait pas aujourd'hui à l'idée qu'on puisse être maire de Paris et député de Corrèze en même temps ? Voire maire d'Amboise et député de La Réunion comme le fut Michel Debré ? Pour tous ces élus et comme nous le disait Bernard Cazeneuve, l'importance n'était pas dans la pureté d'une filiation territoriale qui justifierait l'exercice de tel ou tel mandat mais dans l'investissement qu'on choisit de mettre au service du territoire où vous avez un jour posé vos valises, quelles que soient les raisons qui vous y aient conduit.

Il ne fait pas de doute que l'ambition de Nicolas Sarkozy a toujours été très vive et dès son plus jeune âge. Élu conseiller municipal de Neuilly-sur-Seine à l'âge de 22 ans puis maire à 28 ans à la barbe de Charles Pasqua, le futur président de la République, par cette prouesse de jeunesse, manifestait toutes ses dispositions à devenir un jour un personnage national. Et François Hollande, encouragé par René Teulade, son vieil ami corrézien, ne résista pas à trouver un point d'appui à Tulle qu'il apprit à connaître en même temps qu'à la conquérir et y resta attaché. Une fois de plus, sur ce plan, Emmanuel Macron se distingue. Ses attaches sont à

Amiens, son affection au Touquet-Paris-Plage, mais son ambition politique ne s'est révélée qu'une fois parvenu dans les allées du pouvoir lorsqu'il était encore secrétaire général adjoint de l'Élysée sous François Hollande. Et tout s'accéléra trop vite pour lui donner le temps d'une implantation locale. Fut brièvement évoquée sa recherche d'une circonscription d'attache en cas d'échec à la présidentielle de 2017, mais cette question n'eut pas besoin d'être tranchée, au moins publiquement.

Certes, il serait facile de s'imaginer que tous ces grands hommes ont davantage utilisé leur assise locale pour ce qu'elle pouvait leur donner en matière d'image de proximité aux citoyens en y installant à la fois leur base arrière et leur tremplin national. Mais le raisonnement ne tient pas tant aucun d'entre eux, une fois élu président, ne s'est réellement détourné de ces communes qui les avaient accueillis. Ils auraient pu s'en détacher définitivement mais, même après leur défaite ou renoncement au pouvoir, ils y sont retournés comme attachés au berceau de leur élection. Le mandat local tel que chacun de nos interlocuteurs nous l'a décrit ne peut se faire sans l'affect tout particulier qu'il développe entre un élu et « son » territoire. Il n'y a qu'à voir les circonstances du retour d'Édouard Philippe au Havre et la sérénité qu'on lit sur son visage depuis lors pour comprendre la nature du lien qui peut unir un élu et « son » territoire.

En s'engageant en politique, on peut rêver des plus hautes sphères et se rendre compte que la gestion d'une commune est finalement ce qu'il y a plus de satisfaisant. C'est le cas de nombreux interviewés. Non qu'ils se replient sur le local car empêchés de grimper les échelons du national, mais tout simplement parce que le mandat local est celui dans lequel l'élu peut encore avoir la maîtrise du temps et de l'exécution de ses idées et de ses projets.

« J'aime rendre service »

Pierre Bédier, longtemps maire de Mantes-la-Jolie et toujours conseiller municipal de cette ville, est sans doute celui qui nous a le mieux caractérisé la satisfaction à gérer une municipalité :

> À l'origine, lorsque j'étais étudiant à Sciences Po, je rêvais de faire de la politique pour devenir député voire ministre. J'étais issu d'une famille bourgeoise de Poissy. Je me suis présenté aux élections législatives de 1993 où j'ai été élu député de la 8e circonscription des Yvelines. Pour assurer mon implantation, je me suis lancé en 1995 à la conquête de la mairie de Mantes-la-Jolie et j'ai été élu maire. Et là un déclic s'est passé. Autant je n'aimais pas mon rôle en tant que député, autant je me suis passionné pour ma ville et ce que l'on pouvait y faire. Il y avait une grande pauvreté et de nombreux travaux à entreprendre pour aider et accompagner la population locale. Plus tard, lorsqu'il m'a été proposé de devenir ministre de la Ville j'ai refusé, préférant me consacrer à Mantes. En tant que maire, on a le pouvoir de Faire et à mes yeux c'est cela le vrai pouvoir : Faire. On lance des projets que l'on voit réalisés, on est là pour aider et

conseiller les habitants qui viennent vous voir souvent pour des questions personnelles. C'est notre rôle en tant que maire. Et je me suis aperçu que ce que j'aimais avant tout c'était de m'occuper des autres, d'essayer de les aider, d'avoir un contact direct avec les citoyens. C'est bien plus intéressant que les honneurs que l'on peut recevoir dans les allées du pouvoir, dans les ministères.

Le témoignage de Pierre Bédier est sincère, émouvant et donne à la politique ses lettres de noblesse. Alors qu'il nous raccompagne dans la rue, un homme proche de la quarantaine lui lance un « Bonjour, Monsieur le maire, vous allez bien ? » et le maire de nous dire : « Lui je l'ai connu, il avait 15 ans à l'époque, il vient parfois me demander conseil. » Et nous comprenons toute la satisfaction que peut procurer un mandat local, ce mandat qui ne semble jamais décevoir un engagement politique. Jean Arthuis à Château-Gontier (quarante ans de mandat), Édith Cresson à Châtellerault, Bernard Cazeneuve à Cherbourg, Hervé Mariton à Crest, Xavier Darcos à Périgueux, François Cornut-Gentille à Saint-Dizier et tant d'autres parmi nos interlocuteurs ont manifesté un enthousiasme réel dès que les échanges portaient sur l'engagement municipal. Sans chercher à nous convaincre, tous nous ont amenés à penser que cela avait été une vraie erreur de ne pas autoriser le cumul d'un mandat de maire et d'élu national. Nos députés apparaissent aujourd'hui davantage hors-sol, coupés des réalités citoyennes.

Ceux qui ont eu la chance d'être maire et de devenir un jour député n'ont pas d'hésitation à se prononcer : le pouvoir et l'exercice du pouvoir leur ont paru bien plus réels dans leur commune qu'à la Chambre des députés. Opposant acharné ou émissaire du gouvernement, l'Assemblée fait peu de place à ceux qui souhaitent en faire un espace de singularité qui pourrait être synonyme de pouvoir. Du moins, c'est le cas pour ceux caressant des ambitions plus grandes que le mandat de député. Ceux qui ont choisi leur mairie aux dépens de leur écharpe de député le regrettent peu, comme nous l'explique Jean-François Copé, bien plus heureux à la tête de sa « petite France » qu'est Meaux plutôt que sur les bancs de l'opposition à Emmanuel Macron.

Du local vers l'intérêt général

François Cornut-Gentille est un cas intéressant. Maire de Saint-Dizier qu'il a largement transformé entre 1995 et 2017, le député de la 2e circonscription de la Haute-Marne a dû choisir entre son mandat de maire et celui de député du fait du non-cumul. Tout en gardant un œil sur sa ville, il a opté pour l'Assemblée nationale mais avec une idée : redonner à la politique en général et au Parlement en particulier ses lettres de noblesse en remettant au goût du jour ce qui à ses yeux semble être oublié par les élus : l'intérêt général. Car comme il l'énonce :

> La politique c'est l'intérêt général. Et l'intérêt général est contraire à tous les intérêts particuliers. Or, la politique s'est rétrécie, elle ne sort plus les élus de leur catégorie professionnelle pour les amener à une vision large de la société. Les politiques doivent être des spécialistes du général, doivent avoir une curiosité vis-à-vis de tous les sujets du monde d'aujourd'hui ; ils doivent retrouver l'universalisme.

Une vision qui contraste fortement avec le constat que l'on a pu faire dans les chapitres précédents sur ces nouveaux députés venant servir un sujet unique ou un domaine restreint sans jamais chercher à s'ouvrir.

L'attrait du pouvoir, qu'il soit local ou national, doit être motivé par la recherche de l'intérêt général. C'est ce que vient nous rappeler François Cornut-Gentille et qui a poussé de nombreux politiques à s'engager. Philippe Séguin, qui fut le mentor de notre député, avait en permanence le souci de répondre au plus grand nombre ; et bien au-delà d'Épinal dont il fut le premier magistrat. Il portait haut les valeurs du service public qu'il s'agisse de l'école, de la santé, de la sécurité, des transports et bien d'autres choses car ces valeurs lui semblaient les plus représentatives de ce à quoi doit s'attacher un politique. Il n'était pas le seul dans cette génération quelle que soit l'étiquette. À côté de lui, on trouvait de nombreux communistes, socialistes, centristes, gaullistes et même quelques libéraux. Ces derniers sont plus rares dans ce groupe car leur culture est davantage nourrie de la somme des intérêts particuliers plutôt que de l'intérêt général.

Aller vers l'autre pour se hisser au sommet

Il reste bien sûr des femmes et des hommes engagés au nom de l'intérêt général et pour le servir sans passer par le local. Fabien Roussel, secrétaire national du Parti communiste français, débutera notre entretien en faisant le constat que « le vivre-ensemble se perd, le chacun pour soi domine ». Son engagement, il en trouve le fondement dans sa quête de la fraternité, sa recherche du bien commun. Il est entré en politique « fasciné par le combat contre l'apartheid mené par Nelson Mandela, qui revenait à un combat pour la fraternité ». C'est au Parti communiste qu'à l'époque, alors qu'il était encore lycéen, il a trouvé le meilleur écho à ses attentes. Il faut dire que nous sommes en 1985 et, cela a été oublié, Nelson Mandela est prisonnier en son pays et encore sur la liste des terroristes... aux États-Unis, tandis que la France continue de vendre des armes à Pieter Botha, Premier ministre puis président de la République d'Afrique du Sud. On sent parfaitement bien au travers de nos échanges avec Fabien Roussel que la recherche de l'intérêt général a été davantage son combat que la défense de l'idéologie communiste de son parti.

Xavier Darcos, aujourd'hui chancelier de l'Institut de France, ancien maire de Périgueux, sénateur, plusieurs fois ministre dans des gouvernements de droite UMP, ne dit pas autre chose : « Pour faire de la politique, il faut avant tout aimer les gens, vouloir les servir. » Tout comme son ancien collègue communiste, il déplore l'évolution de la politique qui désormais « le fatigue ». « Pour faire des propositions, il faut les penser, les mettre en interaction avec la ligne générale, et cela prend du temps. Or, aujourd'hui, en politique on est condamné à réagir dans l'instant, à aboyer. L'essentiel semble être à présent de dire quelque chose dans l'instant. » Le chancelier aime trop la vie et la réflexion pour supporter cette évolution et a préféré se tourner vers un des temples de la pensée : l'Académie. Il n'est jamais resté totalement à l'écart du débat public, le suivant par l'intermédiaire de son épouse, Laure Darcos, sénatrice de l'Essonne.

Il serait injuste de laisser penser que le pouvoir au nom de la défense de l'intérêt général n'est le fait que de rares élus. Nous avons pu en rencontrer dans tous les partis politiques et nous ne pouvons tous les citer. Mais que Boris Vallaud pour le Parti socialiste ou Pierre Person pour En Marche sachent que leurs longs développements sur l'intérêt général nous ont convaincus que leur engagement n'était pas d'opportunité mais de conviction.

La passion du pouvoir sans réellement le vouloir : le cas Jean-Marie Le Pen

Jean-Marie Le Pen, comme nous l'avons vu, est avant tout un idéologue. Il a le goût des idées, surtout les plus à droite et les plus provocatrices possibles mais ses scores nous ont invités à essayer de comprendre quels étaient sa vision et son goût du pouvoir au cours de l'entretien qu'il nous a accordé. Il n'a jamais vraiment exercé le pouvoir, ni local ni national. Pourtant, du pouvoir il en avait et la politique il l'aimait. Jean-Marie Le Pen fait partie de ceux qui n'ont jamais vraiment aspiré à exercer le pouvoir au sens que d'autres l'entendent mais il n'a jamais renoncé à porter ses idées dans le débat public. Pourquoi s'est-il engagé en politique ? « J'en voulais aux gouvernements, j'en voulais à la politique. »

Passé par l'UNEF et éditorialiste d'un « canard » militaire pendant son déploiement en Indochine, Jean-Marie Le Pen a toutes les raisons de s'engager pour son pays une fois rentré en France. Très tôt, il mesure l'importance du message politique mais surtout de la manière dont il est délivré. À Pierre Poujade, il demandera trois choses quand celui-ci le sollicite pour qu'il le rallie : « Qu'a-t-il à dire ? Qui l'écoute dans ses meetings ? Et comment y est-il accueilli ? » Pour se faire un avis, il se rend avec ses compères à un meeting de Poujade à Blois, accompagnés « de nos petites copines de l'époque pour avoir un avis féminin en plus du nôtre ». L'importance du verbe et l'art oratoire seront des marqueurs importants de la carrière politique de Jean-Marie Le Pen.

Élu avec le soutien de Pierre Poujade et de son Union de défense des commerçants et artisans, c'est donc à l'Assemblée nationale, dans la vacillante IVe République, que la carrière politique de Jean-Marie Le Pen démarre. Porte-parole d'un groupe parlementaire de 53 députés, il s'exerce à la verve politique en ouverture des meetings de Pierre Poujade et même face à François Mitterrand à Nevers ou encore Edgar Faure. Pierre Poujade ne peut pas être candidat à une élection nationale selon les statuts de l'UDCA, il dispose pourtant d'un mouvement rassemblant des centaines de milliers de Français, publiant un journal tiré à 400 000 exemplaires.

À nouveau élu député du Quartier latin en 1958, Le Pen est rapporteur du budget de la guerre. Sans mandat en 1962, et sans métier lucratif, il se lance dans une brève carrière d'éditeur sonore à La Serpe puis dans la publicité chez *Minute* et *Valeurs actuelles*. Ces passages lui vaudront des procès plus tard dans sa carrière mais il n'aime pas évoquer ces sujets qui sont sûrement futiles par rapport à son engagement politique. « Dieu merci, j'ai une carapace de crocodile, la justice ruisselle sur mes écailles », nous avouera-t-il.

Inscrit en doctorat en sciences politiques à la fin des années 1960, il travaille sur l'histoire de l'anarchisme de 1945 à nos jours. Et ce choix n'est pas un hasard tant Jean-Marie Le Pen prône l'ordre en semblant fasciné par le désordre, milieu dans lequel il trouve plus facilement sa place. Son étude du sujet l'emmènera dans les réseaux anarchistes de son époque où il rencontre un leader anarchiste de l'époque, Louis Lecoin, fondateur de l'Union pacifiste de France. Et il est intéressant que celui qui semble en recherche du pouvoir, et d'un pouvoir fort, se plaît à nous décrire sa grande affection pour un homme qui contestait tout pouvoir. Au fond, l'un comme l'autre aiment « à mettre le bordel » dans la République et les institutions. Le goût de l'agitation et de la déstabilisation des gouvernants en place semble être une des motivations de l'engagement de l'ancien leader du Front national.

On ne peut pas non plus dissocier l'engagement de Jean-Marie Le Pen en politique de la double frustration ressentie, tout d'abord auprès de Pierre Poujade puis de Jean-Louis Tixier-Vignancourt. Aux deux, il reproche ce que beaucoup parmi les siens, y compris sa fille, reprocheront à Jean-Marie Le Pen plus tard dans sa carrière : ils n'ont pas la rage de vaincre, l'envie d'exercer le pouvoir et donc d'aller au bout de leur engagement politique. Contrairement à Pierre Poujade, Jean-Louis Tixier-Vignancourt s'est bien présenté à l'élection présidentielle, sous la pression de Jean-Marie Le Pen qui en était « l'initiateur et le grand organisateur de la campagne ». Il en garde d'ailleurs un souvenir physique oculaire qui participera à l'édification de son personnage médiatique. Cependant, Le Pen rompra avec Tixier-Vignancourt quand celui-ci ira négocier avec Lecanuet cinq investitures pour ses compagnons. Il confesse aujourd'hui qu'il aurait dû se présenter à la place de Tixier et que cette nouvelle déconvenue sera le début de l'aventure du Front national, ce « grand parti national qui manque à la politique française ». Après cette déconvenue avec Tixier qui succède à celle connue avec celle de Poujade, Jean-Marie Le Pen devient donc le leader d'un mouvement politique assez hétérogène.

À la question posée de savoir s'il y a eu une quelconque frustration à avoir été un éternel opposant sans jamais pouvoir appliquer son programme à la tête d'un exécutif, Le Pen répond qu'il n'a jamais éprouvé tel sentiment, qu'« il n'a jamais souffert de ne pas être au pouvoir » :

> J'avais le sentiment de remplir une mission, éclaireur de pointe plutôt que colonel d'état-major. Je n'ai jamais eu l'envie irrépressible d'être ministre ou secrétaire d'État. J'ai connu beaucoup de gens qui l'ont été et que je ne prenais pas pour des phénix. Ma mission était beaucoup plus importante que le pouvoir, des ministres il y en avait par dizaines, des opposants de ma dimension il y en avait peu.

Tout est dit dans cette phrase où l'existence politique, la visibilité et la notoriété ont plus joué pour lui que l'attrait d'un maroquin ministériel.

C'est davantage la fonction tribunitienne de la politique que le pouvoir lui-même qui intéresse Jean-Marie Le Pen et le motive dans son engagement.

Les sommets du pouvoir comme objet de fascination

Il est une catégorie dont l'engagement est souvent le plus décrié parmi les politiques : ceux dont les idées sont vagues, dont la passion pour l'intérêt général n'est pas probante, qui n'ont pas réellement d'idoles en politique ni de compétences particulières dans un domaine, mais dont la seule motivation est « le désir de pouvoir », la reconnaissance de la fonction et l'attrait des honneurs et de la République. Ils ont souvent œuvré comme collaborateurs de cabinets ministériels ou d'élus et se sont projetés à la place de ceux qu'ils servaient. Cet « opportunisme du pouvoir » ne leur retire aucune qualité personnelle, ni aucune réussite. Mais ce sont moins les idées ou la loyauté à un parti ou à un responsable politique qui les ont conduits là où ils sont. La loyauté leur est étrangère, seul le goût du pouvoir les anime. Deux exemples sur le sujet.

Lorsque l'on retrace la biographie de Delphine Batho, on ne peut être qu'impressionné par son parcours politique. En résumé : leader d'un mouvement lycéen, vice-présidente de SOS Racisme, collaboratrice politique, militante socialiste gravissant tous les échelons jusqu'au bureau national du Parti, députée, ministre, à nouveau députée ; elle n'a aucun autre métier que le militantisme et la politique. Éconduite du gouvernement de Jean-Marc Ayrault, elle se range dans le camp des 39 députés frondeurs du Parti socialiste, ne parvient pas à devenir Première secrétaire du PS en 2018 et, de fait, quitte le parti auquel elle doit tout pour prendre la présidence de Génération écologie puis la vice-présidence d'un nouveau groupe éphémère à l'Assemblée : Écologie, démocratie et solidarité. Le pouvoir à tout prix. Pour autant, lorsque l'on se penche sur ses idées développées dans son livre publié en 2014, *Insoumise*, l'étonnement nous vient de ses idées qui sont un mélange de bons sentiments et d'un catéchisme de gauche assez classique. Personne ne peut nier que sa combativité pour le pouvoir est extraordinaire, personne ne peut non plus contester sa légitimité à être une élue de la République mais qui peut énoncer sa spécificité politique par rapport à nombre de ses collègues ? Rien dans ses écrits et interventions ne témoigne d'idées originales qui expliqueraient son parcours enviable. Seuls sa détermination et son goût du pouvoir l'expliquent.

Au moins, si Delphine Batho semble avoir essentiellement le pouvoir pour moteur, elle a su rester sur une ligne de gauche et écologiste dont les frontières sont très perméables. Ce n'est pas le cas de tous les « accros du pouvoir ». Olivier Stirn, dont les moins de 50 ans ignorent le nom, a occupé des fonctions politiques élevées et de multiples mandats (conseiller général, maire, député, plusieurs fois ministre) entre 1968 et 2001 – soit trente-trois ans ! – sous de multiples étiquettes qui donnent le tournis. Il a pu être secrétaire d'État ou ministre, à la fois dans les gouvernements de Pierre Messmer sous Georges Pompidou, de Jacques Chirac et Raymond Barre sous Valéry Giscard d'Estaing et de Michel Rocard sous François Mitterrand. Il a navigué au sein de la droite entre l'UDF et le RPR avant de rejoindre durant sept ans le Parti socialiste puis, finalement, de revenir à droite avec l'UMP. Le pouvoir était son moteur central sans s'encombrer de doctrines politiques. Bon orateur, ce caméléon des idées parvenait à vous convaincre de la logique de son dernier engagement avec lequel il pouvait couper quelques mois plus tard. Le paradoxe est qu'il a bénéficié d'une visibilité médiatique forte durant ses mandats et, qu'à la fin du jour, son frère Bernard tout comme son père Alexandre, qui furent de grands magistrats, laisseront davantage de traces dans l'histoire. Mais nul ne doute qu'Olivier Stirn est davantage un personnage de roman qu'un responsable politique pouvant faire référence.

Il reste que, depuis le début de ce siècle, la « désidéologisation » des grands partis de gouvernement a encouragé la naissance de deux phénomènes : la radicalité de certains mouvements politiques qui n'ont jamais participé à un gouvernement et la démultiplication de nouveaux élus dont les idées sont fluctuantes et parfois simplement motivées par le seul attrait du pouvoir. En 2012 puis en 2017, de jeunes élus sont arrivés à l'Assemblée, au Sénat, parfois même au gouvernement sans avoir exercé d'autres fonctions professionnelles que celles de collaborateurs d'élus. Ceux-là sont passionnés par la politique, ils aiment les campagnes électorales, maîtrisent la communication politique et ont appris la technique législative auprès de différents mentors. Peut-être plus passionnés par les jeux et tactiques politiques que par la concurrence idéologique, ces jeunes élus sont une espèce nouvelle dans le paysage politique depuis une décennie. L'attrait du pouvoir reste leur moteur central.

Chapitre 7

De la technique à la pratique : les technocrates en politique

Il est de bon ton de dénoncer ceux que l'on appelle les « technocrates », dénomination qui renvoie l'image d'acteurs froids, rigides, qui déroulent des règles et règlements multiples sans tenir compte des aspects humains. Ce sont avant tout des experts du droit, de la finance, de la science et de bien d'autres domaines mais dont les connaissances et la science semblent souvent prévaloir sur le bon sens et l'intérêt général. Ils sont la cible régulière de campagnes de dénigrement tant leur langage technique vient heurter le langage courant. De surcroît, se cache derrière ce terme de « technocrate » une sorte d'anonymat qui laisse penser à une caste œuvrant dans l'ombre contre la volonté des citoyens. Le pire de tous restant le « technocrate de Bruxelles » qui pourrait bien, aux yeux du public, cacher un Européen autre que français travaillant à affaiblir la France ! De quoi alimenter les fantasmes de complotistes toujours plus nombreux.

Le « technocrate » mérite sans aucun doute d'être critiqué mais fait avant tout l'objet de fantasmes. Car, s'il n'y avait ces experts de domaines divers et variés, il y a de fortes chances que le chaos s'installerait dans les rouages du fonctionnement économique, social ou politique du pays. Si elles ne relèvent pas toutes du « génie français », les règles édictées par ces professionnels de la règle nous permettent d'avoir un cadre de vie et de nous insérer avec facilité dans ce qui est le plus difficile dans une société : vivre ensemble. Hommage aux technocrates !

Or, ces experts de la tuyauterie administrative, sociale ou économique peuplent les cabinets ministériels et appuient les politiques dans les propositions qu'ils peuvent dérouler au grand public. Ils viennent souvent de grandes écoles, qu'il s'agisse de l'ENA ou de Polytechnique et il va de soi qu'à force d'être les mécanos des politiques, un grand nombre d'entre eux trouvent l'envie de devenir les ordonnateurs des grandes orientations du pays. Ils sont naturellement conduits à entrer en politique. Et après tout, celui qui maîtrise parfaitement un domaine de compétences est-il réellement plus rigide qu'un idéologue convaincu ? Le propre d'une science ou d'un domaine est de s'adapter, ce qui est moins fréquent en matière d'idéologie. Et quand une idéologie s'adapte, généralement elle finit par se dénaturer. Qu'y a-t-il à voir entre le socialisme de Jean Jaurès et celui d'Olivier Faure ? Les auteurs voient d'ici le sourire du lecteur. Mais il est vrai qu'Olivier Faure a davantage le profil du « techno » que de l'idéologue.

Une fois élus, la plupart de nos experts cherchent à se débarrasser au plus vite de leur image technocratique, ils passent de la chemise blanche à la chemise bleu ciel, mettent des cravates de couleur et s'achètent parfois une parka rouge. Ils évitent de dire qu'ils sortent de l'ENA ou prétendent ne pas avoir trouvé leur compte dans cette école qui les a pourtant menés là où ils sont. En résumé, ils cherchent à se rapprocher de la majorité des citoyens mais sont régulièrement démangés par l'envie de faire appel aux règles qu'ils ont apprises et dont ils ne se sont pas complètement défaits.

Deux cas nous semblent ressortir de cette catégorie : le premier, et le plus rare, est celui des technocrates qui portent leur science en bandoulière et la revendiquent, et le second, plus fréquent, touche à ceux qui cherchent à faire oublier leur formation d'origine et se défendent d'être arrivés là où ils sont du fait de leur expertise initiale.

Valéry Giscard d'Estaing, un technocrate assumé

« Vous vous trompez, moi je n'ai jamais fait de politique, j'ai dirigé et gouverné. » En démarrant notre entretien par cette sentence, le président Giscard d'Estaing illustre une figure bien connue de la politique française : le technocrate. Mais à la différence des autres, il l'assume.

Quand il nous parle de diriger et gouverner la France comme d'un point central de son engagement, Valéry Giscard d'Estaing veut nous dire que, pour lui, la politique n'est pas au même niveau que le souci de bien gérer les affaires du pays. Sans être critique ou négatif à l'égard de la politique en général, nous sentons, au travers de nos échanges avec lui, qu'il met l'acte de gouverner nettement au-dessus de la politique. Ce n'est pas du mépris mais une certaine lucidité vis-à-vis de son parcours où le jeu des partis politiques, leur fonctionnement, les idées qu'ils émettent l'ont toujours moins intéressé que le pouvoir. La politique n'a été à ses yeux qu'un moyen de parvenir à gouverner. Il a espéré être désigné candidat de l'UDF à la présidentielle de 1988 afin de retrouver le chemin de l'Élysée mais sa propre famille politique lui a alors préféré Raymond Barre. Et, comprenant que son avenir politique était définitivement derrière lui, il ne s'est pas attardé.

Deux heures passées avec Valéry Giscard d'Estaing permettent de se remémorer ce qu'étaient la politique et l'engagement politique à cette époque. Il nous rappelle que les premiers gouvernements de la Ve République étaient constitués en grande partie de technocrates, c'est-à-dire de hauts fonctionnaires et grands commis de l'État que le politique élu appelait à ses côtés pour administrer le pays. Lui-même, polytechnicien et diplômé de l'ENA, accède à la politique par une première carrière de fonctionnaire au ministère des Finances.

Son arrivée en politique, il la décrit plutôt comme relevant du hasard. Expert des questions économiques, monétaires et financières, il est plusieurs fois sollicité par des politiques ayant besoin d'une expertise en la matière. Tout d'abord auprès d'Edgar

Faure, avec un autre collaborateur qui deviendra célèbre, Michel Rocard, il conseille le président du Conseil sur les comptes de la nation.

En parallèle, il devient député du Puy-de-Dôme en 1956 pour succéder à son grand-père, Jacques Bardoux, et arrière-grand-père, Agénor Bardoux. Mais cet engagement politique n'a pas encore rejoint sa carrière parisienne. Il ne montre pas d'ambition politique particulière.

Toute l'ascension de Valéry Giscard d'Estaing, jusqu'à la tête de l'État français, se fera auprès d'hommes politiques d'envergure mais ne disposant pas d'une expertise particulière sur les questions économiques, monétaires et financières. Il se voyait à la Banque de France ou à la tête d'une grande entreprise d'État mais la succession des crises politiques qu'il vécut comme député, conjuguée au retour du général de Gaulle au pouvoir, finit de nouer son destin avec celui de la politique et moins avec celui de l'appareil administratif.

Le Général demande à Valéry Giscard d'Estaing d'assister Antoine Pinay au ministère des Finances et des Affaires économiques. Grande figure politique française de la IVe République, peu familier du gaullisme et des affaires économiques, Antoine Pinay a besoin d'un technicien à ses côtés pour administrer le ministère et travailler sur le fond des dossiers. Valéry Giscard d'Estaing finira par prendre la tête de ce ministère et dirigera les affaires économiques et monétaires du pays presque sans discontinuer jusqu'à son accession à l'Élysée. Son expertise technique lui donne du poids dans l'appareil politique français au point qu'il peut gagner des arbitrages contre le Premier ministre du moment, Georges Pompidou, quand il s'agit d'inscrire l'équilibre budgétaire dans le marbre.

Lorsque Michel Debré lui succède au ministère, VGE redevient député et envisage de retourner dans l'administration. Il le fera durant quelques mois, tant l'éloignement de la direction et de l'administration du pays le frustre.

« Je suis député donc je ne fais rien »

Durant tout l'entretien, VGE ne mentionne pas sa mue en homme politique durant les années 1966 et 1967 quand il constitue son propre appareil politique des Républicains indépendants, capables de tenir tête aux gaullistes au sein de la majorité : « Je suis député donc je ne fais rien. » Il pensait alors que son intérêt était de peser sur les décisions économiques du pays. Les manœuvres politiques ne sont à ses yeux qu'un moyen de servir une cause beaucoup plus noble : la direction du pays. Il n'empêche que ce technocrate est devenu un vrai homme politique capable de peser dans les choix d'un gouvernement élu qui n'est pas seulement dicté par la rationalité économique.

Pompidou élu, il missionne Jacques Chaban-Delmas pour récupérer Valéry Giscard d'Estaing et lui proposer le ministère de l'Éducation nationale. « Je ne m'intéresse qu'aux Finances et je ne connais que ça. » Le président et le Premier ministre tentent une conciliation avec un portefeuille élargi de l'Éducation mais VGE refuse toujours. Finalement, il est de retour aux Finances avec un portefeuille d'État qui absorbe l'Économie et le Plan. « Je suis le responsable total du système économique et monétaire français sous Pompidou. »

Difficile de penser qu'un pur homme d'administration, manifestant toujours et jusqu'à la fin un dédain pour la politique, ait pu se maintenir à la tête de l'appareil économique français durant de si nombreuses années par sa seule expertise économique et financière.

Quand notre entretien arrive à la présidentielle de 1974, c'est toujours en nous parlant d'économie qu'il justifie sa candidature : « Je pense que ma candidature peut continuer la politique engagée au niveau économique. » Sur son passage à l'Élysée, VGE nous livre des enseignements sur sa conception de la direction et la gouvernance du pays. Il insiste fortement sur l'importance de placer à côté de ministres chevronnés de la politique, des ministres techniciens faisant le relais avec l'administration. Tout comme il fut lui-même le relais technicien d'Antoine Pinay lorsque ce dernier était aux affaires.

Il nous affirme n'avoir aucun point commun avec Emmanuel Macron. Ce qui nous surprend car on peut voir dans la formation du gouvernement du président de la République en fonction une forme de retour à ce qu'étaient les gouvernements de la Ve République à leurs débuts. Une équipe où cohabitent des politiques et des techniciens.

Selon VGE, c'est l'arrivée au pouvoir de François Mitterrand qui signera l'avènement de gouvernements pléthoriques constitués presque exclusivement de ministres issus directement des partis politiques et parfois peu familiers du fonctionnement de l'appareil d'État. Une partie des renoncements du pouvoir mitterrandien trouve peut-être son explication dans cette étanchéité de fait entre le politique et l'administratif.

Au sortir d'un entretien avec celui qui fut ministre durant de nombreuses années et président de la République durant sept ans, nous avons le sentiment que Valéry Giscard d'Estaing n'est entré en politique qu'afin de mettre en pratique les techniques économiques et financières qu'il maîtrisait. Son engagement politique trouvait son origine dans sa passion pour l'économie et la finance. Cela explique sans doute son choix en 1976 de nommer Raymond Barre qu'il présente comme « meilleur économiste de France » à Matignon en remplacement de Jacques Chirac. Et cela explique aussi pourquoi, au cours de notre entretien, il ne met pas plus en avant les grandes réformes sociétales de son septennat telles que l'abaissement du droit de vote à 18 ans ou la législation sur le droit à l'interruption volontaire de grossesse.

On oublie presque en écoutant VGE que sa carrière ne s'est pas arrêtée en 1981 et qu'il fut élu jusqu'en 2004, tête de liste à diverses élections nationales, hypothétique candidat à la présidentielle de 1995 et surtout chef de l'UDF devant faire face à la nouvelle génération voulant faire table rase de ses vieux mentors. Cela, Valéry Giscard d'Estaing ne nous en parle pas. Le gouvernant et technicien qu'il était veut sûrement gommer le chef de parti tout à fait rompu à l'exercice politique qu'il fut également.

Quand les technocrates se coulent dans les habits de politique

Il est normal qu'à force d'accompagner des élus et ministres dans leurs fonctions, l'idée vous vienne de franchir le pas et d'entrer en politique. Comme nous venons de le voir, Valéry Giscard d'Estaing en est un illustre exemple. Mais ils sont pléthore, souvent sortis de grandes écoles, à se lancer dans l'arène du combat après avoir rédigé les notes d'un ministre, imaginé des mesures et lois ou échangé sur des stratégies avec celles et ceux qu'ils ont servis. À beaucoup, la politique est apparue plus stimulante que leur simple fonction de conseiller. Le cabinet ministériel reste une des meilleures formations à l'action politique. Et si le travail en cabinet ne vous rapproche pas toujours des aspirations citoyennes, il vous prépare à gérer la complexité de mettre en forme des décisions et mesures souhaitées par les occupants du pouvoir en place. Chaque type d'engagement a des avantages et inconvénients vis-à-vis de la préparation à exercer la fonction de gouverner. Le fait d'entrer en politique en étant un technocrate n'a pas plus d'avantages, ni plus d'inconvénients que d'entrer en politique par idéologie, fascination du pouvoir ou pour simplement suivre une personnalité politique.

Toutefois, la plupart de ces experts de cabinets ministériels rechignent à reconnaître que c'est la voie de l'expertise qui les a conduits à solliciter une investiture partisane et à se lancer.

Le cas de Bruno Le Maire est intéressant à plus d'un titre. Le souci d'honnêteté des auteurs conduit à dire aux lecteurs que l'un comme l'autre avons servi Bruno Le Maire à différents moments de sa carrière et l'apprécions infiniment. Les journalistes le décrivent souvent comme un personnage profondément intelligent mais un peu lisse et froid, travailleur mais qui n'arrive pas à enflammer des foules, sérieux au point de manquer de fantaisie. C'est bien mal le connaître !

Le curriculum vitae de Bruno Le Maire a tout pour agacer la plupart de ses adversaires et concurrents en politique. Il croule sous les diplômes (École normale supérieure, major de l'agrégation de lettres modernes, Sciences Po, École nationale d'administration). Il est issu d'une famille bourgeoise catholique pratiquante et a été élu dans une circonscription qu'il ne connaissait pas auparavant (la 1re circonscription de l'Eure) pour succéder à Jean-Louis Debré à l'âge de 38 ans. Nommé secrétaire d'État aux Affaires européennes dans le gouvernement de François Fillon à 41 ans puis ministre de l'Agriculture à 42 ans et ministre de l'Économie et des Finances à 48 ans ; cela ajoute à son sort enviable. La culture est sans aucun doute ce qui lui tient le plus à cœur. Il continue de lire de nombreux romans, il s'intéresse autant à la musique qu'aux musiciens, il aime les expositions de peinture où son épouse peintre le guide et il prend davantage de plaisir à un débat conceptuel ou philosophique qu'à un échange sur la stratégie politique. Lorsque l'on constate qu'il a déjà publié près d'une dizaine de livres dont plusieurs romans, on finit par se demander si cet homme a une vie personnelle ; et force est de constater qu'il est le père de quatre enfants ! Rien de plus irritant que ceux à qui tout semble réussir. Mais la question reste : pourquoi est-il entré en politique et comment ? Lui qui aurait pu pantoufler dans une grande entreprise pour sans doute aller y conquérir la présidence, gagner un revenu très confortable, profiter de luxes qu'il n'aurait pas été possible de lui reprocher et vivre dans le presque anonymat des hommes d'affaires riches et puissants.

En réalité, son immersion en politique vient d'un parcours assez classique en politique et que l'on retrouve chez de multiples élus. Il a d'abord rejoint le ministère des Affaires étrangères après l'ENA, puis a commencé de rédiger des notes pour Dominique de Villepin alors secrétaire général de l'Élysée ; lequel n'a pas hésité à l'intégrer dans les cabinets qu'il a dirigés d'abord au Quai d'Orsay puis au ministère de l'Intérieur avant l'Hôtel de Matignon où Bruno Le Maire fut tour à tour conseiller politique puis directeur de cabinet en 2006. Sa rencontre avec Dominique de Villepin a été déterminante pour affûter son goût à gérer les affaires de la France. Mais quelle différence entre celui qui fut son mentor en politique et Bruno Le Maire ! Le premier méprisait les élus et affaires de partis politiques tandis que le second se passionne autant pour l'action ministérielle que pour la cuisine des formations politiques. Un des auteurs de ces lignes peut témoigner qu'en 2007, lorsque Bruno Le Maire décida de se lancer en politique et d'aller à la conquête d'une circonscription, le Premier ministre le bouda une semaine et moqua son choix d'entrer dans le jeu électoral. L'élève avait des ambitions que le maître n'avait jamais réalisées : être un élu. Et ce goût pour le combat en politique n'a fait que se renforcer au fil des ans.

Car ce qu'il aime, c'est diriger et tous les supérieurs qu'il a connus en feront le constat : du Premier ministre au président de la République. Ces derniers le guettent avec suspicion tant cet homme bien élevé semble avoir un grand appétit de pouvoir. Jeune élu député en 2007, il n'hésite pas à se lancer à la conquête de l'UMP, son parti d'alors, en 2012 ; mais faute d'obtenir les signatures nécessaires il ne peut pas se présenter. Il y parvient en 2014 et affronte Nicolas Sarkozy au second tour obtenant près de 30 % des voix. L'avenir semble s'ouvrir à lui au sein de l'UMP. Pourtant il sera moins chanceux lors des primaires ouvertes de la droite en 2016 dont François Fillon sortira vainqueur tandis qu'il arrive cinquième, totalisant seulement 2,5 % des voix. Neuf mois plus tard, il oublie les mots durs qu'il avait eus pour Emmanuel Macron durant la campagne présidentielle allant jusqu'à le surnommer « l'homme sans projet », et rejoint le gouvernement d'Édouard Philippe. C'est ce qui s'appelle savoir rebondir. On connaît la suite.

Les deux exemples que nous venons d'examiner, Valéry Giscard d'Estaing et Bruno Le Maire, tendent à montrer que l'engagement peut venir par la technostructure et que cette dernière est une voie royale pour un destin brillant. Ce n'est guère surprenant tant l'image des « technocrates » est le plus souvent contraire à ce qu'ils sont réellement. Une grande majorité d'entre eux visent à servir la France et ne pas céder aux sirènes des entreprises privées toujours prêtes à leur faire des ponts d'or. Il y a une grande injustice dans l'évaluation qui est faite de ces hauts fonctionnaires passés en politique. Chacun d'entre eux aurait pu obtenir les avantages d'une fonction prestigieuse et lucrative dans une entreprise du CAC 40, comme nombre de leurs anciens collègues de la fonction publique qui n'ont pas été tentés par la politique. La participation à des cabinets ministériels est une excellente formation pour accéder à la politique, tout autant que pour bifurquer vers l'entreprise. C'est sans aucun doute une spécificité française qui a ses inconvénients mais dont on oublie trop les avantages, et en particulier celui de savoir faire fonctionner des administrations et un État.

Les limites de l'engagement politique par la voie technocratique

La politique est peuplée de ces hommes et femmes formés à l'école de la technocratie. Et il serait vain d'envisager de citer les plus importants dépositaires de fonctions ministérielles venus de la haute administration tant ils sont nombreux. Nos deux derniers présidents de la République, François Hollande et Emmanuel Macron, en sont des exemples. Car même si Emmanuel Macron est passé par la banque, l'idée d'entrer en politique lui est venue lors de son passage à l'Élysée comme secrétaire général adjoint. Le cabinet ministériel suscite l'engagement. Aujourd'hui comme hier.

Cette tradition vient de loin et s'est amplifiée avec les débuts de la Ve République. Le général de Gaulle a fait appel à ces experts pour participer à la reconstruction du pays et a renouvelé le personnel politique en puisant parmi les grands commis d'État. Il n'avait pas oublié que si certains hauts fonctionnaires avaient allègrement rejoint la collaboration durant la Seconde Guerre mondiale, d'autres avaient fait le choix de la Résistance avec courage ; Jean Moulin en tant que préfet, résistant et martyr en est le symbole. Déjà, juste après guerre, le général de Gaulle avait eu recours à ses hommes pour reconstruire la France, faisant appel à des personnalités telles qu'Alexandre Parodi, haut fonctionnaire et résistant qui contribua à créer la Sécurité sociale.

La présence de nombreux technocrates d'origine dans la politique ne date pas des dernières années. Sans doute, à certains moments de notre histoire, l'engagement de ces hauts fonctionnaires s'est accéléré. Ce fut le cas au cours des années de présidence de François Mitterrand (1981-1995) où les allées du pouvoir étaient peuplées d'énarques et d'enseignants ; les salariés du secteur privé et les professions libérales étant quasiment absents de la représentation au pouvoir à quelques exceptions dont, pour les plus célèbres, Édith Cresson, Gaston Defferre ou Robert Badinter. Mais lors de ces années Mitterrand, les principales figures, celles qui semblaient tenir les premiers rôles politiques, étaient toutes issues de l'ENA, qu'il s'agisse de Laurent Fabius, Lionel Jospin, Michel Rocard ou encore Jean-Pierre Chevènement. Ce sont ces derniers qui animaient pour l'essentiel le Parti socialiste de l'époque. Pierre Mauroy ou Pierre Bérégovoy qui n'appartenaient pas à cette élite du parti séduisaient davantage la population mais n'avaient pas dans le parti l'influence de nos quatre énarques. Gaston Defferre tenait son indépendance d'une assise locale forte, Marseille, et de son passé de résistant.

Jacques Chirac lui-même a suscité des vocations de politiques parmi les hauts fonctionnaires qu'il a promus à des rangs ministériels. Et parfois il n'a pas manqué de le regretter ouvertement. Édouard Balladur est l'archétype du haut fonctionnaire passé en politique après avoir servi beaucoup l'État et un peu l'entreprise. Conseiller ministériel puis secrétaire général de l'Élysée sous Georges Pompidou,

Édouard Balladur est poussé en 1986 par Jacques Chirac alors maire de Paris à figurer sur la liste RPR pour la députation. À peine élu à l'Assemblée nationale, il est nommé ministre d'État, de l'Économie, des Finances et de la Privatisation dans le gouvernement dirigé par Jacques Chirac, vainqueur des élections législatives. Édouard Balladur prend goût à la politique et à la direction des affaires au point qu'en 1993, Jacques Chirac renonce à rejoindre Matignon pour se préparer pour la présidentielle de 1995 et pousse son ancien ministre de l'Économie, celui en qui il a toute confiance, à devenir Premier ministre. On connaît la suite : Édouard Balladur tentera la présidentielle en compétition avec celui auquel il doit beaucoup, et perdra. Le cas Balladur est intéressant du fait qu'il illustre le parcours d'un haut fonctionnaire doté d'un grand talent qui le mène en politique. Et, en même temps, d'un homme dont la seule connaissance des hautes sphères de l'État lui fait oublier la réalité sociale du pays qu'il méconnaît du fait de son absence d'ancrage électoral. Être élu député à Paris relève d'une simple désignation par le parti majoritaire tant les Parisiens méconnaissent leur député. Et quelle que soit son incontestable grandeur, Paris n'est pas la France.

La haute fonction publique, et l'administration en général, sont une source d'engagement politique précieuse dont nous pourrions remplir ici plusieurs pages de témoignages et d'exemples. Elles forment à la gestion de l'État. Mais son écueil tient souvent à l'origine de cette population souvent issue de milieux bourgeois ou intellectuels, loin des réalités du pays même à force de lecture d'ouvrages savants ou historiques, de notes spécialisées ou d'articles de presse. Il ne suffit pas toujours d'enfiler une parka rouge et de porter une montre Swatch.

Chapitre 8

Les ponts professionnels vers des horizons politiques

Certaines professions conduisent plus facilement que d'autres à la politique. Il suffit d'analyser la composition socioprofessionnelle de l'Assemblée nationale, comme l'a si bien fait Luc Rouban (« Sociologie politique des députés de la Ve République : 1958-2007 » paru en 2011 dans les *Cahiers du CEVIPOF*), pour comprendre qui domine parmi les élus et qui en sont les grands absents. Depuis cette parution, on aurait pu imaginer que des évolutions s'étaient fait jour. La réponse est ambiguë. Certes, les fonctionnaires ont sensiblement reculé en nombre en 2017 mais restent massivement représentés. Sur 577 députés, on ne compte pas moins de 82 fonctionnaires hors enseignement auxquels il faudrait donc ajouter 71 députés enseignants et 17 cadres du public ; soit 170, c'est-à-dire presque 30 % des effectifs. Les fonctionnaires représentent en France moins de 20 % de la population active et autour de 9 % de la population totale. L'Assemblée compte également, en hausse par rapport aux législatures antérieures, près de 100 cadres issus du privé, d'entreprises diverses et variées dans tous les secteurs. À ces cadres il conviendrait d'ajouter 50 chefs d'entreprise, soit une représentation du privé presque équivalente à celle du public.

Les autres professions sont plus éparses mais offrent parfois des surprises. On compte quelques agriculteurs (16) – dont Christian Jacob, le patron des Républicains –, quelques ingénieurs (15) et diverses professions libérales hors le domaine du droit (20 députés), une quarantaine de professions médicales (soit juste un peu plus que leurs poids dans la population active) et surtout 43 élus issus de professions juridiques, soit une part très largement supérieure à celle qui est la leur dans la population. À n'en pas douter, la connaissance du droit est un atout important pour entrer en politique et il n'est pas contestable que les deux domaines ont des liens très étroits.

Plus surprenant, et pour l'anecdote, on relève que 75 députés déclarent n'avoir jamais eu d'autre profession que la politique, soit en tant que permanents, assistants d'élus ou tout simplement « élus professionnels ». 13 % des effectifs de l'Assemblée !

Que tirer de ces chiffres ? Que les ouvriers et employés sont très peu représentés, que les scientifiques sont très rares et que la domination par certaines professions oriente nécessairement la nature des débats et des sujets de prédilection des députés. Rien de surprenant.

Deux catégories nous sont apparues comme particulièrement présentes en politique : les enseignants et les juristes (juges, avocats ou autres). Nous avions *a priori* le sentiment que le sport et la presse constituaient des ponts privilégiés en politique mais l'examen des données et les interviews réalisées viennent contrecarrer cette croyance, même en élargissant le spectre des représentations politiques au-delà de l'Assemblée nationale.

Pour le sport, l'entrée dans le gouvernement ou au Parlement de certains médaillés célèbres est finalement assez exceptionnelle. Certes, il pourrait toujours nous être avancé les parcours de Roger Bambuck, ministre des Sports de 1988 à 1991, d'Alain Calmat, ministre et député, de Guy Drut également ministre et député, de Jean-François Lamour, Bernard Laporte, Laura Flessel, David Douillet, Roxana Maracineanu et de bien d'autres. Mais ils sont très peu nombreux au cours des dernières années à avoir franchi le pas. Et, en l'occurrence, il s'agissait pour eux plutôt d'un saut, tant ils ont été projetés à des postes prestigieux justifiés par leur excellence sportive sans n'avoir rien demandé. Ils apportent aux gouvernements une image généralement sympathique et leur maîtrise du domaine du sport – domaine qui leur est le plus souvent confié. Car ces personnalités sont cantonnées à parler de politique sportive et de rien d'autre. Il faut par ailleurs reconnaître que l'immense majorité des sportifs de haut niveau expriment une réelle réticence à intégrer la politique et ne cherchent pas à profiter de leur popularité pour s'aventurer dans une circonscription ou une commune.

Côté presse, nous avions également le sentiment que les journalistes franchissaient souvent le pas de la politique. Il n'en est rien. Comme pour les sportifs, le prestige de la notoriété de certains journalistes ayant intégré la vie politique peut laisser croire qu'ils bénéficient, du fait de leur aura médiatique, d'une passerelle évidente vers la vie publique. Là aussi on pourra nous opposer qu'on trouve Noël Mamère, Gilles Le Gendre, Robert Ménard, François Ruffin, Bernard Guetta, Audrey Pulvar, Jean-Marie Cavada, Clémentine Autain et surtout François Baroin qui par la suite a prêté serment pour devenir avocat. Mais le nombre est finalement relativement faible et, lorsque l'on désigne des journalistes entrant en politique, il s'agit plutôt de conseillers de responsables politiques ou, pour reprendre l'expression de Raymond Aron, de « spectateurs engagés ».

Il n'est pas anormal que des journalistes évoluent professionnellement en passant de la presse au conseil en communication, voire en conseiller politique. Cela ne les mène pas à se présenter aux élections ; juste à apporter les recettes qui vont servir aux responsables politiques à améliorer leur image. Thierry Pfister a travaillé dix ans au journal *Le Monde* avant de rejoindre pendant deux ans *Le Nouvel Observateur* jusqu'en 1981 puis d'entrer à Matignon comme conseiller technique du Premier ministre Pierre Mauroy. Il fera par la suite carrière en tant qu'éditeur et écrivain. Catherine Pégard a été longtemps à la rédaction en chef du magazine *Le Point* avant de rejoindre le cabinet de Nicolas Sarkozy à l'Élysée puis d'être nommée à la tête du domaine et château de Versailles. Longtemps avant, elle avait confié à un des auteurs qu'elle ne se voyait pas passer toute sa vie dans le journalisme et qu'elle comptait évoluer vers un autre métier.

Françoise Degois a suivi Ségolène Royal en tant que journaliste à France Inter puis a intégré son cabinet lorsque la candidate à l'élection présidentielle redevint ministre. Elle a repris depuis des activités journalistiques. Laurence Haïm a conseillé Emmanuel Macron durant la campagne présidentielle de 2017 mais a fait le choix de revenir dans le journalisme au terme de cette campagne. Renaud Czarnès a collaboré de longues années à *La Croix* puis aux *Échos* avant de diriger la communication de Jean-Marc Ayrault à Matignon puis de s'orienter vers l'entreprise, d'abord à EDF puis à RTE. Ce ne sont que quelques exemples au regard du nombre de cas existants. Mais il apparaît que les journalistes sont plus portés par leur métier d'analyse et de commentaires, par leur goût des discours et de remise en perspective de l'action politique que par la carrière politique elle-même. Rares sont ceux qui finalement franchissent le pas. Laurent Joffrin est un cas en construction. Laurent Joffrin est presque une incarnation du journalisme tant sa vie semble attachée à la presse et, au demeurant, à la presse écrite. En plus de quarante ans et après un court passage à l'AFP, il aura œuvré dans un seul quotidien et un seul hebdomadaire : *Libération* et *Le Nouvel Observateur*. La presse et les valeurs de gauche lui collent à la peau. D'où la surprise pour le plus grand nombre de le voir quitter *Libération* pour fonder un mouvement politique se voulant réformiste de gauche et proche des thèses et idées de François

Hollande. Suivi essentiellement par des intellectuels, Laurent Joffrin est un spécialiste de Napoléon qui semble paralysé face au pont d'Arcole.

Des pupitres de l'éducation aux marches du pouvoir

Si les sportifs et les journalistes sont plutôt rares, en revanche les enseignants sont légion en politique. Ce n'est pas un fait nouveau et les enseignants comptent parmi les figures prestigieuses de l'histoire politique du pays. Jean Jaurès en est sans doute la plus illustre des figures, professeur avant de se lancer dans la presse. La IIIe République fut souvent appelée la « République des instituteurs » ; nombre d'entre eux étaient affiliés au Parti radical-socialiste puis ils évoluèrent par la suite vers la SFIO et le Parti socialiste sous la IVe et Ve Républiques ; une partie d'entre eux rejoignant le Parti communiste et, de manière plus minoritaire, les mouvements trotskystes. Mais c'est bien le Parti socialiste qui fut pendant de longues années le havre et refuge politique des enseignants. La Ve République a eu son lot de Premiers ministres enseignants : Pierre Mauroy et Jean-Marc Ayrault, tous deux « profs », sans parler de Lionel Jospin, un énarque ayant abandonné sa carrière de diplomate pour devenir professeur d'économie à l'IUT de Sceaux. La gauche et les enseignants ont une longue et solide relation depuis les débuts de la République, même si la droite n'a pas été non plus hermétique à cette venue des profs, de Raymond Barre à Luc Ferry.

Le Parti socialiste a été longtemps dominé par trois catégories professionnelles : les fonctionnaires, les enseignants et les avocats. Trois catégories qui définissaient la ligne du parti, dominaient les instances de direction et nourrissaient en notes autant les ministres que leurs cabinets. On peut parler de fait d'une absence de diversité des profils dominants du Parti socialiste et d'une absence de lien avec le monde de l'entreprise privée, c'est-à-dire de la machine productive du pays. C'est une des raisons pour laquelle les socialistes au pouvoir ont régulièrement rencontré des difficultés à appliquer leurs programmes qui n'avaient souvent qu'une vision théorique de ce qu'est l'entreprise. Cette difficulté à comprendre le monde de l'entreprise est encore plus flagrante parmi les enseignants, même parmi ceux professant l'économie.

Jean Poperen (1925-1997) a été une figure de référence du Parti socialiste. Professeur agrégé d'histoire, il a contribué, tout comme Jean-Pierre Chevènement, à structurer les programmes de la gauche. Dès 1973, il devient même le référent aux questions industrielles du parti. Bon orateur, doté d'une très solide culture historique et excellent dialecticien, Jean Poperen n'était pas pour autant un réel économiste. Et son opposition permanente à Michel Rocard sur les questions économiques relevait davantage du dogmatisme que d'une approche réaliste de ces questions. Tout au long de son parcours politique, il a été un modèle pour des générations de socialistes. Henri Emmanuelli a été sans doute celui qui se rapprochait le plus de lui sur le plan des idées. Et, à sa suite, Benoît Hamon très inspiré par Jean Poperen tout comme Emmanuel Maurel qui revendique son héritage. Tous ont ce point commun d'être à la fois proches des enseignants et très critiques à l'égard du monde de l'entreprise. Leur vision de l'entreprise est celle d'un monde d'exploitation, de production de « burn-out » et de corruption des dirigeants ; une vision qui les met à l'abri de la réflexion économique. Ce qui n'a jamais été le cas de Jean-Pierre Chevènement.

De fait, les enseignants constituent un corps électoral qui a toujours été privilégié par le Parti socialiste. Du début des années 1970 jusqu'en 1992, la FEN (Fédération de l'Éducation nationale) domine le syndicalisme enseignant allant jusqu'à compter plus de 500 000 membres. Bastion de gauche qui succombera du fait de sa scission donnant naissance à la FSU, la FEN a irrigué les rangs d'élus du Parti socialiste. Pierre Mauroy sera longtemps un des acteurs centraux de la FEN et restera adhérent à ce syndicat. Il a pu à ce titre enrôler de nombreux collègues en politique. Nommé Premier ministre en 1981, il conservera des liens très étroits avec le monde enseignant jusqu'à, en application du programme de François Mitterrand, proposer une loi pour un grand service public unifié et laïque de l'Éducation nationale. Cette loi, poussée par les syndicats enseignants du public, provoquera une levée de boucliers et une mobilisation autant des écoles privées que de la droite dont les liens étaient et restent étroits. Les multiples manifestations qu'elle suscitera seront le tombeau de Gilles Savary, le ministre de l'Éducation nationale, et de Picrrc Mauroy, Premier ministre, qui ne lui survivront pas. François Mitterrand sera amené à retirer la loi en 1984.

Les instances de direction des partis de gauche sont peuplées d'enseignants, souvent brillants, très au fait des questions de société mais quelque peu dépourvus de connaissances économiques. Leur profil qui les amène à s'intéresser et à s'investir dans la vie publique, qu'il s'agisse d'associations, de syndicats ou de partis est précieux pour animer la vie du pays. Sans doute leur vision du monde est-elle davantage portée sur la théorie ou le dogme que sur l'expérience et la pratique mais on ne saurait leur reprocher cet investissement dans la vie et l'animation de la vie du pays tant du point de vue social que politique. Leur apport est avant tout théorique mais leur pratique du pouvoir pèche souvent par manque de réalisme. La politique a besoin de se fixer des horizons et de projeter ce que doit devenir la société, mais la voie pour y parvenir est souvent complexe et rencontre une réalité que nos enseignants ont souvent du mal à appréhender.

Si l'on regarde l'Assemblée nationale aujourd'hui, on observe qu'à gauche deux des trois présidents de groupe sont enseignants. D'une part, André Chassaigne du Parti communiste, préside le groupe de la gauche démocrate et républicaine. Enseignant, il a exercé entre 1972 et 2002, parallèlement à sa fonction de maire de Saint-Amant-Roche-Savine de 1983 à 2010. D'autre part, Jean-Luc Mélenchon, président du groupe La France insoumise, dont on a oublié, du fait de sa longue carrière en politique, qu'il enseigna en tant que professeur dans l'enseignement technique. Jean-Luc Mélenchon a même été ministre délégué de l'Enseignement professionnel dans le gouvernement de Lionel Jospin entre 2000 et 2002. Et force est de reconnaître qu'il fut considéré à ce poste comme un bon ministre avec la réforme des CAP et l'introduction du bac des lycées. La France insoumise est aujourd'hui une force d'attraction pour les enseignants et en compte de nombreux parmi ses instances, dont Alexis Corbière à l'indéniable charisme.

Il reste que dans l'Assemblée nationale actuelle, la gauche n'a pas le monopole des enseignants. On en compte bien plus au groupe de la majorité En Marche ainsi qu'au MoDem et à droite.

Car il serait faux de ranger aujourd'hui exclusivement la catégorie des enseignants à gauche, même s'ils y sont en majorité. On les retrouve dans toute la panoplie du personnel politique y compris jusqu'au Rassemblement national de Marine Le Pen.

La droite, comme souvent la gauche, a placé régulièrement des enseignants dans ses gouvernements à la tête du ministère de l'Éducation nationale. René Haby, enseignant et proviseur, est resté près de quatre années à la tête du ministère sous Jacques Chirac puis Raymond Barre entre 1974 et 1978. Auteur de la loi portant son nom, il a promu le collège unique. Et, tout enseignant qu'il était, il n'en a pas moins subi de nombreuses manifestations de la part de ses anciens collègues qui ne l'ont pas ménagé. François Bayrou, également enseignant, a dirigé durant quatre années le ministère de l'Éducation entre 1993 et 1997. Prudent et en concertation permanente avec les organisations syndicales du secteur, François Bayrou a pu apporter des réformes, aussi bien du collège que de l'enseignement supérieur, sans provoquer de réactions protestataires fortes. Luc Ferry sera un de ses successeurs rue de Grenelle entre 2002 et 2004 dans le gouvernement de droite de Jean-Pierre Raffarin. Son lien avec les syndicats d'enseignants sera davantage conflictuel que du temps de son prédécesseur président du MoDem. À ses côtés figurait Xavier Darcos, alors ministre délégué à l'Enseignement scolaire, qui deviendra le titulaire du poste de ministre de l'Éducation nationale entre 2007 et 2009 dans le gouvernement de François Fillon.

Xavier Darcos est agrégé de lettres classiques, docteur ès lettres, professeur de lettres durant de longues années dans des établissements prestigieux. Il connaît parfaitement les questions d'éducation ayant été inspecteur général de l'Éducation nationale et même doyen de cette institution. Dire que Xavier Darcos est un érudit est sans doute en dessous de la réalité tant sa culture est immense, ses publications savantes innombrables et nous ne sommes guère étonnés de le retrouver aujourd'hui chancelier de l'Institut, la prestigieuse Académie française. Son savoir et son attrait pour la culture ne l'ont pas rendu impatient de se lancer en politique. Adjoint au maire de Périgueux à un peu plus de 40 ans, la politique ne commencera réellement pour lui qu'autour de ses 50 ans. Il se passionnait auparavant pour la vie publique au travers d'engagements associatifs ou municipaux. Une fois élu sénateur de Dordogne en 1998 à 51 ans, sa carrière politique sera fulgurante. Il sera ministre sans interruption entre 2002 et 2010 à divers postes. Puis à cette date, il s'en retournera vers la culture à la présidence de l'Institut français.

Une douzaine d'années en politique, puis un retour à ses passions. Xavier Darcos dira aux auteurs : « Si j'avais été politique à plein temps, j'aurais cessé toute culture. » Le ministère de la Coopération et de la Francophonie est celui qui l'a le plus passionné. De son expérience à l'Éducation nationale, il nous dira : « Quelle que soit la réforme que l'on envisage ou décide, elle est prise dès le début pour un complot par les enseignants. » Tant dans ses mandats de maire que de sénateur, il a eu davantage le sentiment de faire de la proximité, de résoudre des problèmes, plus que de faire de la politique. « C'est en 2002, en devenant ministre que j'ai eu réellement le sentiment de faire de la politique. » Il n'y a pas trouvé d'aussi grand plaisir que celui que l'Institut de France lui procure aujourd'hui.

Il n'en reste pas moins que la politique française et l'histoire institutionnelle du pays ont bénéficié de l'apport des enseignants qui se sont engagés et ont accepté, à côté des honneurs et du prestige qui accompagnent la fonction, le lot de critiques, de contestations et parfois de violence qu'ils ont eu et ont à subir.

Le verbe et le droit : les avocats au pouvoir

Les avocats ont toujours tenu une place centrale en politique et ce depuis la révolution de 1789. N'oublions jamais que lors de la réunion des états généraux en mai 1789, le tiers-état qui comptait alors 578 députés était composé pour moitié d'avocats dont les noms résonnent encore dans notre histoire : Robespierre, Le Chapelier, Barnave et tant d'autres.

Les gens de justice se prêtent particulièrement à l'engagement politique et à l'exercice du pouvoir. Ils ont le verbe pour grimper les échelons et le savoir pour encadrer leur action. 43 députés sur 577 sont issus de ce monde. Cela peut paraître peu mais, au regard du poids que ce milieu pèse dans la population, c'est une proportion très importante. La France compte un peu plus de 68 000 avocats, 8 140 magistrats et 80 000 personnels de justice, soit un total de moins de 160 000 pour une population active de près de 30 millions, 0,5 %. Ils occupent près de 8 % des sièges à l'Assemblée. Leur formation est idéale pour s'attaquer aux allées du pouvoir. Deux de nos derniers présidents, sur les huit qu'a pu compter à ce jour la Ve République, exerçaient la profession d'avocat : François Mitterrand et Nicolas Sarkozy. Comme pour les enseignants, il serait vain de vouloir passer en revue le nombre d'avocats et juristes qui ont exercé le pouvoir aux postes de ministres, députés et élus de tous genres. Parmi les plus récents, il suffirait d'avancer les noms de Jean-Louis Debré, Noëlle Lenoir, Robert Badinter, Jean-Louis Borloo, Rachida Dati, Bernard Cazeneuve ou encore Arnaud Montebourg pour s'en convaincre. Sans compter ceux qui sont entrés dans la profession en profitant de la possibilité pour un député, un sénateur ou un ministre d'intégrer la profession d'avocat sans avoir à passer l'examen comme ce fut le cas pour un Jean-François Copé, un Dominique de Villepin ou un François Baroin. Le droit amène à la politique comme la politique peut amener au droit.

Les orfèvres des mots

C'est dans son bureau du cabinet August et Debouzy que Bernard Cazeneuve nous a reçus en janvier 2019. Le bureau classique n'affiche aucun luxe et ne met en avant aucune photo ou décoration qui pourrait révéler le prestige d'avoir été Premier ministre de la France. Bernard Cazeneuve est précis et modeste dans ce qui a justifié son engagement politique et son accession à l'Hôtel de Matignon. Il n'est jamais dans l'ostentation et nous avouera « préférer la sincérité à la séduction ». Mais son verbe et le choix de ses mots habillent avec élégance son récit. Il s'est toujours senti socialiste étant issu d'une famille socialiste, et illustre sa vie en politique et sa résistance aux tensions par sa capacité à se mettre en distance avec les questions à résoudre pour mieux les cerner. Ne pas se laisser enfermer. Et de l'avocat, il profite d'un savoir et d'une culture littéraire qui le préservent. C'est un littéraire à n'en pas douter, y compris dans sa manière de vivre la politique : « pour faire de la politique, il faut avoir une vie intérieure très dense, car il y a une solitude ontologique », nous dira-t-il. Plus tard dans son récit et pour nous évoquer son attachement à sa vie passée de maire, il ne résistera pas à évoquer « les lumières de Cherbourg » ; son discours est à la fois concret et empreint d'une grande sensibilité. À l'écouter, nous comprenons tout l'art de l'avocat : mêler le réel et l'émotion. C'est sans doute cela qui conduit tant d'entre eux à conquérir le pouvoir. Parler autant au cœur qu'à la raison.

François Mitterrand était un orfèvre du mot. Ses louanges comme ses critiques comportaient toujours le mot juste, celui qui donne du plaisir et flatte, comme celui qui attaque et place en infériorité. Comment ne pas s'émerveiller de certaines de ses citations : « Quand l'Europe ouvre la bouche, c'est pour bâiller », « Quand la France rencontre une grande idée, elles font le tour du monde » ou encore ses derniers vœux aux Français en décembre 1994 : « Je crois aux forces de l'esprit et je ne vous quitterai pas. » Orateur hors pair, il pouvait tenir des assemblées de socialistes des heures entières, donnant de la force et de la vie à chacun de ses mots, rythmant son discours d'accélérations et de silences pour mieux retenir l'attention, joignant d'un geste de la main ou d'un signe de la tête pour donner plus de forces à ses paroles : un grand acteur du théâtre public. En comparaison, les multiples énarques qu'il laissera animer le Parti socialiste, de Lionel Jospin à François Hollande en passant par Martine Aubry, Michel Rocard ou Laurent Fabius auront le verbe froid et le mot parfois juste mais toujours triste et sans âme. Comme si François Mitterrand avait voulu montrer qu'à côté d'un avocat, un technocrate ne valait rien par ses mots sans substance émotionnelle.

Au sein de l'assemblée de la XVe législature qui court depuis 2017 jusqu'en 2022, les avocats font montre d'un activisme parlementaire souvent supérieur à leurs collègues. Ainsi, LREM peut compter sur Laetitia Avia, Yaël Braun-Pivet, Pierre Person ou encore le premier questeur Florian Bachelier pour animer les débats. Le président du groupe LREM, Christophe Castaner, sans être avocat, est lui-même juriste. Ils se trouvent face à d'autres avocats peuplant l'opposition tels que Marine Le Pen longtemps appuyée par Gilbert Collard (qui a rejoint le Parlement européen en 2019) pour le Rassemblement national ou Éric Diard pour Les Républicains. Certes, qu'il s'agisse de Pierre Person ou de Marine Le Pen, leur carrière politique a toujours primé leur carrière d'avocat. Mais n'en était-il pas de même pour François Mitterrand ou Gaston Defferre ?

Là aussi, la gauche avait historiquement l'avantage sur la droite pour aller chercher ses candidats parmi le peuple du droit. Au cours des dernières années, Robert Badinter ou Arnaud Montebourg ont constitué des étendards de la profession d'avocat ayant rejoint la gauche et y trouvant une place centrale. Pour ce qui concerne Robert Badinter, c'est davantage la gauche qui est venue le chercher que le contraire. Brillant avocat, il avait plaidé régulièrement contre la peine de mort et l'honneur, autant que la charge, lui sont revenus de l'abolir et de mettre fin à une pratique d'un autre temps. Robert Badinter a été nommé directement ministre de la Justice, garde des Sceaux en 1981 jusqu'à accéder au poste de président du Conseil constitutionnel en 1986. Son élection comme sénateur des Hauts-de-Seine, soit son premier mandat électif, n'est intervenue qu'en 1995 pour s'achever en 2011. Il semble avoir été davantage engagé par la gauche que de s'être engagé pour la gauche dont il n'est pas sûr que les programmes économiques l'enthousiasmassent.

Il n'en va pas de même pour Arnaud Montebourg. Le député de Saône-et-Loire et ministre a certes longtemps exercé la profession d'avocat se faisant remarquer par son talent oratoire autant que par la nature des affaires pour lesquelles il plaidait, telles que « Carrefour du développement », l'affaire René Bousquet ou encore les emplois fictifs de la Mairie de Paris. Georges Kiejman, avocat avec qui il a exercé, proche de François Mitterrand et ministre dans plusieurs gouvernements entre 1990 et 1993, facilitera son ascension en politique. Pierre Joxe sera aussi un de ses mentors. Mais, au fond, Arnaud Montebourg a toujours voulu entrer en politique. Son échec à intégrer l'ENA l'a sans doute conduit à réorienter le chemin qu'il s'était tracé pour entrer en politique en passant par le droit plutôt que par l'école alors située rue des Saints-Pères. Député à 35 ans, ministre à 40 ans, il a provisoirement mis entre parenthèses sa vie politique pour des fonctions entrepreneuriales… avant d'y revenir.

Ce n'est guère un mystère : la profession d'avocat a longtemps été en vogue à l'Assemblée nationale puisqu'elle permettait de cumuler les deux fonctions sans trop se soucier des conflits d'intérêts possibles. Ce cumul pouvait permettre le confort de revenus avantageux et l'assurance de retrouver sa clientèle en cas d'échec aux élections suivantes. Les règles sont devenues plus strictes et le nombre de candidats à la députation dans la profession a, de fait, reculé.

Il convient de reconnaître que les professions libérales, tout comme nombre de cadres du privé, sont nettement plus handicapées que les enseignants ou fonctionnaires en se lançant en politique. Ils n'ont pas la chance de retrouver leur clientèle ou leur emploi en cas d'échec à leur renouvellement parlementaire. Et un certain nombre de « battus » des élections ont eu du mal à se relancer sur le marché du travail. Mais faire carrière en politique, c'est aussi prendre des risques.

Chapitre 9

Syndicats et associations : les tremplins en politique

L'engagement dans la vie publique est multiple et n'est pas circonscrit à l'engagement politique. Si l'on voit aujourd'hui un mouvement d'engagement important vers des organisations fortement impliquées sur des champs thématiques assez restreints, voire des anciens élus s'engager dans des organisations de ce type, on ne peut pas oublier tous ceux qui ont fait le chemin inverse durant des décennies.

L'engagement syndical ou associatif fut une première étape de l'engagement public de nombreux hommes politiques. Dans la gauche ouvrière et populaire, l'engagement syndical et l'engagement politique allaient de pair. Sans retrouver ce qui fait les mouvements travaillistes dans le monde anglo-saxon et malgré la rupture entre le PCF et la CGT, il y a un mouvement naturel entre l'engagement syndical et l'engagement politique. Ce mouvement commence tôt puisque s'il y a une certaine porosité entre les syndicats et les partis politiques, elle existe beaucoup moins entre les syndicats étudiants et les partis politiques, contrairement aux idées reçues. C'est d'ailleurs un vivier important de jeunes cadres formés à l'action politique, à la prise de parole en public et à la mobilisation.

Le tremplin syndical

Chacun pourrait citer facilement dans ce chapitre le nom d'un leader syndical étudiant devenu cadre ou élu du Parti socialiste mais par provocation, c'est plus à droite que nous regarderons pour commencer. S'il y a un leader qui revendique avoir pris goût à la politique dans sa fonction tribunitienne grâce à son engagement syndical étudiant, c'est bien Jean-Marie Le Pen.

Lorsque nous lui posons la première question qui fut celle de tous nos entretiens, « Mais pourquoi faites-vous de la politique ? », Jean-Marie Le Pen nous répond qu'il a très vite voulu s'engager dans la sphère publique. Au collège, il fonde une section de l'union maritime et coloniale puis devient président de la corpo de droit à l'université. Engagé à l'UNEF mais « à la droite de l'UNEF », il découvre la passion de la verve qui sera un marqueur très fort de sa carrière politique. En effet, les congrès unitaires de l'UNEF de l'école rassemblaient des factions de l'extrême gauche à l'extrême droite et il fallait tenir huit jours de congrès entiers face à des assemblées parfois hostiles. Le reste de la carrière politique de Le Pen ne sera pas guidé par son engagement syndical initial, mais on ne peut oublier de rappeler les origines de la passion du verbe qui anime beaucoup d'hommes politiques.

À droite encore, Christian Jacob, venu du syndicalisme agricole, ayant dirigé le CNJA (Centre national des jeunes agriculteurs) entre 1992 et 1994, prit la tête de la commission de l'Agriculture et du Développement rural au sein du Conseil économique et social avant de s'engager au RPR pour Jacques Chirac. Maire de Provins, son ascension est spectaculaire, le menant à la direction du groupe UMP à l'Assemblée nationale entre 2010 et 2019 avant de prendre la tête du parti Les Républicains. Il a élargi progressivement la palette puisqu'il exerça les fonctions de ministre de la Famille, des PME et de la Fonction publique entre 2002 et 2007. Le syndicalisme agricole est un lointain souvenir pour lui mais il fut sa chance et le moteur de ses débuts en politique.

D'autres à droite sont également entrés dans la vie publique par le syndicalisme. C'est le cas de Christian Poncelet qui, venant de la CFTC dont il a été membre du conseil fédéral, est élu député en 1962 à 34 ans pour finir président du Sénat entre 1998 et 2008. Diplômé sous-ingénieur des PTT, il accédera au poste de numéro deux de l'État sans être passé par une grande école et en étant formé essentiellement par le syndicalisme.

Mais le vrai mariage entre syndicat et politique reste bien ancré à gauche. Certes, depuis la charte d'Amiens en 1906, les syndicats restent en théorie à l'écart des partis politiques. Il n'empêche que le mouvement syndical français a massivement appuyé la gauche dans la vie politique pour lui permettre d'accéder au pouvoir ; avant de souvent la contester lorsqu'elle était parvenue à conquérir l'Assemblée nationale. Nombre de syndicalistes ont franchi le Rubicon, passant de délégué syndical à député.

La perméabilité entre les deux sphères, politique et syndicale, s'incarne bien au travers de la personnalité de Jacques Chérèque (1928-2017). Ce dernier a fait ses armes dans le syndicalisme en contribuant activement à la mise en place et à l'ascension de la CFDT. Secrétaire général de la Fédération générale de la métallurgie CFDT en 1971, il devient secrétaire général adjoint de la CFDT en 1979. Remarqué par François Mitterrand qui le fera nommer préfet, il occupe le poste de ministre chargé de l'Aménagement du territoire et du Redéploiement industriel sous le gouvernement de Michel Rocard entre 1988 et 1991. Jacques Chérèque a toujours participé à la vie politique parallèlement à ses combats syndicaux. D'abord au PSU puis au Parti socialiste, appuyant la ligne de Michel Rocard. Mais ce sont bien ses fonctions syndicales qui lui ont permis d'accéder à la politique et de le faire bénéficier d'une connaissance de l'industrie qui faisait défaut à nombre de ses camarades du parti.

Un certain bon sens et une approche des réalités citoyennes sont sans aucun doute l'apport précieux que ces syndicalistes ont pu et peuvent apporter à la politique. Georges Sarre (1935-2019) en était un exemple typique. Venu de Force ouvrière et d'un emploi des PTT, il a été l'exemple de la fidélité à son grand homme : Jean-Pierre Chevènement. Il l'a suivi en toutes circonstances et jusqu'à la mort, apportant sa connaissance du terrain et des hommes à celui qui ne se lasse jamais du monde des idées. Un attelage aussi étonnant que fascinant, tant à eux deux ils se complétaient et s'appréciaient.

Plus proche de nous, Édouard Martin, qui fut le leader syndical lors de la fermeture des fourneaux Arcelor-Mittal de Florange en 2009, se vit proposer de figurer sur la liste socialiste lors des élections européennes de 2014. Élu député européen, ce qu'il resta jusqu'en 2019, il déploya une énergie considérable au Parlement européen pour défendre les intérêts souvent oubliés du secteur industriel et des salariés de ce secteur. Son ralliement à Benoît Hamon qui lui offrit une position sur sa liste Génération·s ne lui permit pas d'être réélu.

Nombre de cas pourraient être ici traités appuyant le fait que les syndicalistes entrés en politique sont particulièrement bien armés pour répondre à de nombreuses attentes citoyennes.

Les temps ont changé et aujourd'hui, le cœur de la gauche n'est plus celui des usines et des salariés. L'engagement associatif s'est substitué à l'engagement syndical, et peut s'apparenter aux prémices d'un engagement politique.

Les associations : écoles de l'engagement dans la vie publique

Certains leaders politiques sont venus à la politique par des engagements plus variés comme Emmanuelle Cosse, figure de la lutte contre le VIH dans les années 1990 et qui vient à la politique seulement en 2010. Fille de maoïste, mouvement qui a beaucoup essaimé en France dans les milieux associatifs alternatifs, Emmanuelle Cosse nous raconte que dès ses 15 ans, elle souhaite participer à la manifestation en mémoire de la mort de Malik Oussekine avec son mouvement lycéen mais que sa mère lui interdit de s'y rendre. C'est cette dernière qui ira y représenter sa fille, craignant que la manifestation ne dégénère.

Plus tard, Emmanuelle Cosse s'engagera chez Act Up et fut au centre d'un débat qui agita l'association durant plusieurs années sur l'opportunité de franchir le Rubicon de l'engagement politique en passant d'une position de lobbying à celle de l'action directe et donc du mandat électif. En 1995, puis en 1999, l'idée de présenter un candidat à la présidentielle puis aux européennes alors que l'épidémie faisait rage pouvait avoir du sens. Si rien ne garantissait une quelconque élection, l'audience apportée par une campagne électorale dans ce contexte si particulier aurait pu être interprétée comme une action de sensibilisation d'ampleur.

À cette même période apparaît dans certains milieux associatifs une forme de défiance vis-à-vis de l'État. Emmanuelle Cosse nous raconte que c'était très prégnant chez Act Up tant l'État avait pu paraître défaillant dans la gestion de l'épidémie de VIH dans les années 1990.

Le milieu associatif laisse à ses acteurs une large liberté de ton et d'action pour parvenir aux objectifs qui sont fixés. La politique peut paraître opérer sur un champ plus réduit qui peut effrayer parfois certains qui souhaiteraient passer de l'associatif à la politique. Le retour de certains de la politique vers l'associatif s'explique alors aussi très bien.

Tandis que les années 1990 ont été celles qui ont vu émerger de nombreux leaders syndicaux étudiants parmi les nouveaux visages de la gauche socialiste, l'année 2009 et la décennie qui s'ouvre sont celles de l'apparition d'une nouvelle génération de leaders de la gauche écologiste, venus pour la plupart d'horizons différents. Emmanuelle Cosse en fait partie, tout comme Yannick Jadot, Pascal Durand et Pascal Canfin dans une moindre mesure. À la suite de Daniel Cohn-Bendit, ils comptent fédérer ensemble un électorat plus large que celui des Verts et élargir l'éventail des idées de leur parti.

Pour Emmanuelle Cosse, c'est l'aboutissement d'un processus entamé et avorté plusieurs fois quand elle refuse en 2007 puis 2008 différentes investitures écologistes à Paris. Ce n'est pas aux européennes qu'elle s'engagera, à la différence des noms précédemment cités, mais aux régionales en 2010. Elle rompt ainsi avec une forme de snobisme qui agite souvent les milieux associatifs vis-à-vis de l'engagement électoral. Élue vice-présidente de la Région à la tête d'une liste où 50 % des candidats ne sont pas membres d'EELV, elle commence à travailler sur une question centrale pour la politique aujourd'hui : le logement. Tout comme Pascal Durand avant elle et Yannick Jadot plus tard, elle se retrouve à la tête du parti EELV à la demande de Cécile Duflot. Elle qui n'a jamais été engagée dans un parti politique avant 2010 doit dorénavant en diriger un qui entretient des liens particuliers au sein de la majorité avec le Parti socialiste. Tout cela dans un contexte de participation gouvernementale qui aboutira à une rupture en 2014 avant qu'elle-même ne rentre au gouvernement en 2016 et, en conséquence, soit exclue du parti qu'elle dirigeait quelques semaines auparavant.

De la gestion d'une association comme Act Up, qui fait fi de toute préséance et affiche une hostilité plus ou moins grande vis-à-vis du milieu politique, à chef d'un parti trublion et enfin ministre du Logement, Emmanuelle Cosse connaît un parcours peu typique parmi les élus et son regard sur l'engagement politique n'en est que plus riche.

Alors qu'elle s'était entraînée pendant des années à bousculer les politiques à la tête d'une association surtout tribunitienne et activiste, une fois vice-présidente de la Région puis ministre en charge du Logement elle doit surtout « produire », selon ses mots. De son passage dans l'exécutif, elle retient qu'un ministre peut faire le choix d'accomplir et délivrer ou de rester un simple tribun. Ayant déjà travaillé à la Région sur le logement dans une position qui ne peut être que celle de l'action car n'offrant pas une tribune publique, elle continue dans cette même veine à la tête du ministère du Logement et aujourd'hui à la tête de l'Union sociale de l'habitat.

La mouvance écologiste est toujours très poreuse entre ceux qui choisissent l'engagement associatif et ceux qui décident de sauter le pas vers l'engagement partisan et électoral. Un des exemples les plus récents et des plus éloquents est celui de Yannick Jadot qui a démarré sa carrière publique chez Greenpeace avant de choisir d'entamer un chemin électoral chez EELV sous le parrainage de Daniel Cohn-Bendit quand celui-ci tentait en 2010 d'élargir ce mouvement pour le sortir de la nasse gauchiste, et ce après un premier succès d'ampleur aux européennes de cette année-là.

L'engagement politique offre quelque chose d'unique comme nous avons déjà pu l'écrire. Il permet à tous ceux qui ont l'envie de changer les choses de pouvoir s'intéresser à et d'agir sur des sujets bien plus vastes que leurs centres d'intérêt premiers. Si les ponts étaient assez fréquents entre l'engagement syndical ou associatif et l'engagement politique, c'est qu'il y avait là de bonnes écoles pour apprendre à s'intéresser à la société dans son ensemble et à sortir petit à petit de ses champs de prédilection. Aujourd'hui, on voit de plus en plus que s'établit un chemin inverse. La politique perd souvent prise avec la société en ne donnant plus l'envie de s'intéresser à ce qui ne nous intéresse pas. Cela conduit à préférer revenir à ses premières amours et rejoindre telle ou telle association où il est plus confortable, et intellectuellement moins ardu, de s'en tenir à un champ d'action que l'on connaît déjà très bien et où l'on fera face à moins de contradictions.

PARTIE 3

COMMENT RAVIVER LA FLAMME DE L'ENGAGEMENT EN POLITIQUE ?

Il n'y a pas de solution magique pour accélérer le retour du goût à l'engagement politique. Seulement des pistes qui pourraient motiver chacun à retrouver le chemin des partis. L'affaire est d'autant plus complexe que l'époque incite et invite les formations politiques à davantage se centrer sur l'attrait de catégories spécifiques (jeunes, chasseurs, LGBT, salariés du secteur public, etc.) plutôt qu'à viser l'intérêt général. Les propositions sont devenues catégorielles et poussent à une vision atomisée de la société. L'intérêt général est le plus souvent laissé de côté. Une note de la fondation Terra Nova publiée en 2011, « Gauche : quelle majorité électorale pour 2012 ? », va jusqu'à souligner que la tentative de reconquête des classes populaires par le Parti socialiste doit être mise entre parenthèses pour se concentrer sur les classes moyennes. Bien que les auteurs de la note s'en soient défendus, l'intention autant que la recommandation stratégique pour mener campagne ne laissaient guère de doute sur l'orientation visée par ces stratèges du Parti socialiste. On y trouvait des affirmations comme suit :

« La classe ouvrière n'est plus le cœur du vote de gauche, elle n'est plus en phase avec l'ensemble de ses valeurs. » Autrement dit : inutile de perdre son temps à tenter de convaincre des classes populaires qui semblent s'être définitivement tournées vers le Front national de l'époque.

Nous ne partageons pas cette vision. Les partis politiques ne retrouveront du lustre qu'à partir du moment où ils offriront une perspective globale et un modèle à l'ensemble de la société. Il leur faut pour cela lancer une réflexion complexe et exigeante en leur sein pour trouver le point d'arrivée qu'ils veulent proposer aux citoyens. Finie la politique des raisonnements simplificateurs, des propositions à l'emporte-pièce et des petites phrases assassines ! Place au raisonnement et à l'élaboration d'une vision.

Dans son ouvrage *Savoir pour pouvoir : sortir de l'impuissance démocratique*, François Cornut-Gentille ne ménage pas ses critiques vis-à-vis des responsables politiques, y compris ceux de sa famille politique. Il n'épargne personne mais propose ce qui pourrait revitaliser la démocratie et, par là même, encourager le réinvestissement des citoyens dans la vie politique. Tout, selon lui, devrait commencer par la mise en place d'un véritable diagnostic sur le pays, son économie, sa société, etc. ; diagnostic qui n'est jamais fait. Nos élus avancent des propositions sans savoir même d'où ils partent réellement.

Aux multiples travaux qui existent sur les moyens de redonner de la vigueur à l'engagement, nous aimerions insister sur six points auxquels nos femmes et hommes politiques devraient s'attacher :

- retrouver une certaine dignité dans la fonction ;
- assumer pleinement le pouvoir ;
- retrouver de l'espace ;
- revoir les modes de représentation ;
- revitaliser les partis politiques ;
- attirer un personnel politique qui incite à l'engagement.

Tel est l'objet des chapitres qui suivent.

Chapitre 1

Redonner de la dignité à la fonction politique

Que le spectacle s'arrête

« La politique autrefois, c'étaient des idées. La politique aujourd'hui, ce sont des personnes, plutôt des personnages. » Cette citation est issue d'un livre de Roger-Gérard Schwartzenberg, *L'État spectacle*, publié en 1977. Il publiera la suite en 2009, nourrissant son propos de multiples exemples. RGS, comme il avait l'habitude d'être appelé, agrégé de droit public, plus jeune professeur de faculté de France, fut par la suite député pendant plus de vingt-cinq ans, ministre à plusieurs reprises et président du Parti radical de gauche. Déplorant dès le milieu des années 1970 les nouvelles formes que prenait la politique au travers de mise en scène des vies privées, de la participation à des jeux télévisés ou à des spectacles des hommes et femmes en responsabilité d'État, RGS, qui ne tomba jamais dans ce type de pratique, ne se doutait pas de l'amplification jusqu'à l'excès de ce qu'il considérait comme un dévoiement de la chose publique. Et pourtant, lors de la parution de son livre, la presse « people » était assez marginale, les chaînes d'information en continu n'existaient pas et la presse quotidienne se centrait sur de grands sujets sérieux et souvent austères. Certes, il y avait eu des photos des Pompidou en vacances à Brégançon et de Mme Pompidou en maillot de bain avant 1974. Valéry Giscard d'Estaing, pour marquer sa jeunesse face à François Mitterrand, n'avait pas hésité à s'afficher en compagnie de ses enfants lors de sa campagne électorale le menant à la présidence. On pouvait noter ici et là des politiques livrant des confessions privées. Mais comme tout cela était epsilonesque au regard de l'information générale de l'époque !

Cette époque, si peu lointaine, laissait nos responsables politiques libres de mener la vie privée qu'ils entendaient. Les rumeurs existaient mais ne passaient pas le cap de la confession entre initiés sans risque d'être trop propagées au sein du grand public. Valéry Giscard d'Estaing n'était pas un mari irréprochable mais l'on n'en savait rien. François Mitterrand menait une double vie entre son épouse Danièle et Anne Pingeot, son grand amour et la mère de Mazarine et développait par ailleurs les débuts d'un cancer de la prostate mais cela ne dépassait pas les insinuations d'un journal d'extrême droite tel que *Minute*. La vie privée était globalement respectée. La France était alors une exception parmi les démocraties ; on pouvait être un homme public sans avoir à étaler sa vie privée.

Ce sont les années 1980 qui ont commencé de propulser au-devant de la scène ce côté spectacle. Dès 1984, le très sérieux Lionel Jospin nous honore de chanter « Les feuilles mortes » à la télévision. François Léotard qui ne veut pas être en reste vient nous faire quelques vocalises autour de « L'Ajaccienne ». Et que dire de tous ceux qui défilent à l'émission de divertissement d'Évelyne Leclercq, Simone Garnier et Fabienne Égal : « Tournez manège », où maris et femmes doivent fournir séparément les mêmes réponses aux mêmes questions pour remporter le prix. Louis Mermaz, ancien président de l'Assemblée nationale, agrégé d'histoire et d'allure assez austère, y participera en compagnie de son épouse Annie. Mais il ne sera pas une exception, on pourra y voir les performances de la famille Descamps, des Charrette, des Lang et de tant d'autres.

Leur idée est toujours la même : paraître plus humain, donner le sentiment de se rapprocher des citoyens, se montrer sympathique ; ce que l'exercice politique ne permet pas toujours.

Les intentions des participants à ces émissions de divertissement sont louables. Elles partent du principe qu'en apparaissant dans des jeux grand public, des variétés ou des épreuves sportives, les citoyens vont spontanément éprouver un sentiment de rapprochement avec les politiques. Après tout, Lionel Jospin n'a-t-il pas gagné six points dans les sondages après avoir délivré des vocalises sentimentales qui ne poussaient pas à proposer sa candidature au concours de l'Eurovision ? Ces points furent bien vite reperdus dès lors que le patron du Parti socialiste quitta les planches de spectacle pour retrouver les bancs de l'Assemblée nationale.

Les exercices d'exhibition ont été vivement encouragés par les communicants de l'époque à l'égard de leur clientèle politique : « Montrez que vous êtes un Français comme les autres avec vos passions propres, vos pratiques sportives, votre appétence aux réunions familiales et vous apparaîtrez beaucoup plus proches d'eux. »

À la fin des années 1980, la télévision elle-même imagine, au-delà du secteur des divertissements, des émissions plus intimistes avec nos gouvernants et responsables de la chose publique. C'est l'époque des « Questions à domicile » qui dura quatre années de 1985 à 1989, présenté par la sérieuse Anne Sinclair et Pierre-Luc Séguillon puis en duo avec Jean-Marie Colombani alors patron du *Monde*, le journal de référence de l'époque. Le principe est simple : nos animateurs se rendent au domicile des politiques et leur posent des questions autant sur leur vie personnelle que sur les grands sujets d'actualité. Pour avoir alimenté en sondages cette émission, et sous la supervision toujours brillante de Jérôme Jaffré, le patron politique de la SOFRES, l'un des auteurs du livre a en mémoire des épisodes croustillants de politiques redécorant partiellement leur appartement à l'avance, d'autres s'attelant à limiter un capharnaüm par trop gênant où les piles de livres encombraient les couloirs (Michel Rocard) et ceux révélant une austérité glaçante qu'on ne leur supposait pas (les Quilès). Jean-Marie Le Pen ouvrira même sa vaste demeure de Saint-Cloud pour l'occasion, révélant un confort de grand bourgeois pour un homme se félicitant de sa proximité avec le peuple. Quant à Valéry Giscard d'Estaing, dans son domaine d'Auvergne, il ne résistera pas à montrer à quel point il était de santé solide laissant, par une météo presque négative, la fenêtre ouverte tout au long de l'émission. Nos animateurs en ressortiront transis de froid !

Anne Sinclair, journaliste exemplaire, cultivée mais aussi pleine d'humour, avoue avoir souvent beaucoup ri de la situation dans laquelle elle mettait ses invités qui n'osaient pas se défiler. Le principe était simple : une présentation en début d'émission du conjoint qui rapidement s'éclipsait, laissant l'époux ou épouse politique vêtus généralement d'une tenue relativement décontractée, que l'on dirait aujourd'hui « casual » (pullover et chemise sans cravate pour les hommes, corsage sans bijou apparent pour les femmes). Ce qui donnait lieu à des scènes presque caricaturales telles que l'image de Mme Rocard restée dans la cuisine après avoir servi les cafés, et regardant s'éloigner au salon le futur Premier ministre en compagnie des journalistes pour aborder les questions sérieuses ! C'est aussi au cours d'un « Questions à domicile » qu'Anne Sinclair rencontrera Dominique Strauss-Kahn qu'elle épousera par la suite. Le traitement a été spécial en 1988 pour François Mitterrand, candidat à sa réélection, qui organise la rencontre dans les salons privés de l'Élysée, prétextant de travaux à son domicile dont on peut douter. Le président de la République n'était pas du genre à se dévoiler trop et conservait des habitudes distancées avec ses interlocuteurs, en particulier journalistes. Cette émission, sympathique dans sa forme, intelligente dans son animation et satisfaisant autant le téléspectateur voyeur que l'amateur de politique, n'est pas parvenue à renforcer réellement le lien des Français avec leurs élus.

En quoi un Valéry Giscard d'Estaing se lançant dans un morceau d'accordéon, ou un Laurent Fabius se confiant à Patrick Sabatier dans « Si on se disait tout » en 1990, pourraient-ils nous rapprocher d'eux ? Leur image est celle de grands bourgeois, passés par les meilleures écoles, et dont la distance naturelle ne pourra jamais être compensée par leurs confessions personnelles pour se rapprocher du Français moyen. Non seulement l'image des politiques ne profite pas de ces exercices souvent démagogiques mais, de surcroît, l'image de la politique s'en trouve le plus souvent écornée. Le spectacle par des acteurs dont les rôles paraissent faux ne peut pas susciter l'engagement. Il ne suffit pas de sembler sympathique une demi-heure pour rallier les foules à sa personne. Les citoyens s'amusent à ce spectacle mais ne sont pas dupes. Pour susciter l'engagement, il convient de remettre les idées au centre et le spectacle dans l'arrière-salle.

La France n'est pas les États-Unis où le « *politainment* », ce mélange d'idées politiques vagues et d'amusement, peut conduire au sommet. Ronald Reagan fut un acteur assez connu des Américains avant d'être élu en 1966 à l'âge de 55 ans gouverneur de Californie puis président des États-Unis en 1980. Arnold Schwarzenegger lui a succédé en 2003 au poste de gouverneur de Californie de 2003 à 2011. Il est vrai qu'en Californie, le cinéma est une grande industrie et qu'une fois élus, nos deux acteurs se sont attachés, souvent avec talent, à rester dans leur rôle politique et à ne pas jouer les amuseurs. Donald Trump a davantage profité de ses shows télévisés « The Apprentice » de 2004 à 2015, que de son empire immobilier pour se forger une popularité qui l'a conduit en 2016 à la Maison-Blanche. Puis il n'a plus jamais été drôle… Mais ce qui vaut pour nos amis américains ne vaut pas pour nous.

Retrouver le prestige de l'expression et le poids des mots

En France, la politique, même si elle est entachée d'une mauvaise image, jouit toujours d'un certain prestige. Lorsque Jean-Luc Mélenchon clame à des policiers venus le perquisitionner en octobre 2018 : « Je suis un élu de la République, ma personne est sacrée », il choque car il semble se mettre au-dessus des autres citoyens. Pour autant, son arrogante affirmation est intéressante. Plusieurs jours plus tard, le leader de La France insoumise a justifié sa déclaration comme suit :

> L'expression « ma personne est sacrée » est une expression dont vous trouverez l'explication dans *Le Littré*, un dictionnaire bolchevique bien connu, dans lequel on fait référence à l'histoire profonde qui fait que les tribuns du peuple, et les parlementaires depuis la Première République en France, sont

déclarés inviolables et qu'ils bénéficient d'un certain nombre de protections, que ces protections font qu'ils ne sont pas, sur tous les plans, sur le même plan que les citoyens.

Lorsqu'en juin 1789, les représentants du tiers-état, réunis dans la salle des Menus Plaisirs s'affirment en Assemblée nationale, ils choisissent une véritable rupture avec l'Ancien Régime et relèguent très en arrière les deux autres ordres de l'époque : la noblesse et le clergé, sans parler du roi. À partir de ce moment, nos élus incarnent et représentent toute la population, ils deviennent nos défenseurs et la voix de nos revendications ; ils représentent le pays tout entier et pas seulement une partie du pays. Au fil du temps et particulièrement à partir de la fin du XIXe siècle et l'avènement de la IIIe République, les députés, tout comme d'ailleurs les sénateurs, revêtent un immense prestige. L'immunité parlementaire, destinée à les protéger, était aussi un moyen d'insister sur le fait qu'ils n'étaient pas des citoyens comme les autres. Même si, lors des états généraux de 1789, l'immunité avait été votée avant tout pour empêcher le roi de faire arrêter les députés qui lui étaient hostiles.

Il ne faut jamais perdre de vue que notre vieux pays a longtemps été monarchiste et toujours fasciné par les figures d'autorité si l'on en juge aux sondages où Napoléon Ier, Charles de Gaulle et Louis XIV occupent toujours les meilleures places dans le cœur des Français. Il n'est pas anormal de comprendre au travers des figures admirées ce que les citoyens de ce pays aiment à voir chez les politiques : du panache, de l'audace, de l'autorité et une expression orale très maîtrisée. Valéry Giscard d'Estaing autant que François Mitterrand bénéficiaient de nombreuses qualités parmi celles admirées. Ils invitaient au respect même leurs adversaires les plus déterminés. Leur verbe était précis et souvent cruel à l'égard de ceux qui cherchaient à s'opposer à eux.

Car la France est un pays où les mots comptent plus que tout, où, pour reprendre l'expression d'Emmanuel de Waresquiel, les mots précèdent les choses. Et Waresquiel montre bien dans son passionnant ouvrage *7 jours : 17-23 juin 1789, La France entre en révolution* comment la réunion des états généraux du printemps 1789 tourne progressivement à la révolution par une escalade du verbe qui transforme une assemblée de députés essentiellement bourgeois, et au départ relativement modérés, en révolutionnaires déterminés. Mirabeau en est le prototype. Heinrich Von Kleist dans ses *Petits écrits* produit un texte fascinant sur « l'art du discours » expliquant que chez certains, tels que Mirabeau, le discours improvisé démarre toujours sur un rythme raisonné pour qu'au fil de l'exposé, les mots s'enchaînent de plus en plus rapidement avec davantage de dureté et de lyrisme jusqu'à finir en apothéose. Le « Nous sommes entrés par la volonté du peuple et nous n'en sortirons que par la force des baïonnettes » qui conclut un discours est une des phrases de Mirabeau qui a presque suffi pour porter l'auteur de son lit de mort au Panthéon, avant de l'en retirer pour d'autres raisons.

Un jour où l'un des auteurs de ce livre expliquait le texte de Von Kleist à un Premier ministre en insistant sur le fait qu'on trouve, chez certains, les discours improvisés où le mot pousse le mot et entraîne le discourant dans des envolées lyriques, ce chef du gouvernement ne résista pas à la fin du court exposé à s'exclamer : « C'est exactement moi, ça ! » Bien sûr, il s'agissait de Dominique de Villepin dont chacun a en mémoire sa célèbre prestation au Conseil de sécurité de l'ONU en février 2003 et dont tout porte à croire que l'envolée finale lui vint sans avoir été écrite à l'avance bien que beaucoup se vantent de l'avoir écrite. Le film de Bertrand Tavernier *Quai d'Orsay*, chef-d'œuvre d'humour, recèle une vérité sur le personnage central censé camper Dominique de Villepin en ministre des Affaires étrangères : son goût des mots. Et ce dernier de répéter chaque fois qu'une proposition de discours lui est présentée : « Cela manque de souffle ! » L'ancien secrétaire général de l'Élysée est à n'en pas douter un amoureux des mots et de la charge d'émotion qu'ils peuvent produire. Mais sa résistance aux appareils politiques et son dédain vis-à-vis des partis lui ont barré la route de la présidence. Il avait sans doute une culture politique d'un autre temps.

En France, les mots fascinent. Jean-Luc Mélenchon doit en grande partie son score de la présidentielle 2017 à son expression forte, tout comme cela fut le cas de Jean-Marie Le Pen en son temps. Et nous pourrions ajouter à ces deux derniers que la rapide conquête du pouvoir par Emmanuel Macron tient aussi à son verbe.

Du fait de cet attachement aux mots et de l'importance donnée au style, les spectacles de responsables politiques participant à des jeux, ou voulant paraître au même niveau de vocabulaire que les autres Français, amusent le public mais ne séduisent pas le citoyen. Non seulement, l'opinion n'est pas dupe du jeu de communication du politique, mais elle ne retrouve pas la figure de prestige qu'elle attend d'un responsable. Jean-François Copé, lors de l'interview qu'il nous a consacrée, a raison de dire ce que les autres n'osent pas dire : « le politique n'est pas un citoyen comme les autres ». Et sa parole doit l'élever au-dessus et marquer sa différence, comme pour signifier qu'il est élu car en partie exceptionnel. Ce n'est guère un hasard si la politique a davantage brillé au temps où les avocats y tenaient un rôle central. Pour susciter l'engagement, il faut trouver les mots qui entraînent et interpellent, créer de l'émotion. La France politique est devenue une nation trop tournée vers l'image et trop peu exigeante à l'égard de l'expression orale. Or ce sont les mots qui poussent à l'engagement, plus souvent que les textes dont on ne sait pas si celui qui les délivre en est réellement l'auteur.

« Cesser les participations à des débats spectacles »

À se donner en spectacle et à négliger la force des mots, les politiques se plaisent également à participer de nos jours à de multiples débats, colloques et conférences qui souvent les abaissent au lieu de les distinguer. Le développement des chaînes d'information en continu n'a pas eu pour effet d'élever le débat politique, tout au contraire. Passer à la télévision était chose plutôt rare et soigneusement préparée jusqu'au tout début des années 2000. Intervenir à « Cartes sur table » d'Alain Duhamel et Jean-Pierre Elkabbach (1977-1981), à « 7 sur 7 » d'Anne Sinclair (1981-1997) ou à « L'Heure de Vérité » de François-Henri de Virieu (1982-1995) était une consécration et une lourde préparation. Les chaînes de télévision multipliaient les annonces faisant la promotion de l'invité. Les journalistes eux-mêmes avaient longuement préparé leurs interviews. Et les audiences suivaient, au point où les chaînes plaçaient ces rencontres politiques télévisuelles à des heures de grande écoute. Le ton était souvent cordial sinon au moins poli, les messages des élus avaient été travaillés et faisaient souvent l'objet de reprise dans les quotidiens du lendemain. Les débats entre politiques intervenaient à l'occasion des périodes électorales mais, en dehors de ces moments, la télévision consacrait de longues heures à faire passer un examen approfondi, en figure individuelle, aux élus. Une époque davantage tournée vers la profondeur de l'analyse et des arguments plutôt que vers le spectacle de l'affrontement.

Et vinrent les chaînes d'information en continu. D'abord ce fut la filiale de TF1, LCI en 1994, puis CNews (ancienne version) en 1999 suivi par BFMTV en 2005, France Info TV en 2016 et RT France (chaîne d'information russe en français) en 2017. Comment faire de l'audience avec des budgets réduits, des décors minimalistes et des informations pas toujours attrayantes ? La réponse est arrivée assez vite : des débats, des débats et encore des débats. Des débats sur tout et n'importe quoi animés par des présentateurs qui, tels des ouvriers de l'information, enchaînent les plateaux d'invités divers et variés sur n'importe quel sujet d'actualité, et plaçent chacun des intervenants du débat au même niveau l'un que l'autre, quel que soit son niveau de connaissance sur le sujet abordé. Publicitaires, sondeurs, journalistes de la presse écrite, enseignants, artistes, intellectuels, responsables économiques, syndicaux et bien sûr politiques courent les plateaux de ces chaînes, imaginant que leur entourage ou leur électorat va leur vouer une admiration sans limite de passer à la télévision. Et puis ont-ils réellement le choix ? Un refus risquerait de laisser la place à un adversaire politique. Tout le monde se bouscule pour en être. Avec des ronds de serviette quasi permanents pour certains. France Info câline surtout les personnalités de gauche, tandis que CNews penche pour la droite très affirmée, RT a jeté son dévolu sur les amis de Marine Le Pen et tous ceux qui peuvent dire du mal du système politique français, propagande oblige. LCI paraît presque modérée après avoir été sincèrement du côté du pouvoir en place sous Nicolas Sarkozy. Quant à BFMTV, elle est devenue la préférée des politiques : on n'y est pas invité en fonction de son étiquette politique mais de sa capacité à faire du bruit.

Le plus souvent, les politiques sont dévalorisés lors des débats ; soit du fait de l'animation brouillonne, soit parce que mis face à des personnes dites « issues de la société civile » qui ne sont là que pour dérouler des discours antipolitique ou antisystème qui plaisent toujours aux téléspectateurs. Ces derniers sont au spectacle. Lors de la crise des Gilets jaunes, des sommets ont été atteints. Maxime Nicolle, casquette en arrière vissée sur la tête, pouvait y délivrer n'importe quelle ânerie et avancer des thèses complotistes qui ne servaient pas les Gilets jaunes sincères se battant eux pour faire valoir des revendications souvent bien légitimes. Face à lui, un animateur souvent absent ou cherchant à enflammer encore davantage le débat, et un politique totalement ahuri par le discours de Maxime Nicolle qui pouvait avancer n'importe quel fait ou donnée sans être contredit ou challengé par l'animateur. L'habileté du représentant des Gilets jaunes autodésigné était de se poser en victime de la société face au politique puissant et préservé des malheurs de la vie. Donald Trump, coutumier du mensonge tant répété qu'il finit par imprégner ses électeurs, n'aurait pas désavoué Maxime Nicolle ; peut-être lui aurait-il offert une place de choix dans son administration !

Comment nos responsables politiques peuvent-ils imaginer que leur image va profiter de ces passages à la télévision, dans des débats qui ne réunissent qu'assez peu de téléspectateurs et où leur modération prudente, face à des « invités de la société civile » présents pour le spectacle, peut passer pour de l'arrogance ? Au mieux donnent-ils le sentiment de fuir les réponses aux questions. Le résultat est terrifiant. Jamais nos élus n'ont eu autant l'occasion de s'exprimer en public (télévision, tribunes, médias sociaux, etc.), jamais ils n'ont connu une telle défiance de la part de l'opinion, décourageant par là même tous ceux qui seraient tentés par l'action politique. Et comme si les occasions d'avoir une tribune publique télévisuelle étaient rares, certains partis ont mis en place leur propre chaîne de média pour y apparaître davantage. C'est le cas de La France insoumise avec une chaîne appelée avec modestie « Le Média ». Cette chaîne animée par des militants peut s'enorgueillir de compter plus de 400 000 abonnés YouTube mais ses émissions ne dépassent quasiment jamais les 20 000, un chiffre assez ridicule pour tant de moyens déployés. Ceux qui suivent ces médias de partis sont déjà entièrement convaincus par les thèses qui y sont développées. Sans doute viennent-ils y chercher une confirmation de ce qu'ils ont envie de penser et, aussi, quelques arguments qu'ils vont pouvoir avancer à leur entourage et opposants.

Une certaine dignité naturelle à reconstruire

En se mettant en scène et s'offrant en spectacle, les élus n'ont rien gagné en proximité avec les citoyens. Il est sûr en revanche qu'ils ont perdu en prestige. Les enquêtes d'opinion montrent à quel point les citoyens jugent artificielle la mise en scène des politiques dans leur intérieur domestique. L'ambition de « faire peuple », « avoir l'air d'un Français comme un autre » est sympathique dans l'approche et contre-productive dans les effets. D'abord parce que les Français ne croient pas les images qu'ils voient et supposent toujours une mise en scène. Point sur lequel on ne saurait leur donner tort. Être proche des préoccupations des gens, comme le formulent les sondages, ne suppose pas de leur ressembler mais seulement de connaître leurs préoccupations pour leur apporter des solutions.

Antoine Rufenacht (1939-2020) fut plusieurs fois député, président du conseil régional de Haute-Normandie, secrétaire d'État sous Raymond Barre entre 1976 et 1978. Il était un homme riche, très riche, avait les manières policées d'un autre siècle et ne dissimulait pas son statut de grand bourgeois sans pour autant faire preuve d'une quelconque arrogance. Il avait fait l'ENA, se savait très fortuné par rapport à la moyenne des Français et n'avait qu'un rêve dans la vie : devenir maire du Havre. Sans doute un rêve d'enfant tant il aimait sa ville où ses parents, de grands négociants protestants originaires de Suisse, s'étaient établis. Rien d'autre que Le Havre ! Même lorsque Jacques Chirac dont il fut directeur de campagne lui proposa un portefeuille prestigieux de ministre, ce fut une réponse définitive : non ! Le Havre et rien que Le Havre. Après de multiples tentatives dans une ville considérée comme un bastion communiste ouvrier, le grand bourgeois finit en 1995 par atteindre son but et occuper le fauteuil de maire du Havre. Il conserva ce mandat jusqu'en 2010 où il le céda volontairement à Édouard Philippe. Qui connaît la sociologie du Havre, sa population et ses traditions ouvrières ne peut être que surpris de cette conquête qui stupéfia son adversaire. En réalité, sans se départir de ses bonnes manières et de son allure de grand bourgeois, Antoine Rufenacht avait parfaitement traduit les préoccupations de ses concitoyens dans son programme en leur proposant des solutions qui les ont alors séduits. L'exemple même que le vote se concentre moins sur la personne que sur les propositions qu'elle avance.

François Cornut-Gentille, dont nous avons détaillé le parcours, a conquis la ville de Saint-Dizier, commune ouvrière et pauvre de la Haute-Marne, en 1995, face à une mairie de gauche dont le profil des élus ressemblait davantage au profil de la population que ne pouvait prétendre celui qui allait devenir maire jusqu'à son retrait en 2017. Lorsqu'il s'attaqua à la conquête de la ville, François Cornut-Gentille avait des racines lointaines dans la région mais il était avant tout un Parisien, d'origine à la fois bourgeoise et aristocratique, d'une immense culture, catholique pratiquant de surcroît dans une terre de gauche. Quel contraste avec la sociologie de la ville où le chômage gangrenait une bonne partie de la population et où l'église du XIIIe siècle ne constituait pas un lieu de rendez-vous prisé des Bragards. Comment François Cornut-Gentille s'y était-il pris ? Avec une certaine modestie, il ne cache pas qu'il a bénéficié d'y avoir été élu député deux ans avant de devenir maire et que ce statut l'a beaucoup aidé. Il ne cache pas non plus que l'équipe municipale en place pâtissait d'une image d'impuissance face à l'économie de désolation qui s'y était alors installée. Mais surtout, quelle n'a pas été sa surprise lorsqu'il allait faire campagne à la sortie des usines en difficulté, et que des ouvriers encartés à la CGT lui avouaient être heureux de pouvoir échanger très directement avec un élu, fût-il de droite, confronter leurs points de vue au sien. Les édiles locaux avaient depuis longtemps déserté ces rencontres, assurés que la seule sociologie du nouveau venu découragerait les électeurs de se porter sur lui. Et lorsqu'on lui rappelait qu'il était parisien, Cornut-Gentille n'hésitait pas à souligner que c'est à Paris qu'il faut aller chercher des subventions et des investissements pour la région, que rester à se victimiser à Saint-Dizier ne leur rapporterait rien. Il allait se battre pour cela. Ce qu'il fit et explique la longévité de son mandat ; parvenant même à conserver une base militaire qui aurait quitté la région sans son actif lobbying. Rester soi-même sans se mettre en vedette et avancer des projets.

Les politiques ont besoin de retrouver de la dignité pour conquérir l'opinion. Et cette dignité devrait leur faire fuir les sollicitations médiatiques spectaculaires pour les ramener aux seules attentes et préoccupations des électeurs. Faire la démonstration d'une certaine empathie, toujours nécessaire, ne doit pas les conduire à bousculer ce qu'ils sont. Les citoyens sont beaucoup plus intelligents que ce que croient certains politiques ; ils démasquent avec aisance ceux qui ont opté pour un rôle et une image en contradiction avec leur réalité. L'important est davantage de chercher à comprendre les citoyens que de chercher à leur ressembler. Séduire ne suffit pas pour conquérir.

Pour rehausser le prestige de la politique et faire de ce prestige un élément d'attraction des citoyens, les élus doivent laisser apparaître la sincérité de leur personne et la force de leurs convictions. Cela suppose aussi que nombre de responsables abandonnent certaines pratiques comme de « tweeter » en permanence sur tout et n'importe quoi. Ségolène Royal, en pratiquant le commentaire permanent au travers de tweets dont certains se retournent rapidement contre elle, a entamé gravement son image. La *tweetophilie* de l'ancienne candidate à l'élection présidentielle n'a fait qu'accentuer la vision narcissique que l'on pouvait avoir d'elle. Elle n'a pas gagné en image et a perdu fortement en crédit. Le recours à ce média social doit être parcimonieux pour être efficace.

Chapitre 2

Assumer et décider ; ne plus déléguer !

La profusion des commissions

Retrouver une capacité d'attraction passe aussi par la force du pouvoir. Le « Gouverner, c'est choisir » de Pierre Mendès France portait la responsabilité de la décision sur l'élu. Or, depuis la fin des années 1980, les politiques ne cessent de reporter sur d'autres les choix et décisions qu'ils auraient dû prendre eux-mêmes. Il est devenu courant qu'un problème ou un projet de loi ne fasse appel, pour y réfléchir ou l'écrire, à la mise en place de comités spéciaux, souvent qualifiés d'indépendants, ce qui a l'avantage pour le politique de le dédouaner au cas où des constats avancés ou des mesures proposées seraient dénoncés par l'opinion.

En première approche, ce mode de fonctionnement peut être séduisant. On implique des experts ou des citoyens, on les invite à réfléchir et proposer, puis on choisit dans le catalogue de leurs propositions celles qui correspondent le mieux à une réponse possible et qui font le plus consensus. Ainsi, nombre de comités d'experts et d'indépendants ont été montés au fil du temps ; et quel que soit le sujet concerné. Il existait en France en 2018 près de 400 commissions consultatives rattachées au Premier ministre ou à des membres du gouvernement. Le record de commissions est détenu par le ministère de la Transition écologique et solidaire (62 commissions !), suivi à égalité par le ministère de la Culture et celui de la Santé et des Solidarités (44 chacun), puis vient l'Action et les Comptes publics (34), le Premier ministre (33) et l'Intérieur (27). Chacun des autres ministères est doté de commissions mais en nombre moindre pour atteindre ce total impressionnant d'instances consultatives ou d'évaluation.

On pourrait mettre l'accent sur le coût qu'entraîne la mise en place de ces instances mais la question ne se situe pas à ce niveau ; et il faut admettre que le budget de chacune d'entre elles n'est pas très élevé, beaucoup d'experts et participants étant bénévoles. La critique porte plutôt sur le report de mesures et de décisions sur des organes extérieurs à la politique. Tout cela donne le sentiment d'un dessaisissement des politiques voire de l'administration au profit de non-élus sous prétexte d'expertise, d'objectivité ou encore d'indépendance. Or, la plupart des missions qui leur sont assignées devraient en toute logique dépendre non pas des ministères mais du Parlement en impliquant l'Assemblée nationale ou le Sénat, ce qui leur redonnerait du pouvoir. La concentration de la responsabilité de ces commissions dans les ministères amplifie le sentiment d'ultracentralisation. On peut s'interroger par exemple sur le rôle du ministère de la Transition écologique et solidaire à l'égard de ces 62 commissions qui en dépendent et des 374 réunions qu'elles ont faites en 2018. Certaines ne s'étant jamais réunies, d'autres une ou deux fois tandis que les plus actives ont provoqué entre 20 et 45 rendez-vous. Comment le ministère peut-il suivre tout cela ?

Lors du budget 2019, le Premier ministre de l'époque, Édouard Philippe, a annoncé la suppression de 74 commissions jugées inutiles et la fusion de dix autres avec des commissions existantes. Dans le même temps, de nouvelles commissions étaient créées en nombre très inférieur (18) mais venant compléter la longue liste déjà existante. Il en a résulté de nombreuses critiques, très fortement relayées sur les réseaux sociaux. À lire les tweets, on a le sentiment que la démocratie elle-même est menacée en restituant du pouvoir aux politiques. La vérité semble plutôt être le contraire. À force de voir les politiques évacuer des responsabilités sur des instances diverses et variées, on pourrait presque se demander si leur rôle ne s'est pas trop réduit au fil du temps.

Le responsable politique doit retrouver un rôle de leader. Bien avant qu'il ne soit connu, Charles de Gaulle écrivait dans son ouvrage *Au fil de l'épée* :

> Face à l'événement, c'est à soi-même que recourt l'homme de caractère. Son mouvement est d'imposer à l'action sa marque, de la prendre à son compte, d'en faire son affaire. Loin de s'abriter sous la hiérarchie, le voilà qui se dresse, se campe et fait front. Il a la passion de vouloir, la jalousie de décider.

C'était en 1932 et celui qui n'était alors que commandant donnait le meilleur conseil qui soit à tout politique : décider soi-même, ne pas se laisser imposer une décision qui est de son ressort.

Quand l'administration se substitue aux politiques

Dans son étude publiée par la Fondation Jean-Jaurès, « Les inamovibles de la République », Chloé Morin partage le même constat que Thierry Merle et André Touboul dans *La Trahison des invisibles* : l'Administration a pris trop le pas sur les politiques en France. Cela ne remet pas en cause les compétences de notre administration. Nos fonctionnaires sont compétents, souvent surdiplômés et attachés à la démocratie et à la République. Mais leur inamovibilité et leur connaissance approfondie des circuits de décisions les amènent à vouloir trop souvent pousser à l'adoption de mesures qui tiennent à peine compte de l'opinion et de la ligne politique du gouvernement. Quel ministre fraîchement nommé n'a pas été conduit à adopter des mesures qui n'étaient pas guidées par son programme électoral mais par des fonctionnaires frustrés de n'avoir pu faire adopter ces mesures par le gouvernement précédent. Et cela provoque parfois des mouvements d'opinion que seul le politique assume. Il n'avait qu'à être vigilant !

Ainsi en 2017, le jeune ministre de l'Action et des Comptes publics, fraîchement arrivé à Bercy, se réjouit-il chaque fois qu'il peut trouver des économies réalisables dans la dépense publique. C'est son rôle. Pour autant, comment n'a-t-il pas vu qu'en abaissant les APL (Aide personnalisée au logement), qui bénéficient aux jeunes et aux plus modestes, de 5 euros mensuels, il allait déclencher un tollé dans l'opinion ? Une mesure jugée injuste prise en début de mandat et qui a vite terni l'image du gouvernement accusé dès lors d'être le gouvernement des riches puisqu'en même temps, l'impôt sur la fortune allait se rétrécir pour ne se concentrer que sur la part d'immobilier des possédants. Le ministre a bien tenté de faire porter la responsabilité de la mesure sur le gouvernement précédent et, en particulier sur Emmanuelle Cosse alors ministre du Logement. Mais le mal était fait, suggéré par une Administration à la compétence certaine et au sens politique limité.

L'Administration n'a eu de cesse de prendre de plus en plus de poids dans la décision. Lorsque Marcel Gauchet, philosophe et historien, appelle à « débureaucratiser la société française », ce n'est pas pour pousser un cri poujadiste, prendre la défense du MEDEF ou se ranger dans le camp d'une droite ayant fait de la dénonciation de l'Administration un des axes de son corpus idéologique. C'est tout simplement pour remettre de l'ordre dans le fonctionnement de l'Administration. Il convient de la compléter là où les effectifs sont insuffisants (hôpitaux, police, justice entre autres) et revoir à la baisse là où la quantité croissante n'a pas permis l'efficacité (agents administratifs, collectivités locales, agences diverses et variées). Comme le constate Marcel Gauchet : « Nous avons le niveau de dépenses publiques par rapport au PIB le plus élevé du monde, sans que cela se traduise par un niveau de bien-être collectif inégalé. » Et le statut de cette administration la protège autant qu'il paralyse la possibilité de son évolution. Si on prend l'exemple de la santé, le rapport entre personnel soignant et agents administratifs du domaine interroge. Plus de 35 % de personnel administratif dans un hôpital, un niveau unique en Europe, une incohérence totale là où 15 à 20 % suffiraient largement comme chez nos voisins.

L'Administration décide trop et prive le politique de marge de manœuvre. Le constat de Chloé Morin trouve tout son sens :

> L'Administration a prospéré en grande partie sur le vide laissé par le politique. La haute Administration a tant de pouvoir aujourd'hui parce que, trop souvent, les élus – parlementaires ou ministres, majorité comme opposition – ont renoncé à jouer leur rôle, se sont montrés incompétents ou bien ont manqué de vision. Or, quand on ne donne plus le sens de l'action publique, il est normal que les exécutants en décident par eux-mêmes[1].

Ce sont les hauts fonctionnaires qui réforment la haute fonction publique, ce ne sont pas les politiques. Ces derniers doivent reprendre le pouvoir, s'ils veulent que leur autorité soit reconnue. Il n'est

---

1. *Figaro Magazine*, 27 novembre 2020.

que de voir l'attitude des juges et des syndicats de la magistrature vis-à-vis de la chancellerie. Au fil du temps, ils se sont érigés comme les seuls dépositaires de la légitimité ou non-légitimité d'un ministre de la Justice, garde des Sceaux. À les suivre, on a presque le sentiment qu'avant de procéder à sa nomination, le gouvernement devrait passer par eux pour décider ou non de cette nomination. C'est une ingérence dans le politique de la part d'une catégorie protégée, et qui n'hésite jamais à se protéger quand on voit l'indulgence dont ils font preuve à l'égard de leurs collègues magistrats ayant commis de lourdes fautes comme dans l'affaire d'Outreau. Leur corporatisme surpasse tous les autres corporatismes que l'on peut rencontrer.

La force de l'Administration française est l'indéniable qualité et formation de ses hauts fonctionnaires. Généralement sortis de l'ENA ou de Polytechnique, premiers de la classe depuis la maternelle. Mais, d'une certaine manière, cette force devient une faiblesse pour les politiques qui ne maîtrisent pas aussi bien qu'eux les arcanes de la décision administrative, du décret ou du projet de loi. Il en résulte une véritable dépendance des élus parvenus aux affaires vis-à-vis de cette haute fonction publique. On a beaucoup reproché à Marc Guillaume, l'ancien secrétaire général du gouvernement sous Édouard Philippe, d'avoir pris un poids considérable dans la décision publique au point que les directeurs de cabinet des différents ministres redoutaient les rendez-vous avec lui. En réalité, sa maîtrise des dossiers et son talent ne trouvaient pas d'équivalents autant parmi les membres des cabinets ministériels que parmi la plupart des ministres. Et Édouard Philippe, en redoutable politique, s'en satisfaisait pleinement. Mais, quel que soit le génie de l'homme, la parole de ceux qui ont été appelés à des fonctions ministérielles devrait toujours primer et l'Administration se contenter de mettre en forme et s'assurer du suivi et de l'application des mesures prises. Trop souvent, l'Administration éloigne le politique de l'opinion.

Comme si les commissions et l'Administration ne suffisaient pas, les politiques ont pris l'habitude de consulter et d'impliquer dans les décisions de multiples experts, externes à la politique et aux ministères. Le but est clair : montrer une ouverture à tous ceux qui pourraient avoir un avis sur les questions abordées sans faire partie du cénacle politique. Le réflexe premier des ministres n'est pas de consulter l'expertise du Parlement ou, plus précisément de l'Assemblée nationale dans laquelle le gouvernement a la majorité et qui devrait en principe avoir ce rôle, mais de porter des projets pour avis et débats en priorité à des intellectuels, des ONG ou des associations.

Ainsi, lors des débats touchant au projet de la loi sur la transition énergétique en 2013, François Hollande a poussé son gouvernement à associer le plus grand nombre possible de corps intermédiaires. Ce choix aurait pu passer pour une tentative louable d'associer la société aux futures décisions mais les modalités de représentation décidées par le ministère de l'Écologie de l'époque déséquilibraient considérablement les débats. Les organisations professionnelles telles que la CGT, la CFDT, la CFE-CGC, le MEDEF, FO et quelques autres étaient chacune invitées à s'exprimer avec le même poids de représentation que d'innombrables associations (dont certaines de taille microscopique) et ONG écologistes convoquées. Les entreprises du secteur avaient été soigneusement tenues à l'écart. Le résultat fut un texte bancal et utopiste imposant une révolution dans la production d'énergie en une poignée d'années. Un pari impossible qui conduisit dès 2017 le nouveau gouvernement à opter pour un nouveau calendrier et repousser les mesures de dix ans. Les multiples alertes de députés de droite comme de gauche de l'époque n'avaient servi à rien face à ce noyautage des débats.

Le tort dans cette affaire n'était pas seulement de se soumettre à la pression de tous les lobbies environnementalistes, mais aussi de déposséder les politiques de la décision. Il est évident que pour rendre de la légitimité, du prestige et du pouvoir aux politiques, il convient de les placer au centre des débats et des décisions. Ils sont élus et doivent bénéficier de fait d'un statut particulier lorsqu'il est question de projets de lois. Au fil du temps, quelle que soit la couleur politique des gouvernements, les exécutifs du pays ont voulu faire montre d'une ouverture à la société, d'une évolution du processus décisionnel associant davantage les citoyens. Le bilan à l'heure actuelle est non seulement médiocre mais sans doute contre-productif. L'Assemblée nationale et le Sénat, organes au cœur du parlementarisme sont apparus dessaisis et faibles et les moyens mis en place pour s'ouvrir à la société ont simplement été pris en otage par les lobbies divers et variés des questions qui étaient traitées. La presse en a été souvent le malheureux relais, donnant la parole prioritairement à ces lobbies plutôt qu'aux politiques. L'ouverture à la société reste à inventer. Comment associer davantage la société aux décisions sans affaiblir les institutions représentatives parlementaires ? Car plus le Parlement et les élus apparaîtront faibles, plus le désengagement politique s'accélérera. L'intelligence collective au service de la société, des entreprises comme des politiques, et dont c'est le métier d'un des auteurs de ce livre, n'est pas le grand « n'importe quoi » auquel nous assistons depuis des années.

Chapitre 3

Une politique nationale qui doit retrouver de l'espace face à l'Europe

Existe-t-il encore une place importante pour la politique nationale ? Nos gouvernements et exécutifs n'ont-ils pas rendu les armes face à une Commission européenne dont les champs d'intervention ne cessent de s'élargir, et souvent de manière insidieuse ? L'Union européenne est sans conteste une grande avancée des cinquante dernières années. Il serait vain de nier son apport majeur qui a permis à l'Europe de résister à une certaine marginalisation face à la concurrence de l'Asie ou des Amériques. Avec moins de 6 % de la population mondiale, loin derrière la Chine ou l'Inde mais devant les États-Unis, l'Union européenne à 27 continue d'être la deuxième puissance économique du monde cumulant plus de 18 % du PIB mondial, derrière les États-Unis cette fois (24 %) mais encore devant la Chine (16 %), sans doute pour peu de temps. La liberté de se déplacer en Europe avec facilité, les échanges entre les pays de l'Union autant économiques que culturels sont des atouts considérables. Aux yeux des auteurs, il ne fait pas de doute que l'Union européenne est une réussite dans le temps.

Pourtant, il convient de rester vigilant sur le sujet si l'on ne veut pas que, dans les temps à venir, un retournement de l'opinion émerge largement et fasse apparaître une hostilité majoritaire. Par ses régulières intransigeances, l'Europe se met elle-même en danger. Le Brexit et la sortie du Royaume-Uni ont été une alerte qui, hélas, n'a pas amené la Commission européenne ni le Conseil européen à faire un réel état des lieux des sujets où il conviendrait de s'interroger davantage sur leur gestion par Bruxelles. Sujets qui touchent en majeure partie à la subsidiarité. Tout a été présenté comme une erreur majeure des Britanniques de sortir de l'Europe, et aucun examen des torts de l'Union européenne n'a été abordé de crainte de lancer un débat explosif allant nourrir les thèses des partis d'extrême droite dont les scores électoraux restent à un niveau très élevé dans de nombreux pays dont la France. Si le Royaume-Uni a eu tort (à moins que l'avenir ne nous démontre le contraire), l'Union européenne n'est pas non plus une blanche colombe. La Commission avait laissé entrevoir juste après le vote de nos voisins d'outre-Manche qu'elle n'hésiterait pas à balayer devant sa porte et analyser également ses torts dans ce divorce. Il n'en a rien été.

Or, une institution ne vit et ne perdure qu'en renouvelant régulièrement ses modes de fonctionnement et en s'interrogeant sur les excès qui peuvent la guetter. Rien de tout cela dans ce que nous renvoie la Commission, même après le Brexit. Le grand public pressent, sans en avoir totalement conscience, que leurs responsables politiques nationaux ont des pouvoirs de plus en plus limités dans de nombreux domaines, tout élus qu'ils soient. Souvent la Commission est reine et peut interférer directement sur le fonctionnement des économies nationales et sur les entreprises des pays, bien que non élue.

Or, il faut reconnaître que ce n'est pas simple d'accorder le fonctionnement d'économies si différentes d'un pays à l'autre au sein de l'Europe. Et il est normal qu'une décision de la Commission puisse satisfaire certains États tout en en mécontentant d'autres. Le Nord et le Sud n'ont pas les mêmes histoires économiques, ne sont pas organisés de la même manière mais il semble avoir été décidé que les pays du Sud, souvent décrits comme laxistes et laissant filer leurs dettes, devaient introduire des règles établies et validées par les pays du Nord. Le mouvement est à sens unique. Cela peut avoir de la vertu mais ne manque pas de créer du ressentiment dans les populations. Régulièrement, l'image de la cigale et la fourmi sert à dévaloriser des pays tels que la Grèce, l'Italie, l'Espagne ou la France et valoriser les Pays-Bas, les pays scandinaves ou bien sûr l'Allemagne. Or s'il est une chose que chaque peuple déteste, c'est de se faire donner la leçon par d'autres. Ce petit jeu de la Commission ne sert pas le rapprochement et la solidarité entre les pays, il ne fait qu'attiser les uns contre les autres.

Il est presque surprenant que l'historique CEE (Communauté économique européenne) soit devenue l'Union européenne. Cette nouvelle dénomination semblait indiquer qu'un tournant avait été pris et que l'économie n'allait plus être le seul sujet de préoccupation des États membres. Il n'en est rien. Jamais les pays en faisant partie n'ont été aussi dominés par la sphère économique et n'ont été autant désunis sur de multiples questions. Que sont devenues les promesses d'un rapprochement des politiques sociales ? Et si l'on se penche sur la politique et les libertés, comment l'Europe peut-elle se contenter de haussements de tons quand des actions plus radicales devraient être adoptées pour limiter les velléités liberticides de la Hongrie, la Pologne ou la Slovénie ? Sans évoquer l'Europe de la Défense où la France se retrouve bien seule depuis le départ des Anglais. Quand la Cour de justice de l'Union européenne vient ordonner à la France en juillet 2021 de faire appliquer le droit du travail aux soldats français comme à tout autre travailleur sans tenir compte de la spécificité de la fonction, on comprend l'indignation de l'ancien Premier ministre Édouard Philippe et d'une grande partie de la classe politique nationale. La France est le seul pays de l'UE à avoir une vraie défense digne de ce nom, la seule puissance à être au Conseil de sécurité de l'ONU compte tenu de sa puissance nucléaire et l'UE qui se protège uniquement derrière l'OTAN vient lui dire comment gérer ses soldats. Une vraie offense à la souveraineté nationale.

Chaque pays a son histoire et ses spécificités. Jacques Delors, lorsqu'il présidait la Commission européenne entre 1985 à 1995 et qu'elle comportait 12 pays à ses débuts et 15 à la fin de son mandat, se plaisait à dire qu'il avait pour souci de traiter chaque État avec ses spécificités. Il semble que ce temps soit bien loin. Les spécificités ont le plus souvent été ignorées voire volontairement balayées par les Commissions suivantes. Or, chaque pays a une approche particulière de son économie, éclairée par son histoire. La France s'est construite autour de l'État, l'Allemagne autour des Régions et l'Italie autour des villes. De fait la France a, plus que les autres, construit un certain nombre de grandes entreprises sous l'impulsion de l'État. C'est un fait depuis Louis XIV et Colbert avec en premier lieu Saint-Gobain, fleuron industriel du pays. Cette tradition a perduré pour de nombreuses institutions économiques et une entreprise telle qu'EDF, constituée en 1946, a une place chère dans le cœur des Français. Elle incarne l'électricité et la modernité apportée à chaque foyer de nos concitoyens. Une précieuse indépendance énergétique que le reste de l'Europe nous envie. Le taux de confiance en EDF tourne toujours autour de 85 % dans l'opinion. Elle fait partie du patrimoine industriel national et, même avec l'émergence de la concurrence, chacun y reste attaché. Pour autant, la Commission européenne, en faisant valoir un logiciel économique du siècle dernier, s'acharne à vouloir démanteler EDF.

« *Small is still beautiful* » pour la Commission. Elle refuse de construire une industrie et des acteurs européens qui pourraient être à la mesure de grands concurrents américains ou chinois. Ce qui lui importe est davantage de démultiplier des acteurs de taille moyenne qui ne résisteront pas au poids des mastodontes asiatiques ou américains mais lui permettront d'affirmer qu'elle privilégie la concurrence. Si l'on observe la téléphonie, nous sommes stupéfaits de voir près d'une centaine d'opérateurs s'affronter en Europe contre trois ou quatre aux États-Unis ou en Chine. Lorsque Alstom a voulu s'allier à Siemens pour constituer un grand champion du ferroviaire capable d'aller à la conquête du monde, la Direction de la concurrence de la Commission et la commissaire Vestager ont mis leur véto, prétextant que cela handicaperait les plus petits et que le géant chinois CRRC n'était pas un risque pour l'Europe. Des schémas d'un autre temps inadapté à notre nouvelle époque : tel est le moteur de la Commission. CRRC a bien dû rigoler !

Pourquoi ce long détour par l'Europe pour parler des moyens de « réenchanter la politique française » ? La raison est simple. Si l'on veut attirer dans l'action politique, encore faut-il démontrer que cette action peut avoir du poids et faire bouger le cours des choses. L'Europe, qui fut longtemps considérée comme un accélérateur de transformation, est à présent contestée par une bonne partie de l'opinion car trop intrusive dans les politiques nationales. Les Français s'étaient imaginé que l'Europe allait être la France en plus grand et découvrent qu'au contraire, la Commission européenne la ramène à un niveau de poids dans les décisions équivalent aux plus petits des pays de l'Union. Désormais, l'Allemagne et les pays nordiques semblent donner le *la* de la politique européenne. C'est une situation qui pourrait, à terme, être explosive.

Déjà l'Allemagne, très tournée vers l'Est et ses marchés, avait-elle poussé fortement au début des années 2000 à l'intégration des pays d'Europe centrale et des anciens satellites de l'ex-Union-Soviétique. Pour des raisons différentes, le Royaume-Uni n'était pas loin d'adopter les mêmes positions. La France semblait plus réticente face à cette accélération mais, ne voulant pas contrarier ses partenaires historiques, a fini par s'y résoudre. Résultat : entre 2004 et 2007, douze nouveaux pays sont venus rejoindre l'Union européenne auxquels s'est ajoutée la Croatie en 2013. La Commission a été entièrement remaniée pour leur donner du poids et manifester leur intégration. La règle de « un pays une voix » a souvent laissé un goût amer aux citoyens des populations des États les plus importants. Et l'organisation de la Commission européenne désignée en 2019 jusqu'en 2024 n'est pas faite pour aplanir l'amertume des Français : une présidente allemande et huit vice-présidents danois, letton, hollandais, espagnol, tchèque, grec, slovaque et croate. Certes, la Banque centrale européenne a une Française à sa tête en la personne de Christine Lagarde mais la vision de la seule Commission est très dévalorisante pour le pays. Thierry Breton peut s'enorgueillir d'être commissaire à la tête du marché intérieur et d'avoir un vaste champ de domaines d'intervention. Aux yeux du grand public, il est avant tout un commissaire au rang inférieur à tous les vice-présidents et, bien sûr, à la présidente.

L'opinion française a le sentiment que les décisions s'imposent de plus en plus à elle, venant de Bruxelles. Des décisions prises par des responsables politiques européens qui viennent ôter les possibilités de législation des élus politiques français sur le territoire. À cela s'ajoute que les décideurs de Bruxelles font la part belle à l'Allemagne et marginalisent la France. Le débat sur la PAC et les taxes douanières des produits agricoles imposées par les États-Unis du temps de Donald Trump souligne à quel point la protection de l'industrie automobile allemande est passée bien avant celle des agriculteurs français du point de vue de la Commission. Cette situation ne pourra pas durer dans l'opinion. En traitant de la sorte des pays fondateurs qui ont été moteurs, tels que la France ou l'Italie, la Commission nourrit un sentiment hostile à l'Europe que ne manquent jamais d'alimenter les formations d'extrême droite assez puissantes des deux côtés des Alpes.

Les règles de fonctionnement communautaires doivent être changées si l'on ne veut pas assister à un éclatement de l'Europe. Comme nous le disions plus haut, les domaines d'intervention sont de plus en plus vastes et insidieux. Pour reprendre l'exemple de l'énergie et d'EDF, au-delà de la volonté de la Commission de démanteler l'entreprise, c'est aussi à ses moyens de production que l'on s'attaque par voie détournée. On le sait, la France est une nation nucléaire et la plus grande partie de son électricité est d'origine nucléaire. Cette énergie a l'immense avantage d'être la plus décarbonée (davantage encore que le renouvelable solaire ou éolien) et actionnable à tout moment, ne souffrant pas d'intermittences. Les deux critiques qui lui sont émises touchent à la sécurité et au traitement des déchets. C'est légitime et compréhensible. Mais il y a déjà bien longtemps que le pays gère ses deux craintes avec le plus grand professionnalisme.

Or, il a toujours été convenu qu'en Europe, chacun était libre du choix du mode de production de l'électricité. La lutte contre le CO_2 ainsi que les engagements européens et internationaux qui l'accompagnent avantagent les productions les moins émettrices de CO_2 (nucléaire, renouvelables, hydraulique) et pénalisent le charbon, très émetteur, et le gaz, émetteur important. De fait, il a été décidé par les Européens de créer une taxonomie consistant à avantager les investissements et taux d'emprunt pour la construction d'équipements électriques les plus décarbonés. Les Allemands et d'autres doivent réaliser des investissements massifs pour développer le renouvelable et remplacer leurs nombreuses centrales à charbon ou lignites ainsi que le nucléaire qu'ils abandonnent. L'Allemagne émet dix fois plus de gaz à effet de serre par habitant que la France. Mais les Allemands étant antinucléaires, leur combat a consisté à tenter de faire sortir le nucléaire du bénéfice de cette taxonomie ; et ce, appuyé par les Autrichiens, les Espagnols et les Luxembourgeois. Mieux : ils envisageaient d'y inclure le gaz comme énergie de transition. Des mesures clairement orientées contre la France alors même que les experts scientifiques internationaux validaient le nucléaire comme énergie présentant toutes les conditions pour bénéficier de cette mesure anti-CO_2. En suivant le raisonnement des Allemands, il deviendrait impossible de financer le nucléaire à venir, et EDF n'aurait d'autre choix que d'aller chercher des investisseurs en Chine ou aux États-Unis ; l'Europe leur étant interdite. Autant dire, la quasi-fin de ce mode de production tout en laissant la Commission faire croire que chacun est libre de choisir son mode de production dès lors qu'il préserve du CO_2. Le résultat est que nucléaire et gaz sont incorporés à la taxonomie pour ne froisser personne.

L'Europe est indispensable pour continuer de peser dans le monde et dans les accords internationaux. Mais cela ne l'autorise pas à un empiètement permanent sur les politiques nationales. En agissant de la sorte, elle en vient à ruiner la capacité d'action des responsables de chaque pays et à renvoyer d'eux une image d'impuissance qui ne fait qu'avantager les partis les plus extrémistes qui ne rêvent que d'un effondrement des institutions européennes. Si Nigel Farage, président du UKIP et artisan central du Brexit, a réussi, au milieu de nombreux mensonges, à convaincre les Britanniques de sortir de l'Europe, c'est avec l'aide indirecte et involontaire d'une Commission européenne apparue arrogante et trop puissante face à la volonté des citoyens de décider pour leur pays.

Pour redonner foi en la vie politique et restaurer du poids aux partis politiques, il ne fait pas de doute à nos yeux que la Commission européenne doit revoir sa copie de fonctionnement et instaurer des marges de manœuvre plus grandes aux États. C'est autant dans l'intérêt des formations politiques que de l'adhésion des Européens à l'Union. Nous n'en prenons pas le chemin et Ursula von der Leyen, la présidente de la Commission, ne semble en avoir ni la dimension, ni la capacité.

Chapitre 4

Revoir les modes de représentation

Il sera difficile de redonner le goût de l'engagement politique si l'on ne parvient pas d'abord à retrouver le sens de l'engagement et sa finalité. Quand on s'engage aujourd'hui dans une association caritative, on sait pourquoi on s'engage et pour qui on s'engage. Quand on s'engage aujourd'hui dans une ONG, on sait également ce qu'on va y défendre et le panel d'actions à mener pour donner du poids à sa parole.

La figure écrasante du président de la République, l'absence d'un Parlement ayant la force de définir la loi sans se la faire dicter par le gouvernement et une administration du pays extrêmement centralisée sont autant de raisons qui peuvent en décourager plus d'un à choisir la voie de l'engagement politique pour porter leurs idées le plus loin possible. Ce sont également autant de raisons qui peuvent encourager les meilleurs des responsables politiques, et les plus volontaires, à s'orienter vers une candidature à la fonction présidentielle qui apparaît comme la seule vraie fonction de pouvoir. Ce qui explique la multiplicité des candidatures dans certains partis et la mise en place de primaires pour les départager.

Les conséquences sont connues, une désillusion chronique vis-à-vis du Parlement et une méfiance toujours plus grande vis-à-vis du politique autant que de l'Administration. Et finalement la vision d'un pouvoir trop concentré, trop solitaire et trop vertical où l'on peine à imaginer comment, simple citoyen, on pourrait peser sur le cours des choses.

Ces trois caractéristiques majeures de notre système, et ce qu'elles portent de réminiscences conscientes ou inconscientes d'un pouvoir monarchiste, quasi thaumaturge, ancré depuis des siècles dans la gouvernance française, sont certainement les principales responsables de la crise politique que nous traversons. La France est devenue trop présidentielle dans une époque où chacun aimerait participer et dans un pays qui raffole de brûler ceux qu'ils avaient érigés en idole. L'excellente formule de Nicolas Domenach visant la relation des journalistes aux politiques – « ils lèchent, ils lâchent, ils lynchent » – pourrait s'étendre au peuple français à l'égard de leurs gouvernants.

Redonner du poids à la démocratie représentative

En matière de démocratie représentative, la désillusion massive qui s'est emparée d'une grande partie des nouveaux députés élus en 2017 ne fait que renforcer ce difficile constat d'impuissance et de vanité. Les retours à des mandats exécutifs locaux tout au long de cette mandature illustrent aussi à quel point ceux qui l'ont vécue au plus près réalisent que la politique a quitté les assemblées au profit d'une illusion d'un exercice du pouvoir souvent fantoche et seulement conflictuel et verbal. On parle de la politique dans sa fonction première d'administration de la cité et non de la joute et du débat qui persistent à exister pour ceux qui en ont le goût et le talent.

Bien qu'en étant aussi les premières victimes, les députés de l'actuelle majorité portent une part de responsabilité dans cette fuite en avant accélérée sous ce quinquennat. Plutôt que de pousser à une vraie réforme des institutions rendant au Parlement sa vertu première de catalyseur des débats et des conflits de la société, tout cela dans un cadre délibératif permettant d'y apporter des réponses concertées ayant la force de loi, ils ont opté pour la posture parfois misérabiliste de godillots résignés. Ils n'ont pas assez bataillé pour défendre leur position face à ceux qui prônent une rationalisation encore plus grande du parlementarisme ou ceux qui pensent qu'on doit aller vers une autre forme beaucoup plus horizontale de démocratie, ou *a minima* moins verticale.

Si l'intention première de régénérer l'engagement politique en s'inspirant de la « société civile » est louable, certaines initiatives qui y font écho en matière législative nous semblent pourtant être de bien mauvaises solutions.

Prenons le défi climatique. Alors qu'il s'agit du défi politique le plus grand pour les décennies qui viennent et dont chaque parti et chaque élu devraient pouvoir se saisir, on a inséré de force dans le processus législatif une chambre préalable visant à produire des idées transmises ensuite aux élus. Quelle innovation ! Et surtout, quel constat d'échec pour les partis politiques dont on s'accorde à dire implicitement qu'ils ne sont plus capables ni d'écouter ce qui se dit dans la société, ni de produire des idées. Les quelques fondations qui existent dans ce pays comme Jean-Jaurès, la Fondapol, Montaigne ou Terra Nova l'ont bien compris. Ce n'est plus vraiment auprès des partis qu'elles vont porter leurs études et leurs idées mais directement dans le débat public, au risque de diluer totalement leur réflexion entre deux débats sur BFMTV. C'est ainsi qu'on en arrive à créer une Convention citoyenne pour le climat alors que chaque parti présentant des élus à une élection devrait avoir fait ce travail préalablement.

Sur le plan politique, l'idée d'une chambre non élue est une vraie proposition nouvelle puisqu'elle se base sur un mode de désignation totalement différent de ce qui se fait traditionnellement dans nos démocraties modernes : le tirage au sort. Réservé jusqu'à aujourd'hui aux jurés d'assises, le tirage au sort tel que mis en place pour la Convention citoyenne prend un tour tout à fait différent puisqu'il ne s'agit pas de rendre la justice au nom du peuple mais de sélectionner aléatoirement des citoyens avec une finalité claire : se substituer pour tout ou partie à la volonté du peuple telle qu'exprimée dans les urnes. Soumise aujourd'hui à l'approbation du gouvernement ou du Parlement, l'idée initiale de tirage au sort est bien de proposer une alternative au système représentatif basé sur l'élection. En matière d'engagement, le tirage au sort comme substitut au système actuel pose de nombreuses questions puisqu'il déplace totalement le curseur démocratique. La prise de décision ne revient pas à ceux qui font le choix de présenter devant les électeurs les convictions qu'ils portent et pour lesquelles ils s'engagent, mais revient à des personnes dont le seul mérite est d'avoir été sélectionné par le fruit du hasard. Cette forme de jansénisme politique ne peut offrir de vraies perspectives de progrès pour la société. Associer davantage les citoyens aux orientations du pays est louable. Faire du Parlement une simple chambre d'enregistrement des mesures décidées par ces mêmes citoyens ne l'est pas. Et lorsque le président vient clore les débats de cette Convention en assurant que les mesures préconisées, à l'exception de deux ou trois, seront reprises par l'Assemblée nationale, il ne rend pas service ni aux députés, ni à la politique en général.

Les promoteurs de ce système en vantent pourtant ses mérites en matière d'apaisement de la démocratie puisque favorisant la recherche de consensus au sein de l'assemblée désignée. Il est difficile de s'opposer sur le principe à un système plus apaisé et plus consensuel, qui répondrait à une époque dont on dit qu'elle est plus conflictuelle que jamais. Pourtant, si l'on regarde notre histoire récente, les grandes avancées portées par les acteurs politiques ne se sont pas faites dans le consensus : droits économiques et sociaux, abolition de la peine de mort, légalisation de la contraception, de l'IVG, extension du droit au mariage, à l'adoption et à la procréation, etc. Ils ne sont pas le fruit du hasard ou d'un consensus, ils sont le fruit d'engagements minoritaires à leurs prémices, gagnés par différentes formes de luttes pour parvenir à initier un changement des mentalités. Le cours de l'Histoire fut dévié à force de luttes minoritaires parvenant à conquérir les esprits. Ceux qui s'engagent en politique n'attendent pas que la demande soit telle qu'elle les pousse à s'y engager, ils créent une nouvelle offre en espérant qu'elle puisse un jour recueillir un consentement majoritaire.

Redonner de la force aux clivages et débats dans le cadre de la démocratie représentative

L'engagement politique est par nature source de clivages et de débats. Il doit rester la force qui les organise. Au risque que ces clivages et débats se transposent dans d'autres sphères moins organisées et dont il n'existe aucune régulation aussi puissante que le vote, et aucun contre-pouvoir assurant une juste représentation de tous et garantissant le respect des droits de chacun. La peur du clivage et du débat sclérose bien plus la démocratie actuelle que le manque de consensus et d'horizontalité.

L'horizontalité politique poussée à son paroxysme est une forme d'attentisme qui ne sera finalement qu'une succession de petits pas arrachés au prix de consensus mous. La recherche absolue de consensus voire d'unanimité est un vrai recul démocratique tant elle ouvre la voie à tous les blocages émanant de tous les intérêts particuliers.

Il s'agit bien là en effet d'une réponse à un problème mal posé. Ce n'est pas la verticalité qui est en cause quand on imagine une convention citoyenne ou plus largement un système basé sur le tirage au sort ; c'est surtout la personnalisation du pouvoir et le centralisme à l'œuvre dans l'élaboration de la loi. Ce n'est donc pas en multipliant les chambres de décision à la recherche d'un processus législatif plus horizontal et consensuel que l'on va y répondre. Le risque est de délaisser la capacité de dévier le cours de l'Histoire à ceux qui savent que les clivages et les conflits sont les vrais moteurs du changement, souvent dans les directions les moins souhaitables et les plus autoritaires.

Cependant, gérer les clivages et les débats pour accoucher de décisions acceptables et applicables nécessite au moins de l'expérience, si ce n'est du talent. La nouvelle législature arrivée à l'Assemblée en 2017 manquait certainement d'expérience par le simple afflux de néophytes ayant découvert en même temps qu'ils le pratiquaient que le débat politique ne ressemblait à rien d'autre de ce qu'ils avaient pu connaître auparavant. Du milieu associatif jusqu'au milieu professionnel, il est aisé d'imaginer les difficultés que rencontrerait n'importe quelle structure si l'on en confiait la direction à une équipe presque totalement renouvelée et n'en connaissant ni les codes, ni la pratique.

Pour y remédier et sans renoncer à un nécessaire renouvellement régulier de notre personnel politique, il n'existe pas d'autres solutions que de donner davantage de moyens aux parlementaires pour se former et s'entourer. Alors qu'on parle de plus en plus du droit à la formation tout au long de sa carrière avec la création d'un compte personnel de formation, on a vu des nouveaux parlementaires manifestement peu à l'aise dans l'exercice de leurs nouvelles fonctions s'essayer à la joute politique et à la prise de parole médiatique. Les réactions furent mitigées pendant les mois qui suivirent et l'on voit toujours aujourd'hui des mauvais réflexes perdurer dans la gestion qu'ils peuvent avoir de l'opposition et de la contradiction. Pire, ce n'est pas seulement sur la forme qu'on a pu voir des errements assez fréquents mais surtout dans la manière parfois brutale d'appréhender les rapports avec leurs oppositions. Il s'agit là d'un manque d'une culture politique et parlementaire qui peut s'avérer dangereux en ne remplissant pas l'une de ses missions : offrir un cadre à toutes les controverses tant qu'elles permettent d'aboutir à une délibération. Gérer ces controverses avec trop d'assurance ou de dédain ne les fait pas disparaître mais donne toujours plus de place à d'autres qui s'en saisissent hors du champ parlementaire, débarrassés de la contrainte délibérative intrinsèque au Parlement. L'image du Parlement tout entier en souffre et celui-ci ne peut pas seulement compter sur une formation dispensée par ses pairs plus confirmés pour assurer la bonne tenue des débats et donc de la démocratie.

À force de refuser toujours ce constat pourtant évident que la politique est un métier, ou du moins que l'exercice d'un mandat national en est un, on continue de demander à des élus nationaux d'exercer leurs fonctions du mieux possible. Comme si l'on demandait à un sportif de haut niveau de gagner des compétitions en ne s'entraînant qu'une fois par semaine avec un matériel d'occasion et sous les huées du public. Ce Parlement de première division ayant les moyens d'une ligue amateur n'est absolument pas armé pour exercer l'ensemble de ses prérogatives face aux pouvoirs exécutif et administratif, toujours plus puissants. Ce dernier se retrouve aujourd'hui toujours plus seul et clivant, sans interlocuteur crédible jouissant d'une légitimité démocratique.

Plutôt que de réfléchir vraiment aux moyens alloués au Parlement et aux députés pour assurer la bonne conduite de leurs fonctions, on imagine des subterfuges supposés innovants approfondissant le travail de sape que subit cette institution depuis plusieurs mandatures. Il est sûrement plus populaire de parler Convention citoyenne que renforcement des moyens du pouvoir législatif ; mais c'est pourtant un sujet clé qu'on ne peut plus délaisser par simple peur des réactions du public.

Couchés, presque ébaubis, face aux mirages de la démocratie participative d'un côté et à la reconnaissance qu'ils doivent à celui sans qui ils n'auraient jamais été élus, une grande partie de cette majorité n'a fait que scier la fragile branche sur laquelle elle s'était assise un peu par hasard en 2017. Elle avait pourtant un certain nombre d'atouts à faire valoir pour régénérer le débat parlementaire. Extrêmement diverse, elle pouvait apporter à nos institutions une culture de coalition en interne lui permettant aussi d'adopter les bons comportements vis-à-vis de ses oppositions. Pléthorique, elle avait le poids nécessaire pour porter dans le débat public des sujets de fond comme la refonte de nos institutions et le renforcement des moyens du Parlement. Docile et inexpérimentée, elle n'aurait pas pu être accusée de penser à ses seuls intérêts si elle avait promu l'idée d'un renforcement des pouvoirs et des moyens du Parlement.

Combattre l'hyperprésidentialisme actuel

La tentation d'une société tout horizontale est la conséquence directe d'une verticalité totalement dévoyée par un système à bout de souffle n'ayant fait que renforcer année après année la personnalisation et la centralité du pouvoir. Le préalable à toute révision de notre système représentatif passe donc par la remise en cause de ce qui fait la clé de voûte de notre système actuel : l'hyperprésidentialisme et sa pratique actuelle. Il est loin ce temps où Raymond Aron pouvait écrire que le régime de la Ve République était trop parlementaire pour le présidentialisme que la Constitution impose et trop présidentiel pour le parlementarisme qu'il comporte. Un régime d'entre-deux où au fil des ans et des réformes, la figure présidentielle est devenue non seulement centrale mais aussi omnipotente.

Quel intérêt y a-t-il à s'investir dans la vie publique quand le pouvoir réside principalement dans les mains d'un seul homme et de son cercle le plus proche ? La rue, l'entreprise, l'associatif et maintenant le milieu médiatique sont devenus les principaux contre-pouvoirs de cette figure centrale de notre régime, supplantant le Parlement. Il sera plus aisé d'y faire valoir ses idées et ses combats que dans un parcours politique qui butera très vite et trop souvent devant un constat d'impuissance. Les plus ambitieux et talentueux d'entre les responsables politiques diront que les pouvoirs que confère notre régime au président de la République sont aussi un moteur de l'engagement, mais ceux-là auront toutes les capacités pour se hisser aux plus hautes fonctions de notre État, quelles que soient les institutions qui le régissent. Face aux nouveaux contre-pouvoirs (associations, médias, ONG, etc.) qui n'en respectent pas les codes, puisque ne se confrontant jamais à la sanction des urnes, nous faisons face aujourd'hui à un système politique où l'irresponsabilité est totale. Irresponsabilité du président, irresponsabilité des ONG, irresponsabilité des médias, irresponsabilité de la rue et enfin des entreprises à qui l'on a délégué depuis de nombreuses années une part grandissante de la recherche de l'intérêt général, sous couvert de vouloir justement les responsabiliser.

Cet hyperprésidentialisme a des conséquences plus larges sur l'image que l'on peut se faire du pouvoir et de toute forme d'autorité politique ou morale. Le rejet de l'idée d'un homme ou d'une femme providentielle a déteint sur un rejet quasi systémique de toute forme d'autorité morale incarnée par des personnes qui semblent intellectuellement supérieures. La Vᵉ République, par un abus de verticalité, de centralisme et de personnalisation, porte les germes d'une vraie crise politique et sociale remettant en cause un certain nombre de hiérarchies dans les valeurs, les paroles, les statuts et finalement la société.

Au moment où ces lignes ont été écrites, le débat sur la vaccination faisait rage et nous ne pouvions que déplorer la défiance d'un nombre important de Français vis-à-vis du vaccin... dans le pays de Pasteur ! Une des raisons tient à la personnalisation de notre régime qui n'a plus pour seule conséquence qu'une conflictualisation permanente de la société. À peine le président et le gouvernement avaient poussé à la vaccination que déjà une partie de leurs opposants mettaient en doute l'efficacité de la campagne, voire avançaient des risques sanitaires liés au vaccin lui-même. Chaque question politique, sociale, économique et sociétale ne se vit qu'à travers ce seul prisme. La pratique politique à l'œuvre depuis plusieurs décennies emporte tout sur son chemin et c'est maintenant la science qui en souffre. La Vᵉ République n'est plus le régime du coup d'État permanent mais de l'anti-plébiscite permanent. On ne parvient plus à voir quel sujet échappe aujourd'hui à ce débat binaire qui revient finalement à se positionner vis-à-vis de la figure centrale du régime en oubliant qu'il ne peut être la seule clé de lecture de tous les débats de société. Même si l'on ne peut expliquer la défiance face au vaccin par le seul discrédit de l'autorité politique et de nos institutions actuelles, c'est tout de même un symptôme supplémentaire de conséquences délétères de la pratique politique française. Le goût du conflit et de la polémique balaie la raison. Et nous ne confondons pas conflit ou polémique et clivage. Un clivage révèle une opposition entre deux positions, les conflits ou polémiques actuelles n'offrent pas d'alternatives, seulement un positionnement.

Cet équilibre de plus en plus bancal de nos institutions, que nous évitons soigneusement de traiter à la racine, laisse de côté un dernier élément pourtant central dans le délitement politique que nous connaissons. Les partis politiques traditionnels, par l'arrivée d'Emmanuel Macron et de son mouvement personnel, ont été amputés chacun d'une large frange de leur électorat. Le candidat d'En Marche a pris les bourgeois au Parti socialiste et les classes moyennes supérieures à la droite. Ces deux partis qui structuraient depuis au moins soixante ans le débat politique se sont retrouvés avec une assise électorale extrêmement bancale après plusieurs décennies où ils étaient parvenus à construire une matrice programmatique pouvant réunir classes populaires, classes moyennes et classes supérieures. Ce séquençage électoral à la serpe réalisé par Macron en 2017, avec des mesures très ciblées comme la suppression partielle de l'ISF et de la taxe d'habitation, a fait perdre leur boussole politique à ces deux partis. Depuis, les atermoiements idéologiques de l'un comme de l'autre qui n'ont pas réussi en presque cinq ans à renouveler leur programme, laissent libre cours à une majorité qui revendique presque d'agir sans boussole, avec l'étendard du pragmatisme.

Du côté de la majorité, la constitution de ce bloc bourgeois, central et pragmatique pouvant alterner sur ce « en même temps » n'est pas parvenue à réunir sur un même bulletin un électorat aussi divers que ce que pouvait rassembler celui du PS ou de l'UMP. Était-ce seulement leur volonté ? Emmanuel Macron a-t-il caressé un jour l'envie de réunir 2 Français sur 3 ? Rien n'est moins sûr. Quand il parlait de déverrouiller le système politique, il s'adressait surtout aux élites bien plus qu'au peuple, et c'est bien là qu'on l'attendait. Réunir le meilleur de l'élite de la droite et de la gauche pour une catharsis commune ayant vocation à remettre sur les rails un État à la dérive. Le retour au peuple ne peut être que l'aboutissement de ce processus.

Cette vertu initiale du dépassement politique pouvait trouver un dessein commun dans la réforme profonde de l'appareil d'État d'abord puis du système institutionnel ensuite, bien plus que dans des réformes empruntées parfois à la gauche et souvent à la droite.

Le parti présidentiel, puisqu'il faut l'appeler comme tel, a en son sein certains des esprits les plus brillants de l'appareil administratif et intellectuel français, tous conscients de l'obsolescence toujours plus criante de notre système politique. En réformant radicalement nos institutions et nos pratiques politiques et administratives, ils auraient pu s'inscrire dans la grande histoire des mouvements politiques français qui ont construit chacun à leur tour des pans entiers de notre pays et de son identité politique. Et peut-être un jour réconcilier l'élite avec le peuple et finalement raviver la flamme de l'engagement politique.

Chapitre 5

Revitaliser les partis politiques

Où sont passés les joyeux adhérents des partis ? Ceux qui venaient après leur journée de travail abreuver leur soif de débattre de politique au milieu d'une assemblée soudée par un corps idéologique commun, même si les approches étaient parfois différentes, presque éloignées. On s'écharpait au Parti socialiste entre jospiniens, fabiusiens, chevènementistes et rocardiens mais on savait se retrouver pour les grands rendez-vous électoraux. Le Parti communiste avait ses critiques et ses réformistes mais la discipline primait toujours à la fin. Les gaullistes semblaient toujours en ordre de bataille derrière la figure centrale du chef de parti ; même si, au fond, certains étaient beaucoup plus portés sur les questions sociales que d'autres. Et les giscardiens, écartelés entre plusieurs familles de pensée allant des centristes à une aile ultralibérale, savaient se réconcilier quand les échéances approchaient.

Il ne reste pas grand-chose de tout cela. Les salles de réunion des partis ont été largement désertées par ceux qui, occupant un emploi, préfèrent retrouver famille et amis au terme de leur journée plutôt qu'assister à des réunions où toutes les décisions semblent avoir été prises à l'avance. N'y sont désormais présents pour l'essentiel que des permanents de la politique, des retraités plutôt spectateurs et de jeunes ambitieux qui rêvent de devenir un jour des élus.

Le Parti socialiste, qui sut capter en son temps de nombreux militants n'ayant pas d'ambition politique personnelle, semble avoir été la grande victime de cette érosion qu'avait connue un peu auparavant le Parti communiste. Les chiffres sont éloquents comme nous l'avons vu précédemment. Et les lieux de rendez-vous se sont raréfiés. Un exemple : le Parti socialiste comptait trois sections jusqu'au début des années 2000 dans le seul XVIIIe arrondissement de Paris. Les étoiles socialistes y brillaient autour de Lionel Jospin, Bertrand Delanoë, Claude Estier, Daniel Vaillant et bien d'autres. Vingt ans plus tard, il ne reste qu'une seule section rassemblée autour du maire de l'arrondissement qui accomplit sa tâche avec talent mais bien loin des projecteurs qui accompagnaient ses prédécesseurs.

Longtemps les partis socialiste, communiste et gaulliste étaient en compétition non seulement pour le pouvoir mais aussi sur le nombre d'adhérents qu'ils comptaient. Cette rivalité était une émulation pour aller chercher encore et toujours de nouveaux membres et constituer de vastes bastions de militants. À l'image des syndicats qui ont perpétué cette course aux adhérents sans grand succès mais permettant sans doute de limiter l'hémorragie.

Faute de combattants, les Partis ont renoncé à faire étalage permanent de l'état de leurs troupes.

Les grands partis d'hier se font discrets, les nouveaux préfèrent se définir en « mouvement » et affichent des chiffres que l'on peut mettre en doute vu le peu d'implication qu'ils demandent à leurs adhérents ; les écologistes continuent de préférer les associations aux groupements partisans et les autres (NPA, LO, DLF, etc.) ne sont que des groupuscules qui compensent la maigreur de leurs effectifs par la radicalité de leur discours. Le Rassemblement national qui mobilise aux élections ne compterait que moins de 30 000 adhérents – un niveau qui reste bien faible.

Mais comment faire revenir les Français dans les partis, leur donner à nouveau le goût de la politique, du débat militant, de la ferveur des réunions ?

Faire renaître les courants d'idées au sein des partis politiques

Les dirigeants des partis rêvent de discours militants calquant le leur et reproduisant fidèlement leurs thèses, priorités et arguments. Ce qui est légitime mais étranger à notre époque où l'individuation de la société conduit à une forme d'individuation des priorités et opinions. Même sur des thèmes tels que « la réduction des inégalités sociales », les adhérents d'un même parti peuvent être d'accord sur l'objectif mais pas franchement en symbiose sur les mesures qui devraient permettre de réduire les différences sociales. Ce n'est pas nouveau et par le passé, les courants ont permis d'engager des débats contradictoires et d'aboutir à des synthèses qui avaient l'avantage d'aller au fond des mesures proposées. Les courants politiques pour les uns ou la confrontation des sensibilités pour les autres ne faisaient qu'enrichir la vie et le fonctionnement des partis. Et ces rivalités internes assuraient d'un investissement des militants les plus motivés pour convaincre les hésitants.

Tout cela a vécu. Les militants ne nous parlent plus de courants d'idées dans leur parti. Ils adoptent la ligne générale fixée par la direction de leur formation politique, par son bureau exécutif ou son comité central et nos rescapés de l'engagement sont seulement en charge de porter la bonne parole dans leur entourage et sur les lieux publics. De surcroît, la démultiplication des formations politiques offre la possibilité de changer de parti sans avoir l'air de renier sa tendance (droite ou gauche), juste pour rejoindre une formation qui met davantage en avant ses convictions. Le passage de militants du Parti socialiste à la création de Génération·s de Benoît Hamon après le scrutin de 2017 en a été le symbole, sans presque aucun bruit. Hier, ils auraient formé un courant d'idées au sein du Parti socialiste et bataillé pour remporter progressivement une majorité de suffrages des adhérents, sans doute après de nombreux débats houleux donnant vie au parti. Aujourd'hui, ils préfèrent partir et se mettre à leur compte. La confrontation interne est un moteur de l'animation des formations politiques et une émulation pour ceux qui aiment la joute oratoire. Les adeptes de Benoît Hamon n'ont sans doute pas eu le courage d'affronter leurs adversaires internes, honteux du score si faible de leur champion à la présidentielle (6,36 %) et lâches devant les railleries que cela aurait pu susciter. Le choix de la fuite a été préféré au débat.

Sans confrontation interne, les partis perdent de leur vigueur, ne favorisent pas la formation au débat contradictoire et conduisent les militants à se transformer en spectateurs « à peine » engagés. Ambiance morne pour salle militante sans vie. La présence de courants est l'assurance d'une effervescence de parti, fût-elle brouillonne. Il vaut mieux prendre le risque d'apparaître parfois divisé et en recherche de compromis que de donner l'image d'une ligne unique et venue d'instances dirigeantes nationales. Une formation politique ouverte aux débats encourage les « potentiels militants » à franchir le pas de l'adhésion sans craindre d'être mis à l'écart. Des militants qui apprennent, de fait, à se confronter à l'expérience du combat pour leurs idées et à s'habituer, *in fine*, aux stratégies de compromis – ce qui est le propre de la démocratie.

Le renoncement aux courants a abouti à la constitution de partis politiques où les militants sont alignés sur les discours de la direction ou invités à quitter le parti. Cette réduction du militantisme au simple rôle de propagandiste a fait fuir les esprits critiques, ceux qui contestaient parfois, proposaient souvent et s'investissaient toujours. La désertification des partis va de pair avec le renoncement aux débats internes.

Ce n'est guère un hasard si Europe Écologie-Les Verts, où les débats et rivalités font le quotidien du parti, apparaît encore comme un lieu d'échanges (parfois vifs) et attire un regard plutôt bienveillant de l'opinion. Les médias raillent leurs débats internes sans fin et leurs oppositions ouvertes. Et les médias ont tort. Ce qui leur semble être des chamailleries permanentes entre « gaucho utopistes » et « réalos » donne aussi l'image d'une agora où l'on peut adhérer sans devoir se prosterner devant la ligne de la direction. Autant il est possible de leur reprocher leur presque incapacité à parvenir à des compromis internes, autant il est injuste de moquer leurs débats. La plupart d'entre eux viennent du secteur associatif et ont le goût et l'habitude d'argumentations virulentes au sein de structures communes. Une Alice Coffin, élue verte de la capitale, peut brandir des théories loufoques et caractériser l'ensemble des hommes en « violeurs potentiels » tandis qu'une Esther Benbassa, sénatrice verte de Paris, défile dans une manifestation d'islamistes conduite par un prêcheur aboyant des « Allahou Akbar » alors qu'en même temps, Yannick Jadot, député vert, dialogue avec des patrons du CAC40 et que Pierre Hurmic, le maire vert de Bordeaux, surnommé le « catho basque », ne rate jamais l'office un dimanche. Et tous vivent et débattent dans le même parti. La diversité des profils et opinions assure de la vitalité des formations politiques.

À l'autre bout du spectre, le Parti socialiste semble être devenu une triste assemblée de préretraités dépassés par une époque brouillonne. On ne s'y bat plus, on regarde, on commente mollement l'actualité en se rappelant les beaux jours. Puis on se félicite d'avoir réussi à conserver des bastions locaux qui assurent une position sociale et le respect – sans détenir le vrai pouvoir. On observe les écologistes comme de « sales gosses » pour lesquels on a une réelle affection après les avoir longtemps traités avec une certaine arrogance.

Il avait fallu deux ans aux socialistes pour se remettre de la présidentielle de 1969 où Gaston Defferre, candidat de la SFIO, n'avait récolté que 5 % des voix, moins encore que Benoît Hamon en 2017. Mais la persévérance des socialistes les avait rapidement conduits à rebâtir une grande maison de gauche en 1971 confiée à François Mitterrand qui a bien failli entrer à l'Élysée trois ans plus tard et finit par y accéder seulement dix ans après la refondation de la gauche non communiste, et douze ans après la débâcle. Dès la réunification des gauches modérées en Parti socialiste, le principe des courants a été admis ainsi qu'une représentation proportionnelle poussée par les amis de Jean-Pierre Chevènement. Et ce dernier apporta la victoire à François Mitterrand appuyé par Pierre Mauroy et Louis Mermaz au nez et à la barbe de Guy Mollet et Alain Savary. Les courants allaient désormais animer la vie du Parti socialiste jusqu'à parfois le mettre en péril mais assurant toujours la vivacité des débats.

Il n'en a rien été après 2017. Benoît Hamon a piteusement quitté le Parti socialiste. Et le triste congrès d'Aubervilliers en 2018 a été organisé dans l'indifférence générale, animé par des candidats sans passion et modestes dans leurs projets. Après le retrait de Stéphane Le Foll, Olivier Faure, soutenu par Martine Aubry et Carole Delga, a conquis sans flamme, et presque en s'excusant, le titre de Premier secrétaire. Les courants se sont volatilisés, tout comme les idées. Et, à l'aube d'une nouvelle élection présidentielle, les socialistes d'aujourd'hui donnent l'image d'une assemblée de gens raisonnables mal à l'aise dans une époque hystérique. Ils ont la culture du discours à l'heure où les arguments se développent dans des tweets de 280 caractères. Ils ont la vision d'un monde complexe tandis que le bruit médiatique aime les raccourcis. Leurs prestations sont le plus souvent de qualité, respectueuses de leurs adversaires et de la démocratie dans un monde malpoli. Le Parti socialiste ne parvient plus à trouver ses marques et ne mérite pas le pauvre sort qui est actuellement le sien. Un parti de gens bien élevés souvent choqués de la teneur et la virulence de leurs concurrents de gauche peu soucieux des valeurs de la République. En mettant le doigt sur le problème du respect des principes républicains par les écologistes, Anne Hidalgo n'a fait que dire tout haut ce que ses camarades pensaient sans oser le dire de peur de froisser les élus écologistes. Le PS pense qu'en ménageant les Verts et en reprenant certaines de leurs thèses, ils s'attireront leur électorat. Mais il ne suffit pas de courir après l'écologie pour retrouver une aura dans l'opinion. Les socialistes doivent se distinguer par un retour à des sujets propres à leur ligne historique touchant au social, à l'économie, à l'éducation ou encore à la justice. Cela ne veut pas dire que le PS doit se tenir à l'écart des débats sociétaux mais seulement qu'il doit redonner vie à ses fondamentaux et ne plus mettre en prépondérance le sociétal aux dépens du fondamental.

La droite parlementaire n'est pas en reste sur ce volet. Il y avait une ligne sociale au temps du RPR comme au sein de l'UDF avec le CDS. Qui sont aujourd'hui les Philippe Séguin du Parti gaulliste ou les Jacques Barrot et Bernard Stasi du centre ? Le parti Les Républicains voit s'affronter des personnalités dont on ne distingue pas vraiment l'originalité des propositions les unes des autres. Et lorsqu'elles veulent affirmer une dimension plus sociale, elles quittent le navire tel Xavier Bertrand, voire, dans une moindre mesure, Valérie Pécresse. Les exécutifs territoriaux leur servent de laboratoire politique bien plus que les réunions de la rue de Vaugirard dans le XVe arrondissement de Paris. LR n'ayant pas une ligne clairement définie, la formation ne peut avancer l'existence de courants qui se situeraient par rapport au discours dominant du parti. Il y a quelques individualités, des originaux. Éric Ciotti ou Nadine Morano semblent courir après le Rassemblement national en singeant leur discours sécuritaire ou identitaire ; mais que pèsent-ils dans leur parti ? Au fond, on devine tant ce qu'ils vont dire avant qu'ils ne parlent que l'on ne prête plus attention à leurs propos. Ils semblent s'adresser à quelques-uns de leurs militants supports en région davantage qu'aux Français.

L'UMP devenue Les Républicains ne s'est jamais réellement remise de la défaite de Nicolas Sarkozy en 2012 et, par la suite, de ses déboires lors de la présidentielle en 2017. Quatre mois avant cette dernière, la victoire semblait assurée, et la formation majoritaire de droite a fini dans la honte d'un candidat qui l'avait trompée. Chacun est rentré chez soi, dans sa région, sa circonscription ou sa commune en cherchant à oublier le cauchemar qu'il venait de vivre. Depuis, ils cherchent en vain un leader pour guider le parti, après avoir fait les yeux de Chimène à un François Baroin qui préfère construire sa vie, et sans doute son bonheur, en dehors des affres de la politique.

En Marche, tout comme La France insoumise, sont moins construits en parti politique qu'en mouvement rassemblé autour d'un leader – Emmanuel Macron d'un côté, Jean-Luc Mélenchon de l'autre. Nous sommes face à des fondateurs de mouvements qui pourraient se comparer à des fondateurs d'entreprise. Ils se sentent propriétaires de leur formation politique et ils n'ont pas complètement tort. De fait, l'idée d'y introduire des courants n'a pas de sens pour eux. À l'Assemblée nationale, des amicales d'En Marche se sont constituées. Autour de la sensibilité sociale et écologique, En Commun, conduite par Hugues Renson et Barbara Pompili a été créée. Malgré la bonne volonté de ces deux fondateurs, le paysage de la majorité présidentielle n'a pas été bousculé et le président de la République n'a guère donné le sentiment d'y prêter attention. Quant à La France insoumise, sa survie sera compliquée une fois Jean-Luc Mélenchon en retrait. Ce mouvement compte de fortes individualités dotées pour la plupart de forts ego tels que François Ruffin, Alexis Corbière, Adrien Quattenens, Danièle Obono, Clémentine Autain ou encore Éric Cocquerel. On ne voit pas comment ils pourraient s'entendre ensemble lorsque le député de Marseille s'éloignera de la scène politique. Les courants ne semblent pas en voie d'être tolérés à LFI, la tolérance n'étant pas la première caractéristique de ce mouvement.

Il en va de même pour le Rassemblement national dont Marine Le Pen, bien que voulant moderniser l'héritage de son père, en a conservé les réflexes pour limiter les sensibilités qui pourraient la gêner. Désormais, on exclut ceux qui tiennent des propos extrémistes et on pousse vers la porte ceux qui aimeraient y construire des chapelles, tel Florian Philippot qui, après avoir été le bras droit de la présidente du RN, s'est vu invité à fonder son propre commerce politique : Les Patriotes. Celui qui fut un des dirigeants les plus courtisés du Front national a depuis presque disparu du paysage politique. Au RN, on est avec Marine Le Pen ou on va voir ailleurs. En digne fille de son père.

En limitant la diversité des sensibilités, en étouffant les courants, les partis ont encouragé la création d'une multitude de nouvelles formations et ont découragé nombre de citoyens qui auraient sans doute pu s'engager à être des militants pouvant s'exprimer et non pas de simples soldats en charge de répéter les bonnes paroles de la direction du Parti en distribuant des tracts sur les marchés. La difficulté à accepter des lignes et sensibilités diverses a accéléré l'éparpillement de la vie politique. Les partis se trouvent aujourd'hui très affaiblis par la concurrence qu'ils doivent affronter de formations peu éloignées politiquement mais distinctes. De fait, les seconds tours électoraux soulignent cet éparpillement. Les élections régionales de 2021 sont éloquentes sur ce point. Sur les 13 grandes régions du pays, une seule comptait au second tour un duel. Et ce dernier avait lieu en PACA après le retrait dans la douleur de la liste de gauche pour barrer la route au Rassemblement national. Ailleurs, le spectacle est confondant pour ce second tour, du jamais vu : 3 triangulaires, 6 quadrangulaires et même 2 quinquangulaires. Comment l'électeur peut-il s'y retrouver ? Et comment le citoyen peut-il avoir envie d'adhérer dans un parti qui ne pèsera guère ? Car, du fait de cet éclatement du paysage politique, les scores de chacun sont faibles, sans compter les abstentions galopantes qui témoignent de l'absence de clarté des offres pour les électeurs. Jamais il n'y a eu autant de partis et jamais il n'y a eu aussi peu de votants.

En France, comme ailleurs, on aime les formations politiques fortes plus que les groupuscules. Plutôt suivre un grand parti dont on connaît les rivalités internes et les courants qui s'opposent plutôt que de participer à une micro-formation alignée sur son chef.

Élargir le champ des sujets traités par les partis politiques

Le discours des formations politiques est clairement en décalage avec les préoccupations essentielles des citoyens. Le plus souvent, les axes d'interventions développés par les formations politiques viennent répondre aux sujets lancés par les médias et nourris par l'actualité. Les partis sont aspirés par l'actualité plus que par le travail de fond. Là où l'on pourrait attendre le traitement de sujets travaillés par les grands acteurs politiques et repris par les médias, c'est à la situation contraire que nous assistons. Ainsi, les thèmes de l'emploi, de la réduction des inégalités sociales ou encore de l'éducation, qui tiennent une place centrale parmi les préoccupations de nos concitoyens, sont relégués en seconde position derrière la sécurité, les enjeux climatiques ou la justice. Cela ne veut pas dire que ces derniers n'ont qu'une importance relative mais, dans la hiérarchie des domaines d'attentes des Français, l'économie, le social ou l'éducation restent des thématiques centrales méritant une couverture et des propositions approfondies, beaucoup plus approfondies que leur couverture actuelle par les responsables politiques. Et ces grands thèmes sont le plus souvent délaissés ou maltraités.

De la même manière, les questions sociétales sont venues progressivement bousculer et marginaliser tous les autres sujets. Les débats n'en finissent plus sur les chaînes d'information pour ce qui touche à la GPA ou PMA. Les unes de nos quotidiens et magazines d'information mettent régulièrement en exergue des faits divers de justice, ou d'obscurs sujets en vogue tels que l'« intersectionnalité » ou le « décolonialisme » que les politiques commentent. Inutile de préciser que ces deux derniers sujets restent étrangers à une immense majorité de la population qui ne comprend même pas le sens des mots employés. Quant aux faits divers de justice, ils font le délice de nos élus qui, en les traitant, ont le sentiment de se rapprocher des citoyens. Certes, il faut bien reconnaître que nous sommes toujours friands de faits divers mais ils ne contribuent qu'à la marge à répondre à nos préoccupations. Notre voyeurisme est davantage comblé que nos aspirations à vouloir introduire de nouvelles législations.

En plaçant le sociétal au centre de leurs discours, les partis politiques n'ont fait que renforcer le sentiment qu'ils sont démunis dans les autres matières, économiques et sociales. La loi sur la fin de vie, sur le mariage pour tous, sur le port de signes religieux à l'école, sur les violences conjugales ou bien d'autres encore ont davantage animé les débats publics engagés par les formations politiques que toutes les lois de finances ou mesures sociales. L'éducation, souvent érigée par les gouvernements en priorité, occupe une place dans le discours politique très nettement inférieure aux prises de position que l'on peut entendre ici et là sur l'islamisme. L'évolution positive des scores d'EELV à de nombreuses élections s'explique en partie par le fait que la formation de Julien Bayou ne s'embarrasse guère des propositions économiques ou sociales, sauf à faire le minimum assez peu étayé, pour se centrer sur les questions sociétales. De fait, EELV apparaît plus souvent en résonance avec l'actualité que les autres partis plus sensibles aux domaines économiques et sociaux. L'émergence nécessaire de la question climatique dans les débats a largement servi les écologistes qui la soulevaient depuis longtemps et avant tout le monde. Pour autant, dès lors qu'il a fallu proposer des mesures pour lutter contre le CO_2, EELV a fait preuve d'une grande prudence dans l'introduction d'une taxe carbone qui pourrait pénaliser les plus faibles revenus et les pénaliser électoralement. Il est plus facile d'alerter et de dénoncer que de trouver des solutions acceptables par tous. En martelant des thèmes sociétaux, le mouvement écologiste a contraint les autres formations politiques à rééquilibrer leur discours en accordant une place plus forte à des thèmes qui, auparavant, imprégnaient moins leurs programmes.

Ce prisme sociétal a d'ailleurs fini par atteindre les organisations syndicales qui nous avaient plutôt habituées à défendre des causes sociales et économiques. La CGT allant même jusqu'à lancer un dialogue rapproché et public avec Greenpeace dans le but d'apparaître ouverte à de nouvelles questions, quitte à se mettre sa Fédération de l'énergie à dos.

En invoquant ce rétrécissement du discours politique et sa concentration sur les aspects sociétaux, deux hypothèses reviennent le plus souvent.

La première tient à une forme de fatalisme où l'économie et les questions sociales sont devenues si complexes qu'il est difficile d'expliquer à l'opinion des mesures dont la technicité risque de la dérouter. La question des retraites a bien mis cela en avant. Les politiques, tout comme les syndicats, nous expliquaient que la réforme butait sur l'approche qui devait être « systémique » ou « paramétrique ». Ces notions savantes sont hermétiques pour l'immense majorité du grand public. Et pour reprendre une expression chère à la grand-mère de Martine Aubry : « Quand c'est flou, c'est qu'il y a un loup ! » De fait, il y avait ceux qui voulaient expliquer et ne faisaient que souligner la complexité de la réforme, et ceux qui à force de simplifier ne faisaient que caricaturer. Au final, personne n'y comprenait rien et tous sentaient que derrière l'évanescence des mots se cachait une réforme qui pénaliserait tout le monde. Il n'est pas facile de parler simple et de faire de la pédagogie pour être compris. L'économie et la maîtrise des questions sociales nécessitent un savoir technique dont il est plus facile de se passer dans les domaines sociétaux. Il n'y a pas besoin d'être grand technicien pour savoir si on est favorable ou opposé au mariage pour tous, à la PMA, à la peine de mort, etc.

La deuxième hypothèse de renoncement à un traitement large des questions économiques et sociales tient à la faiblesse des résultats et des réformes au cours des vingt dernières années. Le chômage a connu des mouvements de baisse à certains moments mais en restant à des niveaux élevés. L'économie n'a pas été marquée par une croissance d'activité qui distinguerait la France et soulignerait un dynamisme retrouvé. Les grandes réformes sociales remontent à la fin du siècle dernier. Aujourd'hui, on semble réformer à la marge, se contentant de « bricoler sur l'existant ». Pas de quoi motiver à venir se battre pour défendre de grands projets. Et ceux des formations politiques qui le font, en particulier la gauche de la gauche, ont l'image d'utopistes qui se gargarisent de mots et de propositions qui ne résisteraient pas à la réalité.

Pour autant, la parole des politiques s'est rétrécie, privant certaines formations de l'effort d'aller sur les fondements de leur corpus idéologique : l'économie pour la droite, le social pour la gauche. Il ne fait pas de doute que c'est à eux de ramener l'intérêt sur ces questions et d'ouvrir de nouveaux horizons de débats à leurs adhérents. Une formation politique doit avoir un éventail complet de propositions, investir l'ensemble des domaines tant l'aspiration à gouverner, qui est le fondement d'un parti, exige un investissement intellectuel pour chaque sujet touchant à la vie des citoyens.

Bannir les primaires ouvertes pour la désignation des candidats

À quoi bon être militant d'un parti si, pour l'élection reine que symbolise la présidentielle, votre voix vaut autant que celle de n'importe quel autre non-adhérent pour désigner le représentant du parti dans cette compétition ? Il est légitime de se poser la question.

En organisant des élections primaires ouvertes, le Parti socialiste autant que Les Républicains ont cherché non seulement à créer une dynamique pour leur vainqueur mais aussi à mobiliser les médias et l'opinion autour de ces scrutins ouverts. On comprend cette volonté de créer le mouvement et, force est de reconnaître que les citoyens ont apprécié cette consultation. Plus de 4 millions de votants pour désigner le candidat des Républicains parmi les sept qui se présentaient au premier tour organisé en 2016, et près de 4,5 millions pour départager François Fillon et Alain Juppé. On connaît la suite.

Côté socialiste, 1,6 million de personnes se sont déplacées en janvier 2017 pour sélectionner les candidats pouvant aller au second tour de la primaire et plus de 2 millions ont départagé Benoît Hamon de Manuel Valls. Benoît Hamon a largement remporté ce duel (58 %) pour finir trois mois plus tard à 6 % dans les urnes. Pour 2022, ils en ont tiré les conséquences.

Ni dans un camp, ni dans l'autre cette mobilisation n'a bénéficié aux candidats désignés le jour du vote. Les deux finalistes de la présidentielle 2017, Emmanuel Macron et Marine Le Pen, ne s'étaient pas encombrés de cette procédure ni du coût qu'elle entraîne. La comparaison avec les primaires telles qu'elles existent aux États-Unis trouve rapidement ses limites. L'électeur américain est enregistré en tant que démocrate ou républicain lors de son inscription et le vote est réservé à chacun des deux camps pour la désignation de leur candidat. C'est de surcroît un système complexe État par État organisé sur plusieurs mois et permettant des rebondissements tant les campagnes sont actives et souvent virulentes.

Les militants de l'UMP et du PS en France ont de quoi être mécontents. Non seulement le choix ne leur revenait pas, mais n'importe qui peut voter en ayant simplement à signer le jour du vote une charte des valeurs assez symbolique. Combien de citoyens ont pu voter à chacune de ces deux primaires pour finalement, le jour du vote, porter un bulletin qui n'était ni pour François Fillon, ni pour Benoît Hamon ? Le système des primaires à la française est non seulement aberrant dans son organisation mais aussi décourageant pour la considération qu'il porte aux militants sincères des deux partis. Rien ne vaut un départage des candidats par les seuls adhérents ayant un minimum d'ancienneté dans le parti, autour de six mois. Ce système ne favorise d'ailleurs pas spécialement le leader du parti. En 1995, Lionel Jospin est élu par près de deux tiers des militants face à Henri Emmanuelli qui occupait pourtant le poste de Premier secrétaire du PS. Et, dans des circonstances très difficiles pour la gauche après la débâcle des législatives de 1993, l'ancien ministre de l'Éducation se hisse à la première place au premier tour et perd honorablement le second avec plus de 47 % des voix face à Jacques Chirac.

La plus grande vertu des primaires ouvertes est de mobiliser l'opinion sur le parti qui les organise le temps de la campagne de sélection. Nous sommes avant tout dans le registre de la communication. En donnant l'image d'une formation politique attentive et fidèle au choix des citoyens, les responsables de ces partis ont le sentiment de se rapprocher des électeurs et de répondre à leurs souhaits profonds. C'est une illusion totale : seuls les citoyens les plus politisés, ceux qui ont un choix souvent déterminé longtemps à l'avance, font le déplacement.

Une autre vertu décelable est de roder à une campagne politique celui qui sera désigné candidat à l'issue de ce scrutin ; une forme de préparation à la campagne présidentielle. Mais avec un risque : que les arguments utilisés s'épuisent au fil du temps et contraignent le candidat à répéter invariablement les mêmes arguments et propositions pendant de longs mois. Ce fut le cas pour Benoît Hamon avec son « revenu universel », une idée neuve au tout début de la campagne des primaires mais qui fut par la suite tant débattue et si souvent contestée qu'à la veille de l'élection présidentielle le candidat socialiste semblait en avoir considérablement réduit les ambitions et l'idée apparaissait décalée au regard des attentes des Français et des propositions de ses concurrents.

Redonner toute sa place au militant de parti en lui permettant d'être opposé à certaines orientations de la direction de sa formation politique, élargir les champs thématiques de réflexion et permettre au militant de peser dans le choix des candidats aux différents scrutins : trois axes qui pourraient restaurer un certain crédit aux partis politiques.

Chapitre 6

Retrouver un personnel qui incite à l'engagement politique

« Qui imagine un seul instant le général de Gaulle... » Depuis que François Fillon a osé cette maxime qui lui coûta très cher quelques mois plus tard, on entend souvent sur un ton plus ou moins ironique cette forme de nostalgie d'un personnel politique qui ne serait plus du niveau de nos dirigeants d'antan.

À l'heure où ont été écrites ces lignes, Anne Sinclair était invitée sur de nombreux plateaux de télévision à propos de ses Mémoires et nous avons pu tous profiter de ces instants pour voir ou revoir des numéros mythiques de « 7 sur 7 », une des émissions phares de la politique diffusée le dimanche soir sur TF1 jusqu'en 1997. À cette question qu'on lui pose sur la qualité du personnel politique d'hier et d'aujourd'hui, elle a la délicatesse de répondre que ce n'est pas la question centrale. Selon elle, c'est l'aura de la politique dans son ensemble qui a pris un coup en s'immisçant sur toutes les radios, sur toutes les chaînes de télévision, dans toutes les émissions et dans tous les débats. L'homme politique est invité partout, non pas pour faire l'actu mais pour la commenter et pour en débattre. Elle rappelle qu'à l'époque de « 7 sur 7 », il n'y avait que 4 chaînes de télévision puis 6 ; que les émissions politiques étaient rares et donc très théâtrales. On ne peut pas lui donner tort. Il reste que cette raison avancée de la dévalorisation de la parole politique due à son exposition trop grande sur nos écrans est élégante mais mérite d'être approfondie et de s'interroger sur le personnel politique actuel.

Il n'est pas question ici de faire un réquisitoire nominatif contre chacun des leaders politiques du moment mais simplement d'essayer de comprendre pourquoi la politique n'attire plus l'élite intellectuelle française, comme on peut le constater au niveau des élus mais également de leur entourage et autres conseillers.

Deux problèmes majeurs se posent aujourd'hui face au désenchantement de la politique dans ce domaine : une absence de leaders tels qu'on en a connu par le passé et un personnel politique qui ne cesse de marquer des buts contre son camp.

Qui sont les leaders ?

Sans en faire une vérité générale et absolue, il est difficile de distinguer dans le paysage politique actuel d'autres vrais leaders que Jean-Luc Mélenchon, Emmanuel Macron et Marine Le Pen. Sans leur faire offense, mettre sur un même plan ces trois figures et les autres chefs de partis ou leaders parlementaires serait au moins étonnant, si ce n'est ridicule.

Le leadership ne se mesure pas seulement à la position que l'un ou l'autre occupe dans les sondages mais à sa capacité à influencer politiquement, intellectuellement et socialement à la fois les élus d'un camp mais aussi tout un pan de la société française.

Ils ont été nombreux par le passé à occuper une telle position, qu'ils aient ou non atteint la présidence de la République. Aujourd'hui, plus aucun des grands partis qui ont fait la Vᵉ République ne fait le choix de mettre à sa tête une personnalité aux capacités « extraordinaires ». C'est devenu l'apanage des populistes de gauche et de droite d'un côté et du macronisme de l'autre, dont on pourrait débattre longuement de sa nature réelle.

Après des défaites aussi lourdes, numérique ou symbolique, que celles vécues par le Parti socialiste et les Républicains en 2017, force est de constater qu'ils n'ont pas fait le choix de reconstruire le parti par sa tête alors que c'était exactement à ce niveau-là que se concentrait l'immense responsabilité de la défaite.

Avec une primaire ouverte inscrite dans les statuts pour les échéances à venir, quel intérêt pouvait trouver chaque présidentiable en puissance à aller au combat pour reconstruire des partis humainement et financièrement exsangues sans assurance d'être désigné comme candidat à l'élection reine : la présidentielle. Si nous vivons aujourd'hui dans un système politique toujours plus apathique, c'est en grande partie à cause de la couardise de tous ceux qui pouvaient aspirer à exercer un réel leadership sur la gauche et la droite de gouvernement et qui ont préféré s'engoncer dans des micro-partis inconnus à leur service exclusif. Les mêmes que l'on entend depuis critiquer la faiblesse du parti majoritaire ou le débat binaire qui s'installe entre LREM et le RN, avant le phénomène Zemmour.

Il faut reconnaître ici que Laurent Wauquiez a eu un certain courage en briguant la présidence des Républicains après la débâcle de 2017, bien que l'opposition interne fût bien faible. Présidant en même temps une région éloignée de Paris et ne pouvant plus cumuler ce poste avec celui de député de la Loire, son prestige et son emprise sur le parti qu'il dirigeait n'étaient que relatifs. D'où le fait qu'il démissionna à la première embûche. On comprend mieux pourquoi le débat sur le cumul des mandats commence à réapparaître dans le pays.

En leurs temps, François Mitterrand ou Jacques Chirac avaient méthodiquement travaillé à contrôler tout un appareil politique en s'y créant un entourage mêlant les générations et les profils pour finalement conquérir le pouvoir. Ils n'hésitaient pas à cumuler les mandats pour asseoir leur autorité. Et, l'un comme l'autre, n'auraient pas toléré de se lancer dans des primaires ouvertes les menaçant de ne point être investi.

Comme il peut paraître incroyable de se rappeler qu'il y a encore une poignée d'années, Jacques Chirac, avant d'être président de la République, occupait simultanément les fonctions de maire de Paris, député de Corrèze et chef de parti. Même constat pour François Mitterrand qui avant d'accéder à l'Élysée était à la fois député de la Nièvre, président du conseil général de ce même département, maire de Château-Chinon et chef de parti. La République et la politique ont-elles été améliorées avec la loi sur le non-cumul des mandats ? Les institutions fonctionnent-elles mieux ? Certes on peut invoquer la morale, expliquer que tout cela n'était pas raisonnable, que l'époque ne tolère plus qu'une seule personne puisse avoir autant de fonctions et de responsabilités et s'en occuper sérieusement. Et si l'on accepte que certains grands chefs d'entreprise dirigent à la fois de multiples sociétés et siègent dans plusieurs conseils d'administration, pourquoi ne l'admettrait-on pas pour les politiques ? François Mitterrand tout comme Jacques Chirac avaient été placés là par les électeurs et les militants ; ils n'avaient pas fait un hold-up de leurs postes. Et l'un comme l'autre dégageaient une autorité et incarnaient le pouvoir. Dans un pays tel que la France, où l'imaginaire des citoyens est nourri par son histoire, les mandats faisaient figure de trophées telles les batailles victorieuses de nos rois, empereurs et généraux. Les réformes institutionnelles n'ont fait qu'abaisser le prestige de nos élus sous couvert d'éthique et d'ouverture à de nouvelles personnalités. Et, au bout du compte, l'Assemblée nationale se retrouve peuplée de députés sans attache réelle au terrain, juste un peu plus déconnectés qu'auparavant. Quant à l'éthique et l'ouverture, les enquêtes d'opinion n'ont pas montré jusque-là que ces deux grandes valeurs en étaient sorties renforcées.

Comme de nombreuses règles édictées pour « moraliser la vie publique », la fin du cumul des mandats n'a pas un seul instant réconcilié le peuple français avec ses élus et a même, à certains égards, détérioré encore un peu la confiance envers les élus ayant fait le choix du mandat national tout en créant une classe politique à deux vitesses entre élus locaux et nationaux.

L'assise voire l'emprise locale, alliée à une tribune nationale, avait donc au moins la vertu de mettre dans la lumière des élus qui savaient s'adapter à la fois sur les places des marchés et sur les plateaux télé, profitant régulièrement d'un nouveau sacre local pour entretenir leur position d'influence.

Parmi les trois leaders politiques actuels cités en introduction de ce chapitre, aucun n'a entamé un chemin conventionnel pour se hisser à la tête d'un camp, d'un clan ou d'un pays et seule Marine Le Pen peut arguer de disposer aujourd'hui d'un vrai fief électoral.

Jean-Luc Mélenchon a vécu une vie de minoritaire puis de dissident jusqu'à réussir à se hisser à la tête de la gauche française en 2017 en prenant des chemins de traverse et dans une opposition méthodique à toutes les règles établies par le PS pour réguler la concurrence interne. Cette position largement enviable en 2017 s'est considérablement fanée depuis et son implantation marseillaise de quatre ans n'a pas marqué les esprits, au point de faire oublier qu'il a passé trente ans de sa vie à être élu dans l'Essonne.

Marine Le Pen a connu quelques embûches avant de pouvoir prétendre à l'héritage de son père. Battue largement en 1997 à l'élection du comité central du Front national, elle se fait finalement repêcher par son président de père quelques années après l'avoir embauchée au siège du parti. Finalement élue à la tête du parti en 2011, non sans une réelle opposition interne, elle signe tout de même en 2012 et 2017 le grand retour du FN au premier plan de la vie politique nationale. Aujourd'hui, difficile d'établir un bilan électoral et politique du quinquennat Macron pour elle si ce n'est qu'elle a confirmé son implantation dans le Pas-de-Calais, bien que le RN soit en recul au sortir des élections départementales et régionales de 2021.

Emmanuel Macron n'a pas connu une vie entière de dissidence mais c'est un euphémisme de dire que le moment venu, elle lui fut plutôt favorable. Dissidence contre quoi ou contre qui, c'est assez difficile à dire. Lui dira que le système était en dissidence des partis, le PS dira que Macron était en dissidence de la gauche et LR dira qu'il était en dissidence de François Hollande. Arrivé seul au pouvoir avec un quarteron de fidèles et aucune implantation locale, nul ne peut dire ce qu'il adviendrait de son mouvement s'il devait quitter le pouvoir en mai prochain ni s'il souhaiterait prolonger son engagement politique.

Aujourd'hui, ces trois leaders majeurs, qui ont tous entrepris une aventure politique originale et inédite, sont donc tous confrontés à une défaillance majeure par rapport à leur position de leadership réelle ou revendiquée d'un camp.

Sur le plan social et politique, Emmanuel Macron n'a pas réussi à définir un vrai corpus idéologique lui permettant d'élargir une base électorale très marquée sociologiquement ni à construire un dispositif politique du niveau de ce que furent le PS ou le RPR à leur grande époque. Il garde cependant une mainmise intellectuelle quasiment absolue sur son camp et peut espérer qu'un deuxième mandant pourra enfin pérenniser l'espace politique qu'il a créé.

Sur le plan intellectuel et politique, Jean-Luc Mélenchon a donné le tournis à beaucoup de ceux qui l'avaient rejoint en 2017, séduits par ce tribun républicain et populaire sans peur et sans reproche. Peu aidé par un entourage lui devant tout et lui manifestant une indulgence démesurée par rapport à ses excès verbaux, sa dérive l'entraîne vers un vestige électoral socialement bien plus restreint qui ne lui permettra plus de prétendre accéder au pouvoir. Le député des Bouches-du-Rhône souffre de son omnipotence dans son propre parti où nul ne peut le contrôler et nul ne peut le raisonner.

Marine Le Pen est confrontée à trois obstacles, intellectuel, politique et social. Intellectuellement, ses atermoiements depuis 2017 ont brouillé la ligne politique du RN entre contestation et normalisation. Politiquement, elle reproduit certaines des erreurs de son père en recréant une filiation avec son dauphin Jordan Bardella qui, comme Florian Philippot en son temps, est repêché par la grâce pour siéger à la droite de la Mère malgré un score moyen à l'élection du comité central. Socialement, le RN n'a tiré aucun profit du plus grand mouvement social et contestataire échappant au giron de la gauche depuis plusieurs décennies : les Gilets jaunes.

Devenue totalement partie du système, Marine Le Pen continue à prêcher l'ouverture, s'appuyant sur des amis illibéraux d'autres États européens au pouvoir, au risque de perdre l'identité du RN pour finir sa mue en nouvelle droite, qui ne pourra cependant jamais gouverner avec LR tant que la marque Le Pen restera accolée à la marque nationale.

Aujourd'hui, ils sclérosent le fonctionnement de la politique française non pas directement de leur fait, mais parce qu'aucun des trois n'a réussi à imaginer et façonner un modèle alternatif et plus efficace à celui des partis politiques et du cheminement qu'ils impliquent. Jean-Luc Mélenchon empêche la gauche d'être à nouveau majoritaire dans les urnes, et la condamne dans les scrutins. Emmanuel Macron empêche l'ensemble de la classe politique de retrouver une crédibilité perdue l'ayant conduite à mettre à la tête de tous les partis de gouvernement d'antan des leaders n'ayant ni l'ambition, ni la carrure de pouvoir prétendre à jouer un rôle de premier plan au niveau national. Enfin, Marine Le Pen n'est plus la leader incontestée de l'extrême droite élargie et ses opposants espèrent que des candidatures alternatives la feront définitivement trébucher. Éric Zemmour est leur recours.

Il serait injuste de faire une abstraction complète des leaders des autres partis politiques. Pour autant, ils apparaissent davantage comme des administrateurs de leurs formations que des réels chefs incontestés.

Pour LR, Christian Jacob semble avoir été propulsé à son poste dans l'indifférence générale ;

juste parce qu'il était le moins gênant, que l'on ne lui prêtait pas d'ambitions présidentielles et qu'à la tête de son groupe à l'Assemblée nationale il avait su faire admettre des compromis et arbitrer des conflits. Un homme précieux se limitant à une fonction d'organisateur sans chercher à prendre le leadership que ses prédécesseurs (Laurent Wauquiez ou Nicolas Sarkozy) avaient imposé. Longtemps il a espéré que François Baroin se lancerait dans la course présidentielle et lui permettrait de s'épanouir dans ce rôle de tampon entre les plus radicaux et les plus modérés de son parti. Les députés et les élus LR le soutiennent sans passion et savent qu'avec lui ils peuvent s'exprimer sans rappel à l'ordre ni conflit. Tout juste a-t-il osé rétrograder Guillaume Peltier de numéro deux du parti à un poste de vice-président en 2021 quand ce dernier avait opéré un rapprochement avec Robert Ménard, quoiqu'il se soit décidé à retirer à Guillaume Peltier ce mandat après que celui-ci se prononça en faveur d'Éric Zemmour. La méthode Jacob, c'est la paix avant tout.

Côté socialiste, Olivier Faure aura longtemps géré son parti comme on organise une amicale d'anciens combattants avec de vieux souvenirs et sans se tourner vers l'avenir. Chaque socialiste que nous avons interrogé et qui ne souhaitait pas être cité sur Olivier Faure nous disait la même chose : « Olivier est un garçon agréable, même sympathique, il ne manque pas d'intelligence mais il n'est pas fait pour la fonction. » Mesure-t-on le mépris palpable par le choix du mot « garçon » ? Lui-même n'a pas semblé chercher à réveiller le Parti socialiste dont les barons se sont réfugiés dans leurs régions ou villes, se tenant à l'écart de la vie de leur formation ou à faire le minimum. Au parti de Jean Jaurès et de François Mitterrand tout semble être devenu ennuyeux : on s'exerce à la critique en évitant la proposition, on craint d'être renvoyé chaque fois au quinquennat raté de François Hollande, on cherche à faire alliance avec des écologistes qui vous traînent dans la boue ; on ne sait vraiment plus où l'on en est. La divine surprise des régionales de 2021 où les socialistes ont conservé toutes leurs régions semble même les avoir surpris d'exister encore. Alors que leur espace politique potentiel est largement plus important que ce qu'ils imaginent. Les socialistes se sous-estiment et il est temps pour eux de reprendre de la voix.

Enfin, pour les écologistes, le choix du dirigeant est toujours un exercice complexe. Fondé en 2010, EELV en est déjà à son cinquième secrétaire national dont deux, Pascal Durand et Emmanuelle Cosse, ont quitté la formation. L'un pour rejoindre En Marche et l'autre pour la liberté. De toute évidence, la direction des Verts est un bail précaire, qui est l'objet de tant de compromis internes qu'elle paralyse le moindre aspirant chef. Julien Bayou occupe la fonction depuis 2019 et a réussi à se hisser à la première place de la gauche aux élections régionales en Ile-de-France en 2021 avec près de 13 % des voix. Mais cela reste un score bien maigre pour un chef de parti sur un territoire pourtant plus enclin que beaucoup d'autres aux écologistes. Son score du second tour ne sera guère plus brillant, lui permettant à peine de totaliser les voix de ses alliés tandis que son adversaire principale, Valérie Pécresse, gagnait près de dix points sans aucun renfort allié entre le premier et le second tours. Mieux, Julien Bayou après deux années de direction d'EELV n'était toujours cité par aucun magazine et sondage d'opinion dans les cotes de popularité des personnalités testées. Un signe qui ne trompe pas et signifie qu'aucun analyste ou journaliste ne mise sur son avenir. Son rôle est transparent pour les citoyens et son aura ne dépasse pas quelques arrondissements de Paris. À sa décharge, il faut reconnaître que son concurrent de gauche (Olivier Faure) se passerait sans doute bien de figurer dans des baromètres de popularité où il occupe continuellement les dernières places.

Il ne fait pas de doute que ces deux derniers leaders ne constituent pas un atout pour attirer de nouveaux adhérents. L'attrait passe indéniablement par le changement des responsables de ces partis.

Arrêter de jouer contre son camp et attirer les meilleurs

Jouer contre son camp et donc contre le réenchantement de la politique française, c'est aussi cette démagogie de certains élus à emboîter le pas à tous les discours décriant le personnel politique français : nantis, profiteurs, cumulards, déconnectés, etc. L'empressement à l'autoflagellation dans l'espoir d'y trouver la rédemption est une illusion qui n'a jamais été démentie malgré les lois successives visant à mieux contrôler les élus et la vie politique.

En matière de recrutement, on connaît peu d'entreprises qui choisissent comme politique des ressources humaines de se dépeindre sous leur pire jour en promettant à la future recrue qu'elle sera honnie, surveillée et que ses pairs y contribueront grandement avec une forme de plaisir sadomasochiste.

Nous avons aujourd'hui une vie politique sevrée de cumul des mandats et de plafonds de rémunérations, limitée en réserve parlementaire, contrôlée à la loupe dans ses financements. Et avec quel effet pourtant sur l'appétence des Français vis-à-vis de leur classe politique ? Faudra-t-il aller jusqu'à demander aux élus d'exercer leur tâche de manière bénévole pour espérer rehausser l'image de la politique et attirer par là même les meilleurs talents de l'appareil économique, culturel ou administratif vers des fonctions électives ?

On pourrait ici penser que les auteurs en sont à déplorer la moralisation de la vie politique, l'époque de l'argent en espèces qui circulait dans les partis politiques et l'opacité financière qui accompagnait ces pratiques. Notre propos est en fait totalement étranger à cela mais pose la question qui aurait dû rester centrale : comment susciter et encourager la vocation de certains à représenter le peuple quand il ne leur est proposé que de « la sueur, du sang et des larmes » pour reprendre l'expression de Winston Churchill ?

Les partis semblent avoir tout fait pour décourager les ambitions des plus valeureux et encourager les appétits des médiocres. Ce n'est pas un hasard si les élus de nombreuses formations sont des apparatchiks qui n'ont aucune connaissance de la société ni d'ailleurs de la vie professionnelle en dehors d'avoir servi des élus de formations politiques. Certes, il n'y a pas que des médiocres parmi ces apparatchiks. Michel Barnier, élu à 23 ans, conseiller général de la Savoie, n'a passé accidentellement qu'une année de sa vie dans une entreprise, déroulant le reste de son existence de mandat politique en mandat politique. Il n'en a pas moins été un bon négociateur du Brexit et a fait montre d'une belle intelligence dans ses mandats de commissaire européen. Mais il est plutôt l'exception que la règle. Nous nous garderons bien de citer ici ceux que nous avons croisés en politique et qui nous sont apparus d'une faiblesse abyssale autant dans leur raisonnement que dans leur compréhension du monde économique ou de la société. La plupart confondaient leur habileté ou leurs parcours avec de l'intelligence.

Pour pallier ce recrutement défaillant dans les partis politiques, plusieurs subterfuges ont été inventés tels que le recours à cette fameuse « société civile » qui ne favorise pas vraiment davantage l'engagement politique. Ces hommes et ces femmes qui apparaissent sans préavis aux plus hautes responsabilités politiques du pays sans qu'on ne sache réellement qui ils sont, ce en quoi ils croient et quels sont leurs mérites.

Ce n'est pas nouveau que les grands leaders politiques du pays cherchent à attirer à eux des talents venus d'horizons différents, et pas toujours du « sérail » politique. Est-ce qu'on aurait pour autant accolé cette étiquette « société civile » à la magistrate Simone Veil ou à l'avocat Robert Badinter quand ceux-ci sont appelés au gouvernement sans avoir jamais exercé un quelconque mandat auparavant ?

Quand ces deux illustres ministres sont appelés au gouvernement, ce n'est pas pour remplir un quota de ministres non élus comme s'il fallait faire comprendre à tous les élus du pays qu'ils constituent une forme de caste qu'il faut juguler dans son emprise sur le pouvoir. Ils sont appelés car chacun dans sa carrière a porté des combats immenses et que l'action gouvernementale entrait en pleine résonance avec ces combats et avec le projet du président élu. Ils étaient une réponse évidente à une problématique politique majeure qui se posait au président élu : qui de mieux placé pour porter une réforme aussi clivante que la peine de mort ou l'IVG face à une Assemblée ou un pays largement divisé sur la question ? En effet, à cette question, l'on peut répondre qu'un ministre ayant une action reconnue dans son secteur et pas ou peu abîmé par le combat politicien est un choix utile.

On imagine bien la complexité que cela fut de sélectionner 577 candidats pour LREM en 2017 et il était ainsi tout à fait logique qu'une immense majorité d'entre eux viennent d'horizons différents et n'aient exercé aucun mandat auparavant. Ce qui était un état de fait et pas forcément une des raisons premières de leur élection, nombreux sont ceux qui en ont fait un étendard du « nouveau monde » sans que cela n'ait aucun impact sur la popularité de l'engagement politique. Mieux : après deux années de pouvoir, cette notion de « nouveau monde » était devenue un objet d'humour de tous ceux appartenant à des formations politiques anciennes. Il convient d'être toujours prudent dans l'emploi du mot « nouveau »...

Les formations ont davantage besoin de leaders charismatiques et en capacité d'entraîner l'engagement que de se complaire à tenter d'afficher une diversité de profils qui suscite l'intérêt des médias et l'indifférence du public le jour du vote. Il est rassurant de constater que le citoyen est plus attentif à ce qu'un candidat ou une personnalité politique exprime plus qu'à son profil sociodémographique.

En guise de conclusion

C'est à la fin de l'année 2018 que nous avons eu l'idée de ce livre. Nous partions du constat que l'opinion est très injuste au travers des jugements qu'elle porte sur nos responsables politiques. Aucun autre milieu ne fait face à autant de critiques et n'est autant blâmé pour la puissance supposée de ses membres aussi bien que pour leur impuissance à faire face aux attentes et exigences des citoyens. C'est devenu une tradition : dès lors qu'une situation sociale, économique, voire sociétale tourne mal, à la fin du jour la faute revient toujours aux politiques. Les succès ne leur sont presque jamais attribués, les échecs toujours. On en attend tout en même temps que l'on ne leur prête aucun crédit à résoudre quoi que ce soit. Ce n'est pas le moindre des paradoxes d'appréhender la politique comme une religion où l'on pourrait être croyant et agnostique à la fois.

Il nous apparaissait alors encore plus surprenant que des femmes et des hommes, généralement brillants, cultivés, travailleurs et parfois courageux acceptent encore, dans ces conditions, de se lancer dans un projet de carrière où l'opprobre et la vindicte alimentent le quotidien. Nous nous interrogions : le goût du pouvoir et des éventuels honneurs ? Le prestige social ? Le patriotisme ? L'intérêt général ? Le hasard ? Au travers des interviews réalisées et de l'analyse des parcours, nous avons été convaincus, comme le soulignent les pages qui précèdent, que la volonté d'améliorer la société, son économie, les modes d'expression des citoyens et bien d'autres choses positives étaient ce qui motivait le plus nos représentants politiques. Certes, il y a des exceptions, mais si rares ! Qu'une personne ne partage pas vos idées ne la rend pas illégitime à s'exprimer et à soutenir un projet qui vous déplait. Être un réel démocrate, c'est autant accepter que vos opposants s'expriment que défendre vos idées. La démocratie est un système exigeant et parfois contrariant.

La défiance vis-à-vis des politiques est aussi une défiance vis-à-vis de la démocratie. Ce n'est pas un hasard si les populistes et les extrémistes sont aussi les plus vindicatifs et les plus violents dans l'expression vis-à-vis des responsables politiques. Le fameux « tous pourris » vient rarement de citoyens particulièrement attachés à la démocratie ou à la République. On peut être critique sans être injuste, on peut porter la contradiction sans tomber directement dans la condamnation définitive. Il est vrai que certains élus n'ont ni la décence, ni la retenue qu'il convient d'avoir pour faire valoir leur point de vue sans traîner dans la boue les opinions de leurs adversaires. Ils n'honorent pas la politique et disqualifient leur prétention au pouvoir dans un cadre démocratique.

Depuis cette année 2018, le pays a vécu étrangement, expérimentant divers modes de confinements et de privations de liberté que la situation sanitaire a engendrée. Et le discrédit qui touchait les politiques, mais aussi les journalistes, s'est étendu à la sphère scientifique. Ces derniers ont été la cible de critiques et de la hargne de nombreux citoyens qui les réservaient jusque-là aux députés et responsables de parti ainsi qu'aux représentants de la presse. On a vu le rejet de tous ceux qui pouvaient se prévaloir d'une expertise dans un domaine ou l'autre au profit de non-experts confondant opinion et savoir. Critiquer et contester est devenu beaucoup plus valorisant qu'évaluer et proposer.

L'historien Michel Winock affirmait que « les Français aiment la France mais ne s'aiment pas entre eux ». On pourrait transposer cela à la sphère publique : les Français aiment la politique mais n'aiment pas les politiques.

Il est difficile pour nos 577 députés à l'Assemblée nationale et nos 348 sénateurs de représenter l'éventail politique d'un pays dont chacun des 51 millions d'adultes se sent lui-même le représentant et l'incarnation de la France. Autant de partis que d'habitants ! Tout concourt à faire de chaque citoyen un responsable politique. Nous sommes un peuple politique qui pense hélas aujourd'hui pouvoir agir sur le cours des choses en s'abstrayant d'un engagement dans les partis politiques censés représenter nos sensibilités diverses et variées. Non seulement cette démarche est stérile mais elle est dangereuse. Stérile car en France, on ne change pas le cours des choses en se passant des partis politiques ; et les Gilets jaunes ont montré les limites du choix qu'ils avaient fait de tenir les partis à l'écart. Et dangereuse car ce rejet des partis fait également le jeu des populistes dont les desseins ne sont pas réellement en phase avec la démocratie. Les associations et ONG, qui accueillent ceux d'entre nous qui veulent concrétiser un engagement, ne se substituent pas aux partis politiques. Elles n'ont pas le sens de l'intérêt général et ne défendent que des causes particulières.

Car la clé de l'engagement réside bien entendu dans le retour du sens de l'intérêt général des citoyens. Les préoccupations et priorités collectives doivent revenir au premier plan pour que les partis retrouvent l'attrait qu'ils avaient auparavant. Du Parti communiste aux gaullistes en passant par le Parti socialiste ou les formations centristes, chacun d'entre eux avançait en leur temps un modèle de société avant de décliner les actions qui y mèneraient. C'est tout l'inverse que nous observons aujourd'hui. Les partis déclinent des programmes et des actions avant de tenter de trouver une cohérence à l'ensemble. Une cohérence qu'ils ne trouvent plus.

C'est au citoyen d'investir ces partis pour leur rappeler que le modèle et la cohérence des idées et des programmes sont la clé du retour de joutes politiques qui élèveraient le débat et susciteraient l'intérêt. La démocratie s'en trouverait enrichie et revitalisée. Dès lors, il n'y a qu'un mot d'ordre à l'égard de tous ceux qui aiment leur pays : faites de la politique !

Bibliographie

Alexandre, Philippe, *Dictionnaire amoureux de la politique*, Plon, 2011.

Arendt, Hannah, *Qu'est-ce que la politique ?*, texte établi et commenté par Ursula Ludz, trad. Sylvie Courtine-Denamy, Le Seuil, 1995.

Aron, Raymond, *Mémoires. 50 ans de réflexion politique*, 2 volumes, Julliard, 1983.

Bayrou, François, *Résolution française*, Éditions de l'Observatoire, 2017.

Bourlanges, Jean-Louis, *Droite, année zéro*, Flammarion, 1988.

Boy, Daniel, *Les Verts, l'Europe et le pouvoir*, Centre de recherches politiques de Sciences Po, 2014.

Burel, Paul et Tatu, Natacha, *Martine Aubry : enquête sur une énigme politique*, Calmann-Lévy, 1997.

Chevènement, Jean-Pierre, *Qui veut risquer sa vie la sauvera, Mémoires*, Robert Laffont, 2020.

Cornut-Gentille, François, *Savoir pour pouvoir. Sortir de l'impuissance démocratique*, Gallimard, 2021.

Cotta, Michèle, *Cahiers secrets de la Ve République*, tome I à IV, Paris, éd. Fayard, 2007 à 2010.

Debré, Jean-Louis, *Ce que je ne pouvais pas dire*, Robert Laffont, 2016.

Duhamel, Alain, *Journal d'un observateur*, Éditions de l'Observatoire, 2018.
Duhamel, Olivier, *Le Pouvoir politique en France*, Le Seuil, 2003.
Fourquet, Jérôme, *L'Archipel français : Naissance d'une nation multiple et divisée*, Le Seuil, 2019.
Freud, Sigmund et Bullit, William, *Le Président Thomas Woodrow Wilson : portrait psychologique*, Payot, réédité en poche, 2016.
Gauchet, Marcel, *Comprendre le malheur français* (en collaboration avec Éric Conan et François Azouvi), Stock, 2016.
Gaulle, Charles de, *Le Fil de l'épée*, Berger-Levrault, 1932.
Giscard d'Estaing, Valéry, *Le Pouvoir et la Vie* (Mémoires), Compagnie 12, 1988-2006.
Grawitz, Madeleine et Leca, Jean (dir.), *Traité de science politique*, 4 vol., PUF, 1985.
Guéniffey, Patrice, *Le Nombre et la Raison : la Révolution française et les élections* (préface de François Furet), Éditions de l'École des hautes études en sciences sociales, 1993.
Hollande, François, *Changer de destin*, Robert Laffont, 2012.
Juppé, Alain, *La Tentation de Venise*, Grasset, 1993.
Lancelot, Alain et Meynaud, Jean, *Les Attitudes politiques*, PUF, 1961.
Le Maire, Bruno, *Ne vous résignez pas !*, Albin Michel, 2016.
Le Pen, Jean-Marie, *Mémoires : fils de la nation*, tome I, Muller, 2018.
Lhaïk, Corinne, *Président cambrioleur*, Fayard, 2020.
Macron, Emmanuel, *Révolution*, XO, 2016.
Méchet, Philippe et Duhamel, Olivier, *Sofres : l'état de l'opinion*, 1997-2003, Le Seuil.

Mendès France, Pierre, *Gouverner c'est choisir*, tome III : *La Politique et la Vérité*, Julliard, 1958.

Mitterrand, François, *Ici et maintenant* (livre d'entretiens avec Guy Claisse), Fayard, 1980.

Montebourg, Arnaud, *L'Engagement*, Grasset, 2020.

Morin, Chloé, *Les Inamovibles de la République*, Fondation Jean-Jaurès/L'Aube, 2020.

Pompidou, Georges, *Lettres, notes et portraits 1928-1974*, Robert Laffont, 2012.

Rocard, Michel, *Le Cœur à l'ouvrage*, Odile Jacob/Le Seuil, 1987.

Rosanvallon, Pierre, *Notre histoire intellectuelle et politique, 1968-2018*, Le Seuil, 2018.

Roussellier, Nicolas, *La Force de gouverner : le pouvoir exécutif en France (XIXe-XXIe siècle)*, Gallimard, coll. « NRF Essais », 2015.

Sarkozy, Nicolas, *Passions*, Éditions de l'Observatoire, 2019.

Schwartzenberg, Roger-Gérard, *L'État spectacle. Essai sur et contre le star system en politique*, Flammarion, 1977.

Séguin, Philippe et Servent, Pierre, *La Force de convaincre : entretiens avec Pierre Servent*, Payot, 1989.

Tabard, Guillaume, *La Malédiction de la droite*, Perrin, 2019.

Tavoillot, Pierre-Henri, *Comment gouverner un peuple roi ? Traité nouveau d'art politique*, Odile Jacob, 2019.

TERRA NOVA : *Gauche : quelle majorité électorale pour 2012 ?* ; Note de la fondation publiée en mai 2011 par Olivier Ferrand, Romain Prudent, Bruno Jeanbart.

Waresquiel, Emmanuel de, *Sept jours : 17-23 juin 1789. La France entre en révolution*, Tallandier, 2020.

Remerciements

Pour la réalisation de cet ouvrage, nous avons exploré les parcours d'un grand nombre d'élus actuels et passés. Certains ont accepté des entretiens parfois longs, prenant sur leur activité, et notre reconnaissance autant que nos remerciements leur vont en priorité.

Nous remercions particulièrement pour le temps important qu'ils nous ont consacré :

Édith Cresson, Jean Arthuis, Pierre Bédier, Jean-Louis Bianco, Bernard Cazeneuve, Hervé Mariton, Jean-Marie Le Pen, Laure de la Raudière, Pierre Person, Xavier Bertrand, Boris Vallaud, Xavier Darcos, Pierre-Yves Bournazel, Noëlle Lenoir, Jean-François Copé, Emmanuelle Cosse, Fabien Roussel, Valéry Giscard d'Estaing (†), Laurent Saint-Martin, Dominique Bussereau, Renaud Donnedieu de Vabres, François Cornut-Gentille, Pierre Giacometti, Dominique Reynié, Stéphane Fouks, Patrick Poivre d'Arvor, Bruno Fuchs.

D'autres ont accepté de répondre, au cours de brefs entretiens, à nos interrogations et nous les en remercions.

Certains ont décliné pour des raisons d'agenda ou de fonctions qui leur interdisaient une expression publique sur leur engagement politique.

Deux ont refusé car ne souhaitant pas avoir de contact avec un des auteurs qui travaille dans une grande entreprise publique faisant l'objet de leur détestation.

Les multiples ouvrages publiés nous ont permis d'analyser le parcours de ceux que nous n'avons pas rencontrés mais qui, par leur place ou leur histoire, intéressaient notre sujet.

Un remerciement particulier, amical et chaleureux à Alix Griveaud, à Diego Mermet, à Dimitri Chupin et à Jean Nicolas pour leur relecture attentive, leurs conseils et leurs suggestions.

Table des matières

Composition et mise en pages
Nord Compo à Villeneuve-d'Ascq

CET OUVRAGE
A ÉTÉ ACHEVÉ D'IMPRIMER
SUR ROTO-PAGE
PAR L'IMPRIMERIE FLOCH À MAYENNE
EN FÉVRIER 2022

N° d'impression : 99855
Imprimé en France